今すぐはじめられる NISAとiDeCo

ファイナンシャルプランナー
社会保険労務士
川部紀子 監修

よしたに マンガ

PROLOGUE

老後のお金が足りなくなる!?

01 今日からできる対策を教えてください!

ザワザワザワ
ザワザワザワ
ふー
ドン
よしたに 漫画家(44)
ど どうかしたんですか
何か問題でもあったんですか
漠然とした将来への不安がしんどい…
想像の3倍ふわっとしてた
そんなこと言われても
このまま老後になったら頼れるものは金ばかり
だというのに別にお金に詳しいわけでもなく…
……

この話はフィクションです。実在の人物・団体などとは関係ありません。

よしたにさん 貯金が趣味なんだから平気でしょ？
弱小企業の給与明細見ますか!?
税金や社会保険料の引かれっぷりにドン引きますよ！
奈津子 会社員（31）
奈津子はまだぜんぜんマシじゃん
正社員だし
でもブラックですよ？
いづみ 派遣社員（32）
いづみ先輩は去年結婚してダブルインカムじゃないですかー！
夢追い人（夫）の収入なんてアテにならんわ！
収入が安定してたらもちろんいいのかもしれないけどさあ
2人いたら心配も倍ってことなんだよ!?
でもいいよなあ…家庭…
いいですよね…家庭…
独身って夢見がち
あいまい
この居酒屋の唐揚げもびみょーに小さくなったし…
数はいっしょだけど……
給料ビタ一文上がらないのに物価ばっかり上がっていく感じがする!!
せちがれえ!!!

年金だって減りそうで怖いし…
しくしくしくしく
お酒がすすむぅ
正社員なんだしせめてボーナスくらいまっとうにほしい…！
でもほら！
めんどくせえなこいつら
今から年金のこと考えても早くないですか？
あなたたちの年代はな
くわっ
目が怖い
しかし年金は減り続けている僕の年代ならともかく
あなたがたの年代年金は破綻せず残っているかな…！
クックックッ
死なばもろとも
こんな嫌な年上マウント初めてだ
毎月結構な額払ってるのにおじさんより将来が心配だなんて
この国の若者に未来はない…
一発当ててくれないかなあ夫…
未来はあるで！
ドシッ
老後の備えは若ければ若いほど有利！
ビシッ
誰…
何!?

40代の僕には遅いってこと!?
むっ
いえいえ そうじゃなくて
スッ
申し遅れました 私はファイナンシャルプランナーで社会保険労務士のカワベです
そしてこちらは白くまの安男《やすお》
よろしくな!
ぬいぐるみですよね!?
それでどうして老後の備えは若いほうが有利なんですか?
ワクワク
少額からでもお金の積立を始めることで10年20年で大きな差がつくからです
つみたて
貯金
10
20
複利マジック!
チリも積もればなんとやら 積もらす期間は長いに越したことはないで
盛ってゆくー
老後の備えは毎月100円でもできれば20代から始めたいな
まず!
おすすめの貯蓄方法はお金の置き場所を分けること!
A
B
C
わかりやすく
短期資金
中期資金
長期資金
の3段階に分けて考えましょう

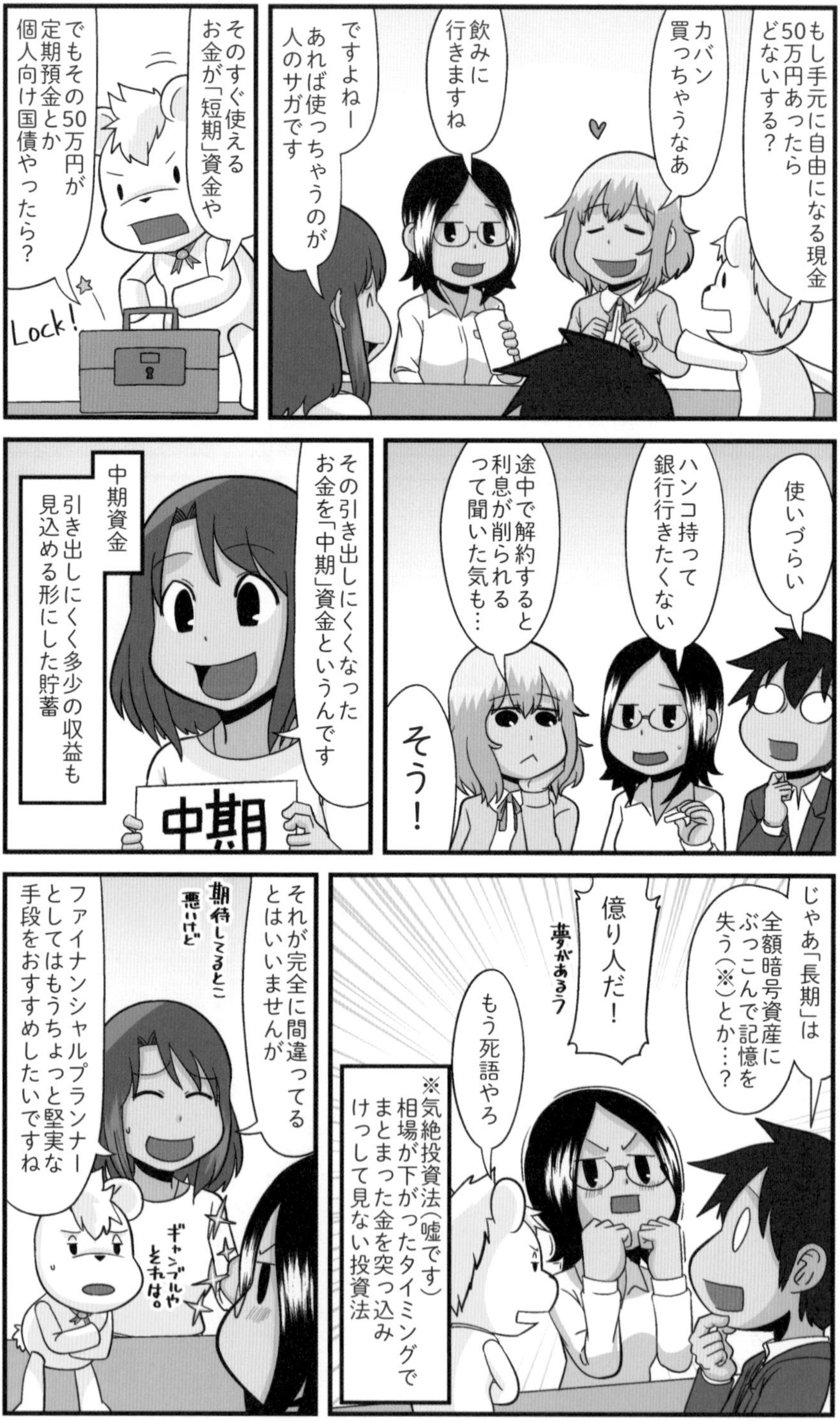
もし手元に自由になる現金50万円あったらどないする？
カバン買っちゃうなあ
飲みに行きますね
ですよねー あれば使っちゃうのが人のサガです
そのすぐ使えるお金が「短期」資金や
でもその50万円が定期預金とか個人向け国債やったら？
Lock!
使いづらい
ハンコ持って銀行行きたくない
途中で解約すると利息が削られるって聞いた気も…
そう！
その引き出しにくくなったお金を「中期」資金というんです
中期資金
引き出しにくく多少の収益も見込める形にした貯蓄
中期
じゃあ「長期」は全額暗号資産にぶっこんで記憶を失う（※）とか…？
億り人だ！
夢があるぅ
もう死語やろ
※気絶投資法（嘘です）相場が下がったタイミングでまとまった金を突っ込みけっして見ない投資法
それが完全に間違ってるとはいいませんが
期待してるとこ悪いけど
ファイナンシャルプランナーとしてはもうちょっと堅実な手段をおすすめしたいですね
ギャンブルやそれは。

暗号資産＝仮想通貨

「長期」資金といえばやっぱりNISA《ニーサ》のつみたて投資枠とiDeCo《イデコ》です！
投資ができるぞーー
どっちもちょっとずつお金を積み立てていく制度やな
時間を味方に少しずつお金を増やす制度だから若いうちのほうが有利！
そして何より節税にもなるんです！
ざわっ
節税！
詳しく!!
税金を憎む庶民たち
ペラペラペラペラ
預金、株式、投資信託など金融商品で得た儲け＝運用収益には、税金がかかります。税率は20・３１５%
＝約20%。ところが一定の範囲内でこれが非課税となるお得な制度の１つが、ＮＩＳＡです。ＮＩＳＡ
は、つみたて投資枠、成長投資枠の２種類。つみたて投資枠は投資信託など限られた商品の中から選ん
で購入しますが、成長投資枠は商品の範囲は株式などにも広がります。初めての人におすすめしたい
のは、つみたて投資枠です。つみたて投資枠の対象商品は、あらかじめ金融庁が選んだ株式投資信託お
よびＥＴＦ。いずれも「長期」「分散」「積立」運用ができるよう、金融庁が厳選した商品ばかりです。株式
投資を始めると、多くの場合は小まめに値動きをチェックし、そのつど自分の判断で売り買いの注文
を出さなくてはいけません。値下がりにハラハラしたり、損失を出して後悔することもあるでしょ
れに対して主に投資信託を運用するつみたて投資枠は、定期預金のような感覚で、自分
元本が保証されるも
掛金の全額が所得控除の対象。そのため所得税と住民税が
ために積み立てたお金を所得から差し引くことができて、税金はかからないという仕組み。受け
時に課税されたとしても、現役時の効果の大きさから、老後資金作りの「王様」という評判さえあります
毎月の掛金の全額は「小規模企業共済等掛金控除」の対象となり、その年の所得税と翌年の住民税の
負担を軽減できます。会社員であれば年末調整で、自営業であれば確定申告で手続きします。働き方や
収入によって変わりますが、その効果は絶大。年間数万〜数十万円ほどの節税になることもあります
掛金の20%が軽減される！たとえば、課税所得が３００万円の会社員がｉＤｅＣｏに加入し、掛金を
毎月１万円とした場合、年間の掛金の合計は12万円。この12万円はその年の課税所得から減額できる
ので、所得税率の10%の１万２０００円が軽減されます。さらにその翌年には、住民税（一律10%）分に
あたる１万２０００円が軽減されるため、合わせると２万４０００円もの節税になります。ただし
ザッ
ザッ
詳しすぎて急にいわれても全然わかりませんっ!!
むりですぅ
大丈夫！ちゃんとイチから説明するから
ちょっと急ぎすぎてしもたなー
ホーーーッ
いや話の都合上受け入れてるけれどもぬいぐるみ めっちゃ酒飲んでるじゃん…

巻頭特集

2024年 NISAはこう変わる！

2024年1月1日から ← 2023年12月31日まで

2024年1月1日から つみたて投資枠	2024年1月1日から 成長投資枠	←	2023年12月31日まで つみたてNISA	2023年12月31日まで 一般NISA	
18歳以上		←	18歳以上		使える人
合計360万円 120万円	240万円	←	40万円	120万円	年間投資額の上限 Point 1 (P.9)
合計1,800万円	そのうち1,200万円まで	←	最大800万円 （20年×40万円）	最大600万円 （5年×120年）	生涯投資枠の非課税の上限
無期限	無期限	←	20年	5年	非課税運用期間 Point 2 (P.9)
翌年に復活	翌年に復活	←	不可	不可	非課税枠の復活 Point 3 (P.9)
可能 （2つの投資枠を同時に使えます）		←	不可 （同じ年にどちらかしか使えません）		併用の可・不可

2023年までのNISA制度の「一般NISA」と「つみたてNISA」を一本化したのが、2024年からの新しいNISAです。「一般NISA」は新しいNISAの「成長投資枠」、「つみたてNISA」は「つみたて投資枠」にそれぞれ踏襲される部分も多いです

つみたて投資枠のお得 Point 3！

Point 1 非課税投資枠が大幅にUP！

年間の投資枠が3倍に増えた！

新		旧
合計**360**万円 （つみたて投資枠120万円＋成長投資枠240万円）	←	つみたてNISA 最大**40**万円

生涯投資枠はなんと1,000万円増！

新		旧
合計**1,800**万円 （そのうち成長投資枠は1,200万円まで）	←	つみたてNISA 最大**800**万円

生涯投資枠の成長投資枠が
1,200万円まで、ということは
つみたて投資枠は600万円まで
ってことですか？
いいえ！
成長投資枠に上限
があるだけで
つみたて投資枠に
1,800万円投資
してもOKです！

Point 2 運用期間無期限化＆非課税枠復活でライフプランに合わせた長期投資が可能に！

非課税運用期間の制限がなくなった！

新		旧
無期限	←	つみたてNISA **20**年

手ばなした非課税枠も翌年には復活する！

新		旧
非課税枠が 翌年復活する	←	非課税枠は 復活しない

うわっ！一生涯、運用益から
税金が引かれなくなったんだ
通常だと約20%は
税金で取られるのに
メチャおトク！

Point 3 「つみたて投資枠」と「成長投資枠」の併用が可能に！

選べる投資方法　2つともできる〜！

新		旧
つみたて投資枠と 成長投資枠の 併用可	←	つみたてNISA／ 一般NISAの どちらか

つみたて投資枠と
成長投資枠を併用できるように
なって、積立投資をしつつ
個別株も非課税で購入すること
ができるようになりました！

はじめに

「なかなかお金が貯まらない」「老後の資金が心配」「投資が気になる」などの思いから、法改正で大ブームの気配が漂う**NISA**や、NISAと同時に目にする**iDeCo**を始めてみようかな、という気持ちで本書を手に取ってくださったのでしょう。

お礼申し上げるとともに、いきなり質問です。

あなたは何歳まで生きると思いますか？

ニッコニコの笑顔で「１００歳！」と答える方もいれば、苦い表情で「70歳くらい」と答える方もいらっしゃるはずです。

日本人の場合、一番亡くなる人の人数が多いのは**男性で88歳**、**女性で93歳**。「そんなに長生きしないから」とおっしゃる方も多いのですが、それは誰にもわかりません。

そんな長い人生を「より良く」生きていくためにぜひともキープしたいのは「**健康**」と「**お金**」です。そのうち健康のためにと、たとえば日々の食事で野菜不足にならないよう気をつけたり、適度な運動を始めたりしようかな、などといった流れになるのは自然なことだと思います。

では、**お金についてはどうでしょう。**節約や貯蓄はこれまでも気にしていると思いますが、そこでストップしている人が多かったのでは？　日本という国もお金事情が変わってきました。給料・税金・社会保険料・金利・物価・年金、かつてと比べるとどれをとっても家計に良いとはいえない状況です。そんななか、長寿化が進んでいるわけですから、何かできることを考えるのが健全です。

私は、健康でいうところの、適度な運動に当てはまるようなもの、それが本書で紹介するＮＩＳＡのつみたて投資枠やｉＤｅＣｏの立ち位置だと考えています。

そんな折り、今回、本書の監修を担当しました。お話をいただいてまず驚いたのは「ＮＩＳＡもｉＤｅＣｏもまだやっていません」「始めたばかりです」というスタッフの手で本書が企画されたという点。当初はそのことがとても不安でした。

でも、そういう人たちだからこそ、**資産運用に対して初めての方がつまずきやすい部分や気になる部分が丁寧に書かれていたり、意外なテーマが採用されていたりします。**たしかに資産運用に関しては一字一句暗記して試験を受けるものでもないので、私が細かいことを指摘するよりも、こうしていろんな人の手で作り上げることに意義があると感じました。

また、**章ごとに挿入されているマンガ**は酔っ払いたちとぬいぐるみの会話ですし、言葉づかいや解説方法も他にはないタイプのＮＩＳＡやｉＤｅＣｏの本に仕上がったと思います。**あの手この手で伝えたい内容ばかり**なので、こんな本があっても面白いと感じています。

ＮＩＳＡやｉＤｅＣｏが気になってはいるけれど、よくわからないしどうしようかな、と思っている方が多いと思います。本書を読んでいただくことで、そのスタートを切るお手伝いができれば幸いです。スタートさえ乗り切ってしまえば、健康でいうところの「適度な運動」よりも続けやすいですよ！

読者みなさんがマンガの登場人物の仲間入りをしてくださることを心からお待ちしています。

川部紀子

もくじ

PART1

お金を貯めたい人に超おすすめ！NISAを始めよう

SECTION1 知識&仕組み編

SECTION2 手続き編

SECTION3 運用&解約編

PART2 老後の資金を賢く貯める! iDeCoを始めよう

SECTION1 知識&仕組み編

SECTION2 手続き編

SECTION3 運用編

※本書の情報はそのつど明記がない限り、2023年10月現在の情報に基づいています。

登場人物紹介

カワベ先生

ファイナンシャルプランナーで社会保険労務士。相棒の安男と一緒にNISAやiDeCoの基本についてわかりやすく解説。

安《やす》男《お》

カワベ先生のお供。しゃべって動いて酒を飲む、白くまのぬいぐるみ。カワベ先生と一緒にいるかぎり将来安泰。

よしたに（44）

元システムエンジニアの漫画家。独身。コツコツと漫画を描き、預貯金を続けてきたが独り身で老後の生活を問題なく営めるのか不安。

額《ぬか》賀《が》いづみ（32）

ゆるキャリ派遣社員。鳴かず飛ばずの劇団員と結婚したものの、老後の２人分の生活費がまかなえるのか不安。

定《じょう》田《だ》奈《な》津《つ》子《こ》（31）

ブラック企業勤務の正社員。独身。薄給の大部分が酒代に消えていく酒豪。退職金が望めない会社に就職し、老後が不安。

本書の特徴と使い方

- NISA と iDeCo を始める人に向けて、制度の概要から申し込み方法、運用のしかたまで、必要と思われる知識を解説します。
- SECTION ＝大きな項目が変わるごとにまずはマンガで説明。概要をつかんだうえで、さらに詳細な内容がわかりやすい図解とともに理解できます。

右のページの本文、さらにそこから発展した内容を図解化し、わかりやすくまとめました。

「PROLOGUE」では、日本の現況、資産運用のキホンなどを解説。「PART1」で NISA、「PART2」で iDeCo を取り上げます。

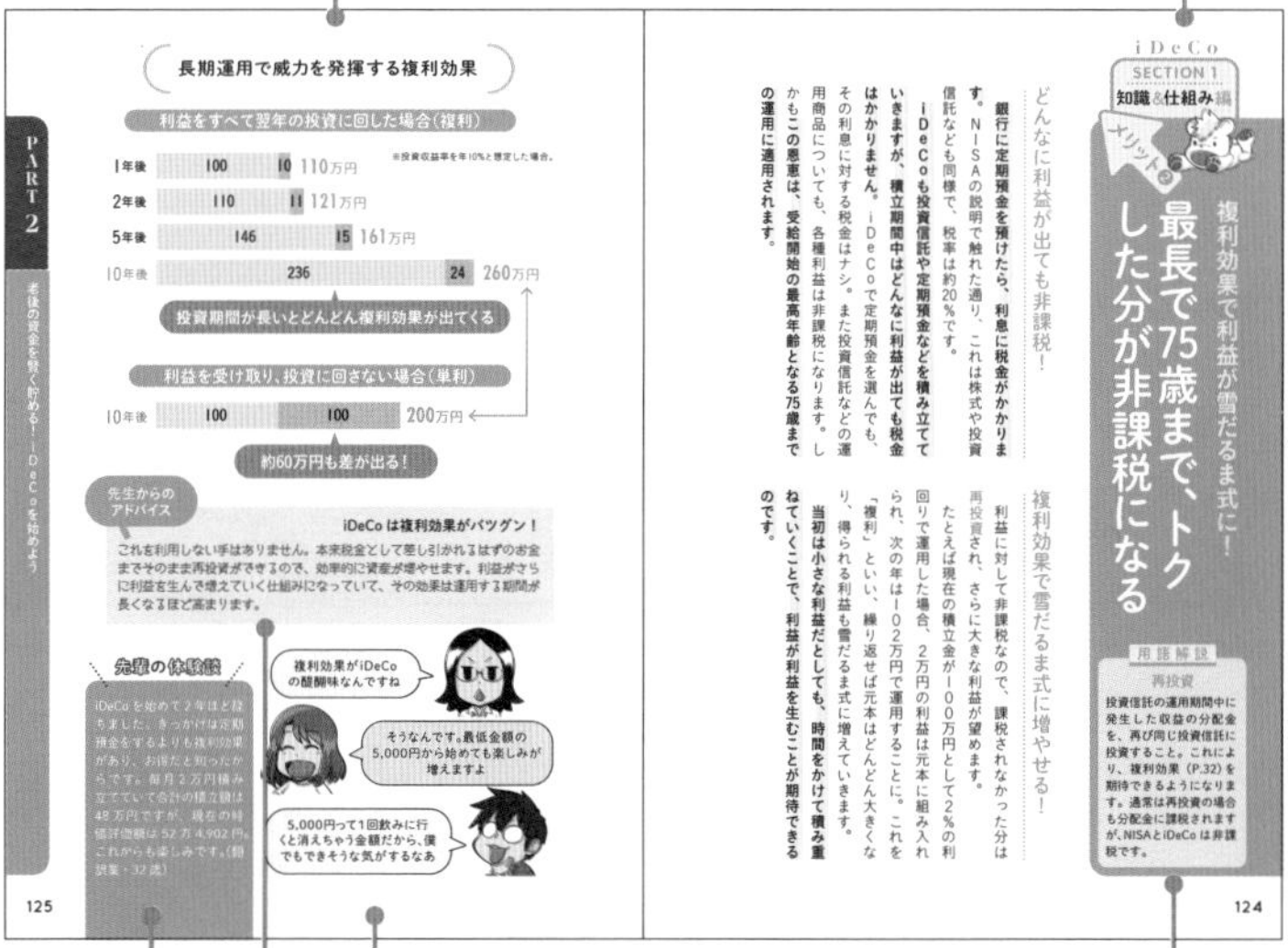

iDeCo
SECTION 1
知識&仕組み編
メリット②

複利効果で利益が雪だるま式に！
最長で75歳まで、トクした分が非課税になる

どんなに利益が出ても非課税！

銀行に定期預金を預けたら、利息に税金がかかります。NISAの説明で触れた通り、これは株式や投資信託なども同様で、税率は約20%です。

iDeCoも投資信託や定期預金などを積み立てていきますが、積立期間中はどんなに利益が出ても税金はかかりません。iDeCoで定期預金を選んでも、その利息に対する税金はナシ。また投資信託などの運用商品についても、各種利益は非課税になります。しかもこの恩恵は、受給開始の最高年齢となる75歳までの運用に適用されます。

複利効果で雪だるま式に増やせる！

利益に対して非課税なので、課税されなかった分は再投資され、さらに大きな利益が望めます。

たとえば現在の積立金が100万円として2%の利回りで運用した場合、2万円の利益は元本に組み入れられ、次の年は102万円で運用することに。これを「複利」といい、繰り返せば元本はどんどん大きくなり、得られる利益も雪だるま式に増えていきます。

当初は小さな利益だとしても、時間をかけて積み重ねていくことで、利益が利益を生むことが期待できるのです。

用語解説

再投資

投資信託の運用期間中に発生した収益の分配金を、再び同じ投資信託に投資すること。これにより、複利効果（P.32）を期待できるようになります。通常は再投資の場合も分配金に課税されますが、NISAとiDeCo は非課税です。

124

PART 2

老後の資金を賢く貯める！ iDeCoを始めよう

長期運用で威力を発揮する複利効果

利益をすべて翌年の投資に回した場合（複利）

※投資収益率を年10%と想定した場合。

1年後 100 10 110万円
2年後 110 11 121万円
5年後 146 15 161万円
10年後 236 24 260万円

投資期間が長いとどんどん複利効果が出てくる

利益を受け取り、投資に回さない場合（単利）

10年後 100 100 200万円

約60万円も差が出る！

先生からのアドバイス

iDeCo は複利効果がバツグン！

これを利用しない手はありません。本来税金として差し引かれるはずのお金までそのまま再投資ができるので、効率的に資産が増やせます。利益がさらに利益を生んで増えていく仕組みになっていて、その効果は運用する期間が長くなるほど高まります。

先輩の体験談

iDeCo を始めて2年ほど経ちました。きっかけは定期預金をするよりも複利効果があり、お得だと知ったからです。毎月2万円積み立てていて合計の積立額は48万円ですが、現在の時価評価額は52万4,902円。これからも楽しみです。([illegible]・32歳)

複利効果がiDeCoの醍醐味なんですね

そうなんです。最低金額の5,000円から始めても楽しみが増えますよ

5,000円って1回飲みに行くと消えちゃう金額だから、僕でもできそうな気がするなあ

125

一足先に投資を始めた先輩からの体験談や先生からのアドバイスなどで、さらに内容を深掘りします。

投資関係で重要なキーワードや難しい用語を「用語解説」コーナーで説明します。

PROLOGUE 02

老後資金を積み立てたい！

私にどの制度が向いていますか？

うーんでも
NISAとiDeCo
一度に両方始めるのって正直
めんどくさそうっていうか
できれば片方から
始めたいですよね
ここはがんばってでも
一気に始めるべきでは!?
そうよね～
何かを一度に
始めることって
おっくうよね
ゲーム買っても
結局積んでる
もんなー
英語の勉強サイト
放置しっぱなしだ…
ところできみら
どんくらい
貯金あるん？
ふっつーに飲んでんな
このクマ。
僕はそこそこ…
いつでも
辞めたんぞ！
って心の保険に
しばらく分の
生活費は…
ブラック企業勤め
結婚式でパーッと使ったけど
夫婦で50万円も残したよ！
ぱー
30代2人で50万円は
自慢になりませんよ
えーーー
きびしーなー

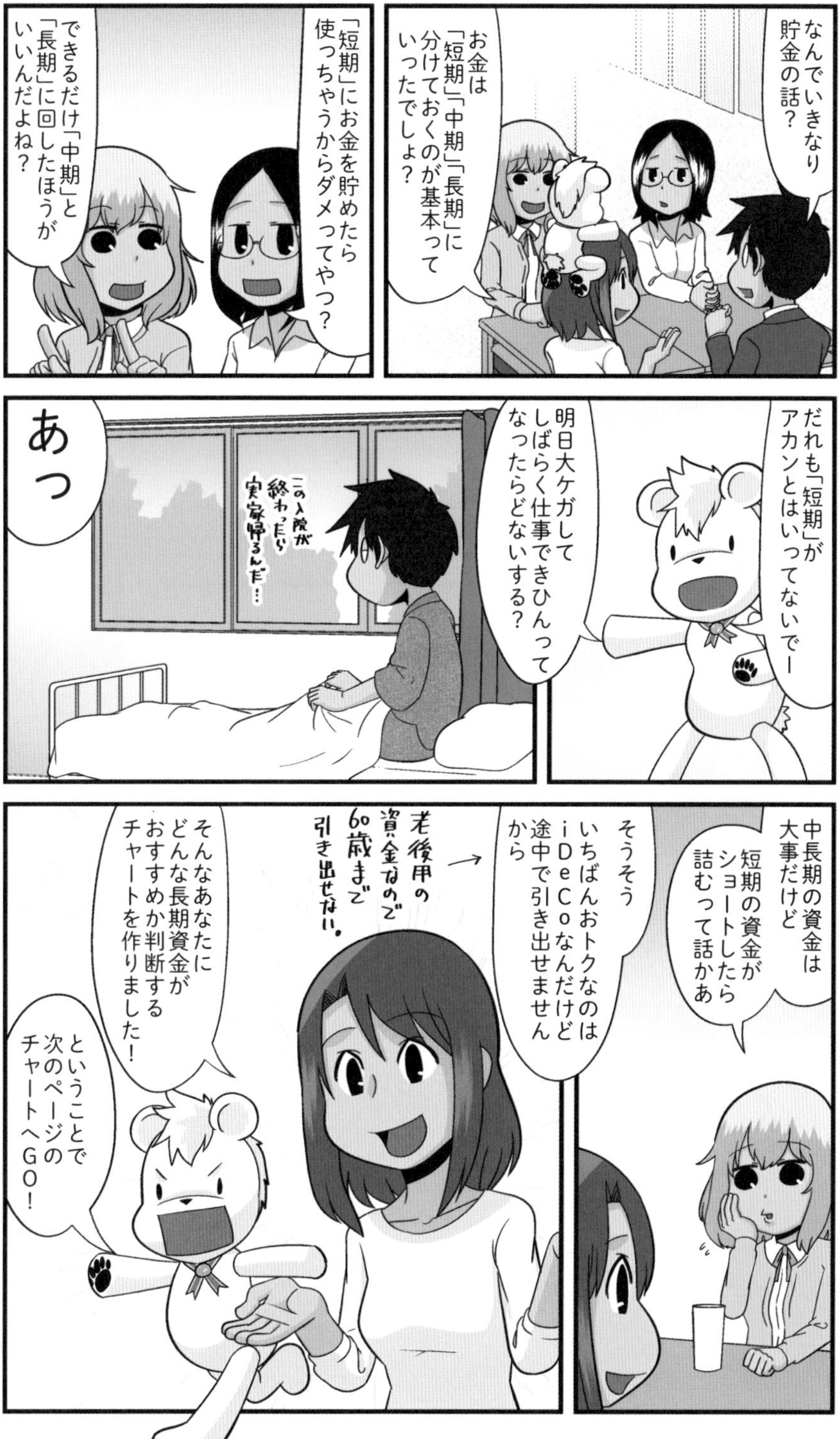
なんでいきなり貯金の話？
お金は「短期」「中期」「長期」に分けておくのが基本っていったでしょ？
「短期」にお金を貯めたら使っちゃうからダメってやつ？
できるだけ「中期」と「長期」に回したほうがいいんだよね？
だれも「短期」がアカンとはいってないでー
明日大ケガしてしばらく仕事できひんってなったらどないする？
この入院が終わったら実家帰るんだ…
あっ
中長期の資金は大事だけど
短期の資金がショートしたら詰むって話かあ
そうそう いちばんおトクなのはiDeCoなんだけど途中で引き出せませんから
老後用の資金なので60歳まで引き出せない。
そんなあなたにどんな長期資金がおすすめか判断するチャートを作りました！
ということで次のページのチャートへGO！

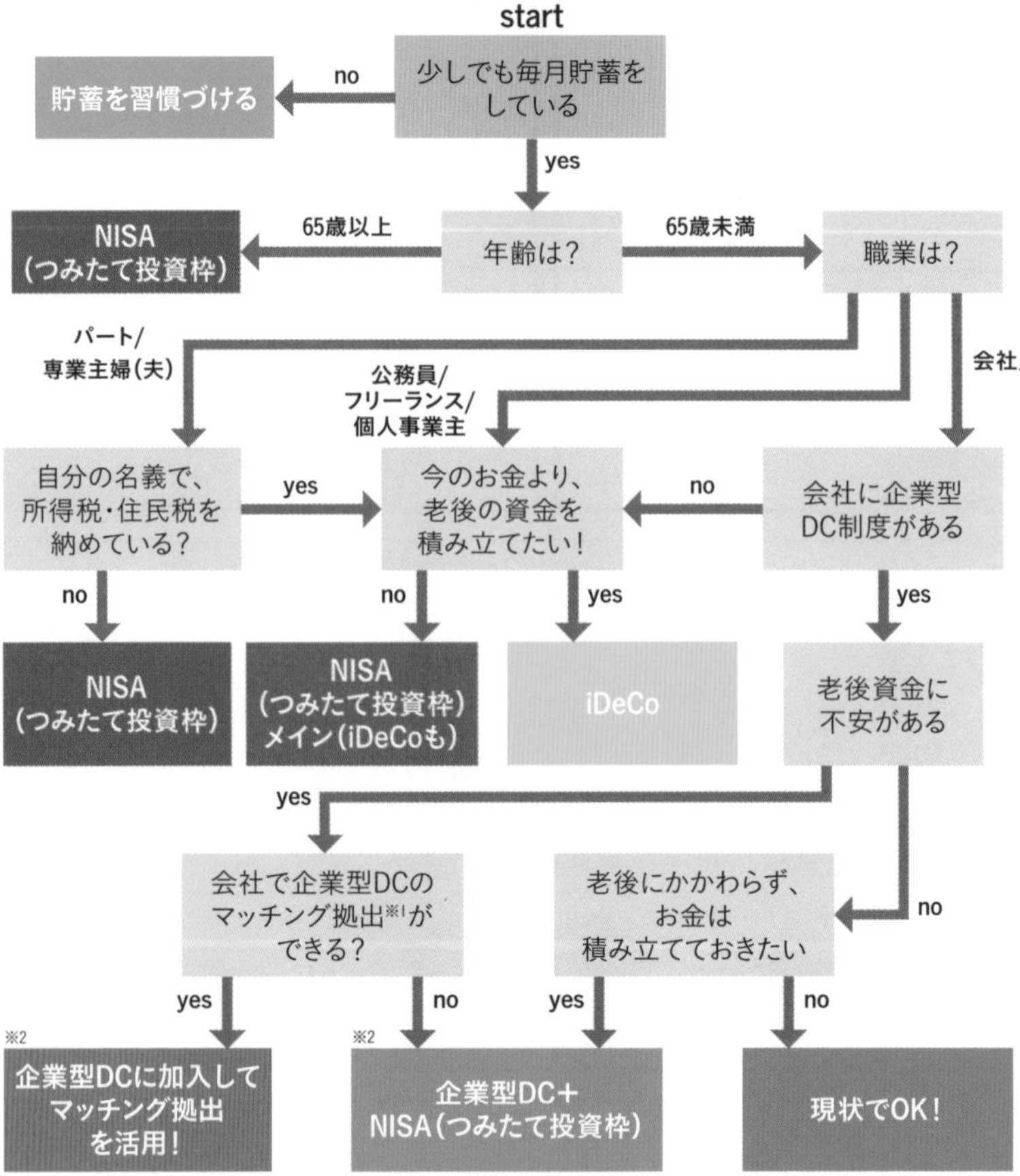

※1 マッチング拠出→P.136参照。

※2 企業型DC（選択型）よりもiDeCoのほうが上限額が大きい場合は、iDeCoも検討しましょう。

ん？ さっき先生がおすすめ されていたのは iDeCoなのに
どうして 専業主婦(夫)は NISA一択 なんですか？
iDeCoの最大の メリットは税金が 安くなること！
税金は所得から 引かれるやろ
あ そうか
申告する所得がないと iDeCoのメリットが 減っちゃうんだ
ポン
どうだ 考えてるだろう
ふふん
夫が一発あてるの 期待してないって いってたのに…
いづみさんも今働いている ならNISAとiDeCo の併用が おすすめですよ 毎月5千円からなら がんばれるでしょ？
ぎくっ
…がんばります
ところでチャートの なかの「企業型DC」 って何ですか？
DCブランド？
なんつって
DCブランドって 初めて聞いた
知らな――い。
何ですかそれ
えっ…

よしたにさん…
DCブランドが流行ったのは80年代なんですよ…
私たちまだ存在してないです
平成生まれ
昭和生まれ
ぐう…
若さマウントだ
企業型DCとは会社で加入できる老後のための制度のことです
「企業年金」ってやつ。
退職金
つみたて
企業
企業型
DC
支給
労働
会社がなくなっても60歳になったら受けとれる
労働者
やっとる会社とやっとらん会社があるで
企業型DC
（企業型確定拠出年金）
会社経由でお金を積み立てる老後に向けた企業年金
つみたて
継続
転職しても引き継げるのがポイント
B社
転職
A社
iDeCoは「個人型確定拠出年金」の英語表記からつけられた愛称
制度としては企業型DCのほうが歴史が古いんですよ
individual-type
Defined
Contribution pension plan
なるほどー
あ DCも英語の頭文字なんですね
じゃあほとんど違いはない？
手数料は会社が払ってくれる場合が多いのでうれしいですね
うちの会社がやってるか確認しないと！
ガタッ
これからますますiDeCoと併用しやすくなっていきますよ

フリーランス
派遣
には関係ない…
ずるいーー
チューーー…
白くまにも関係ないで！
人それぞれ事情はあるわな!!
いやまずお前はぬいぐるみだろう
でも入り口がわかってちょっと安心してきました
漠然とした不安が形になった感じ…
勉強してぜひやってみたいです！
はーーいっ
よーしこれからどんどん説明するよ
その前に景気づけやっ！
店員さーん！生おかわり人数分！
かんぱーーい

01

預けるだけではお金は増えない現代

１００万円を１年間預けてわずか30円…

銀行の金利はほぼゼロ、平均給与も減少

給料が右肩上がりに増え続け、銀行にお金を預けておくだけで勝手にどんどん増えていく――。かつてはそんな夢のような時代もありました。１９８５～１９９１年のバブル期には、定期預金の金利が年６％、普通預金が同じく２％にも達しています。

しかし**超低金利時代の今は、定期預金の金利が０・００３％、普通預金は０・００１％**。１００万円を１年間預けても、10～30円くらいしか増えません。

一方で日本人の平均給与は、１９９６年の４７２・１万円をピークとして減少傾向に。また退職金の平均額も、１９９７年の２８７１万円から２０１８年には１７８８万円に減っています。

貯蓄するだけでは増えない

年金支給額の増加は見込めない反面、税金や社会保険料は増える一方。電気、ガス、水道、食料品なども軒並み値上がりが続いています。ただ銀行に預けているだけでは、インフレにともなってお金の価値が目減りする恐れさえ現実味を帯びてきました。

入ってくるお金は減っていくのに、出ていくお金はどんどん増えるばかり――。**そんな時代にこそ考えなくてはいけないのが、お金の育て方**。大切なお金をただ貯蓄するだけでなく、手がたく運用して増やすことを目指す時代を迎えているのです。

用語解説

インフレ

インフレーションの略。物価（モノやサービスの価格）が継続して上がること。物価上昇により会社の売上が増え、給料も上がって景気が拡大するのは望ましいインフレ。給料が据え置きで物価だけが上がる状況は、何らかの対策が求められます。

日本の預金金利、平均給与、年金支給額は下がり続けている

定期預金金利・普通預金金利の推移

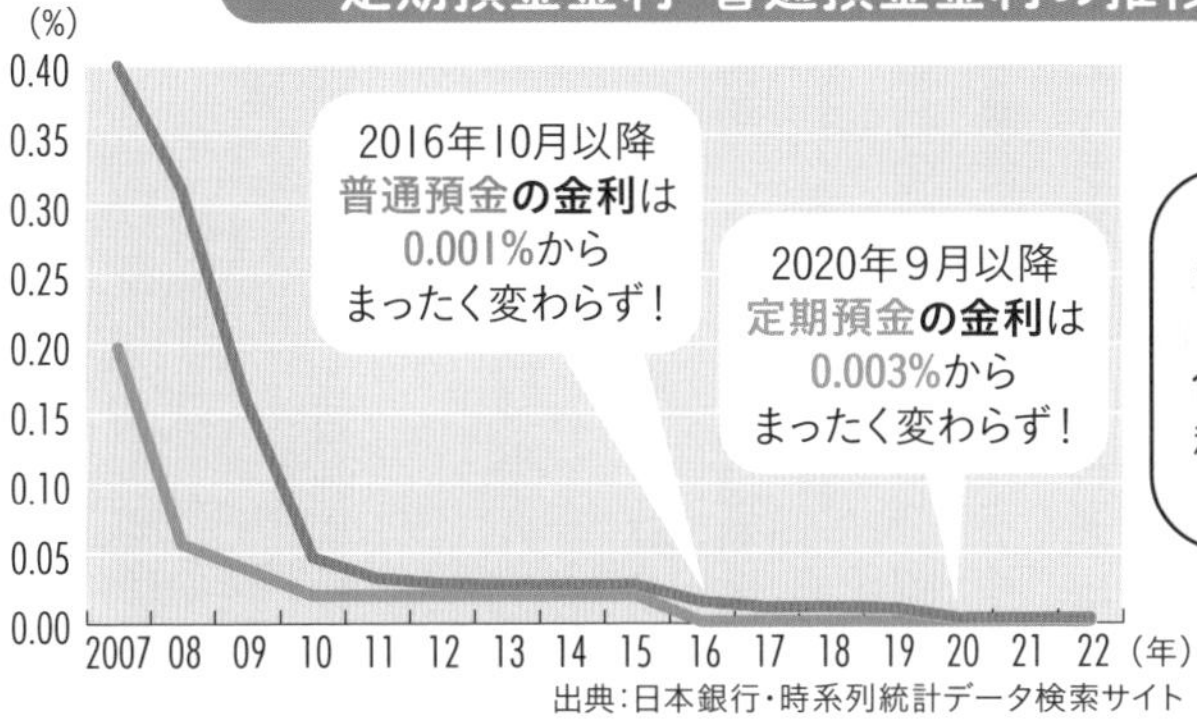

出典:日本銀行・時系列統計データ検索サイト

平均給与(実質)の推移

日本人の平均給与はこの
約 30 年で下がっている

出典:「令和2年版 厚生労働白書」

会社員の平均年金支給額の推移

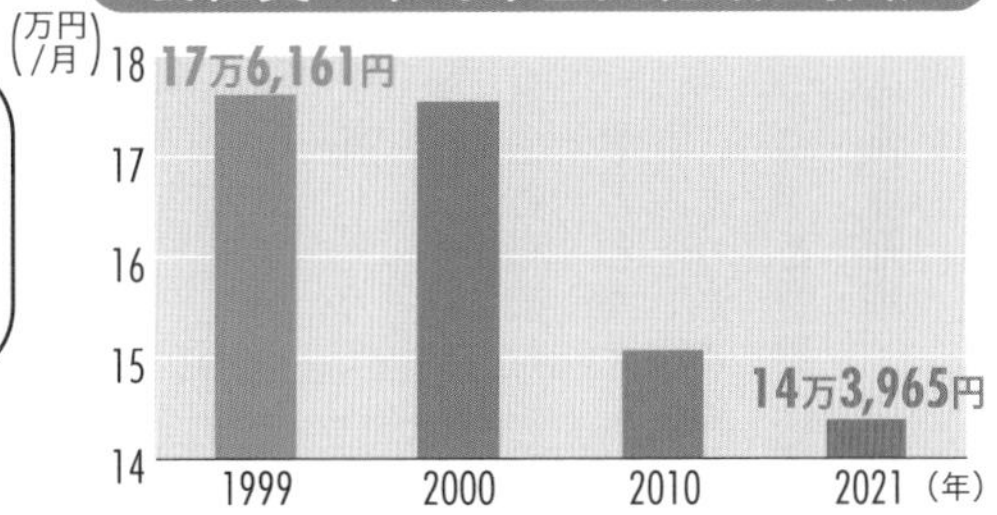

出典:「公的年金財政状況報告 令和3(2021)年度」/旧厚生年金部分

先生からのアドバイス

物価上昇でお金の価値が下がってしまう

現金や預金で見落としがちなのが、インフレリスク。物価が上がることで、実質的なお金の価値が下がることです。たとえば物価が 1% 上がったら、100 万円の車は 1 年後には 101 万円です。しかし銀行の金利が 0.003% とすると、100 万円を 1 年預けても 100 万 30 円にしかなりません。つまり 1 年前には買えた車が買えなくなってしまうわけです。そういう意味では預貯金だけに頼らず、物価の上昇に負けない投資なども意識していきましょう。

02

コツコツ積み立ててちょっと増やしたい！

お金の運用は「怖く」も「面倒」でもありません

世界でも際立つ日本人の貯蓄好き

日本人は現金・預貯金が好きで、金融商品のなかで、投資が苦手——というのは有名な話。この国民性は、統計にもよく表れています。

日本銀行の調査によると、現金・預金が家庭の財産に占める割合はアメリカ12・6％、ヨーロッパ（ユーロ圏）35・5％、そして日本は54・2％。それに対して値動きのある株式や投資信託などの割合は、同じくアメリカ56・2％、ヨーロッパ33・3％、日本16・7％。つまり**欧米の人たちは日本人に比べて現金・預貯金のウェイトが低く、代わりに値動きのある金融商品を相対的に多く持っているわけです。**

無理なくコツコツ、ほったらかしでもOK

そんな国民性の背景には、株式や投資信託などが「難しい」「面倒くさい」といったネガティブなイメージもあるようです。また、「投資」というとギャンブルのように大損しそうで「怖い」と感じている人も少なくありません。

確かに資金も知識も経験も乏しいのに「一発あてて大儲け！」などと考えていては、失敗する可能性は高いでしょう。しかし本書で紹介するのは、**無理のない金額をコツコツと堅実に積み立てて、ほどほどの結果を期待する資産運用。**運用方法を一度決めたらしばらくはほったらかしでOK。面倒なこともありません。

用語解説

金融商品

金融機関（銀行、証券会社、保険会社など）が提供する商品の総称。預金、保険、株式のほか、投資信託、国債、社債などがあります。種類に応じて元本が保証される安全性、高い利益が期待できる収益性などが異なります。

家庭の財産の構成比・日米欧の比較

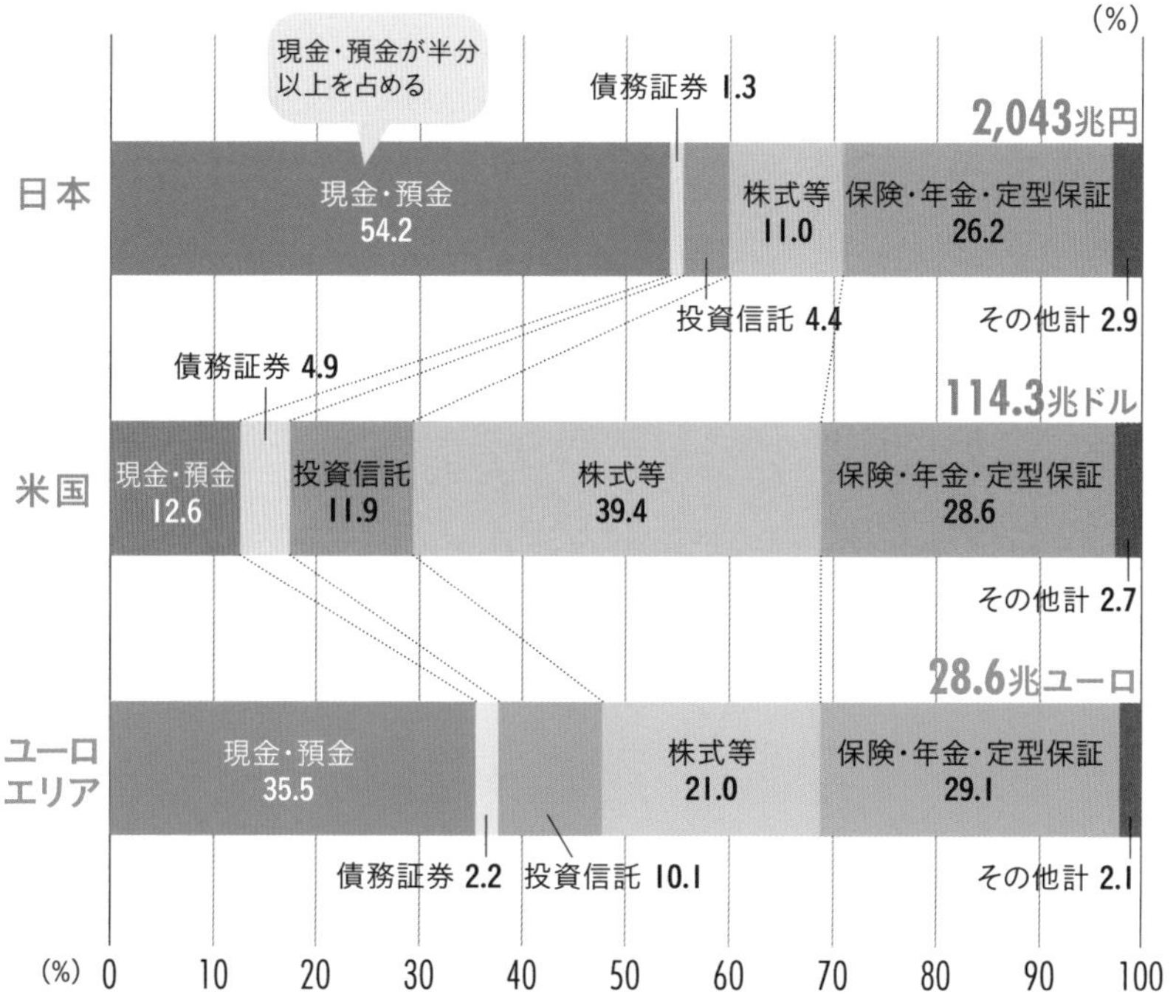

出典：「資金循環の日米欧比較（2023年3月）」日本銀行調査統計局

先生からのアドバイス

自分に合った商品・買い方を知るのが先決！

P.26でも述べた通り、これからは銀行に預けておくだけではお金の価値が目減りしかねない時代。そのため資産運用についてまったく知らない方が金融機関ですすめられるままに、退職金をそっくり投資信託に注ぎ込むといったケースも増えています。しかし投資の未経験者が一度に投資信託を大量に購入するのは、あまりおすすめできません。誰にどんな商品、買い方が合っているのか、これから順を追って説明していきます。

03

始めるのは早ければ早いほどお得！
10年後に差がつくコツコツ資産運用術がコレ

短期の取引は値動きが激しい

初心者だからこそ安心して安定した運用成果を期待したいのが本音です。その最も大きな秘訣の1つが、**10年単位の長いスパンでコツコツと続ける資産運用**です。

価格が変動する商品は、短いスパンで見ると小刻みに値上がり、値下がりを繰り返していることが一般的。また時には突発的な事件などの影響で、高騰または暴落することもあります。

そのため短期間での売買は、売却時に一時的な値上がり益が期待できる反面、暴落で大きな損失を被ることも覚悟しなくてはいけません。

しかし10年単位の長いスパンで見ると、どうでしょうか。世界の経済は**細かい値動きを繰り返しながら、全体では右肩上がりに推移しています。**

複利効果も期待できる長期投資

コツコツ資産運用のもう1つ大きなメリットが、複利効果。複利とは、運用で得た収益を元本に加えてまた運用に回すことです。**増えた元手がまた新たな収益を生み、どんどんお金がふくらんでいく仕組み。**これも時間が経てば経つほど効果が大きく表れてきます。

このように長期運用は、いわば時間がお金を生んでくれるようなもの。そのメリットを最大化するには、1日も早く始めることが先決です。

用語解説

資産運用

増やすことより貯めることを重視する預貯金、株式や債券などで増やすことを重視する投資の2通りがあります。投資した資金は企業や政府の資金となり、社会に役立てられます。

長いスパンで考えることでハラハラ感の少ない運用成果が期待できる

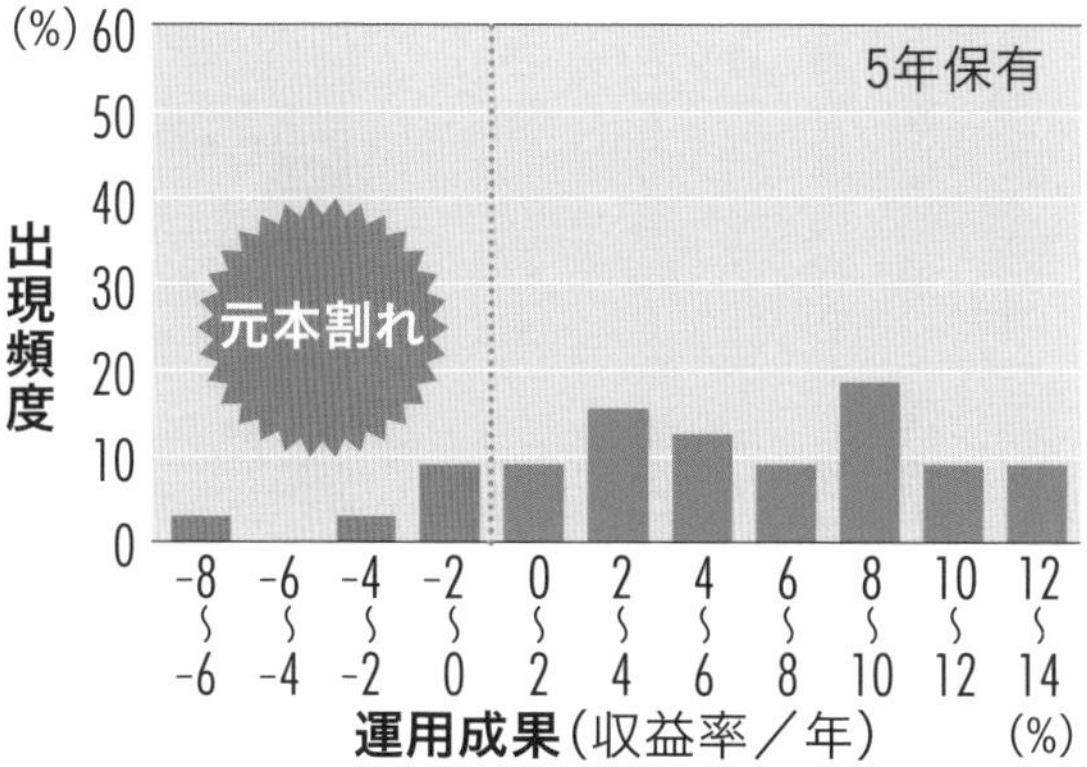

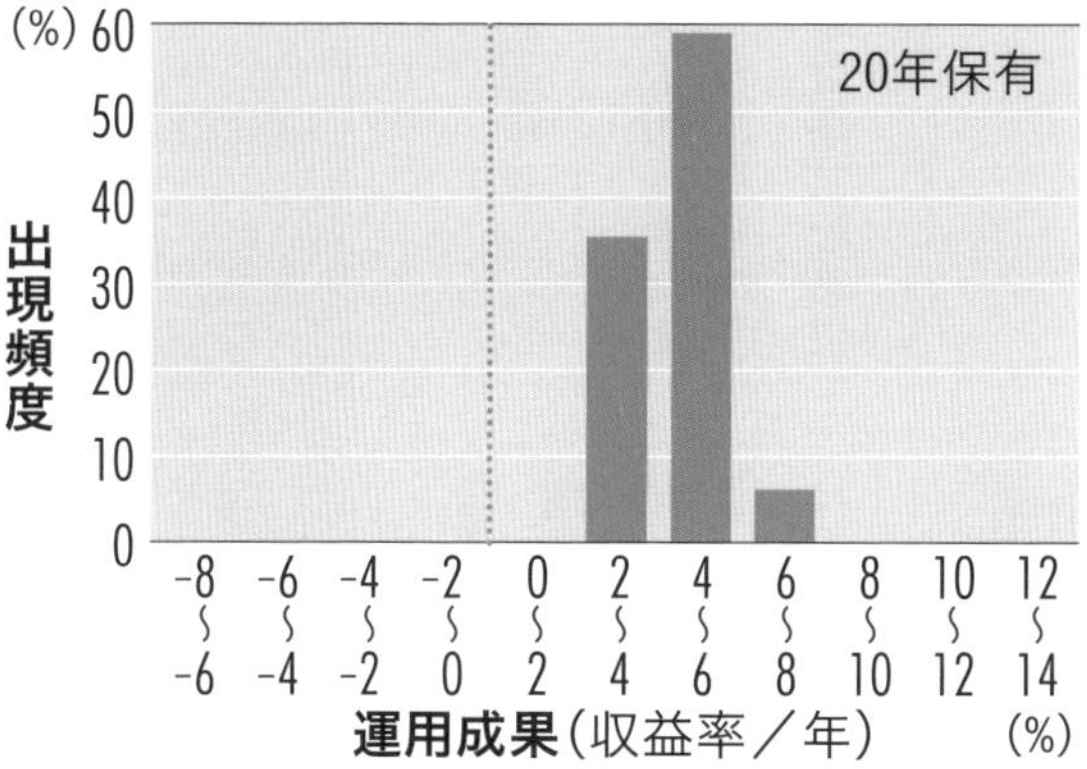

出典：金融庁

04

コツコツ資産運用 3つのキーワード 「長期」「分散」「積立」方式

値動きをおさえて安定収益を目指す秘訣

値動きする商品で資産を運用するにあたり、何としても避けたいのが値下がりによる損失。そこでその可能性を最小限におさえ、**安定した収益を目指すために考えるべきなのが、「長期」「分散」「積立」という3つのキーワード**です。

まず「長期」はすでに見た通り、金融商品を長く持つことで短期的な値動きの影響を受けにくくなる仕組み。**複利効果で収益を増やす効率も高まります。**

世界経済の成長も視野に分散を図る

「分散」にはいくつかの考え方がありますが、代表的なのは、**値動きの異なる複数の資産を組み合わせて運用すること。**たとえば株式と債券などがそうです。銘柄を分散する考え方もあります。1社の株式だけで運用していると、その会社が倒産すれば大きなダメージは避けられません。しかし複数の銘柄に分散して保有すれば、すべての会社が倒産するとは考えにくいです。

また**日本国内だけでなく、ほかの先進国や新興国の金融商品に分散させるのも一般的。**

「積立」は、月単位などで決まった額をコツコツと買い続けること。一度にたくさん買うとその時ごとの値動きの影響を受けやすくなりますが、「積立」方式ならそんなリスクも分散させることが可能。**結果的に、市場より低い平均購入価格ですませられます。**

用語解説

複利効果

運用で得た儲けを元本にプラスして運用し、儲けがまた儲けを生む効果のこと。儲けをプラスせず元本のまま運用することを単利という。100万円を年率5%で7年間運用した場合、単利135万円に対して複利は140万7,100円になる。

より安全な「分散」運用の仕組み

集中投資と分散投資

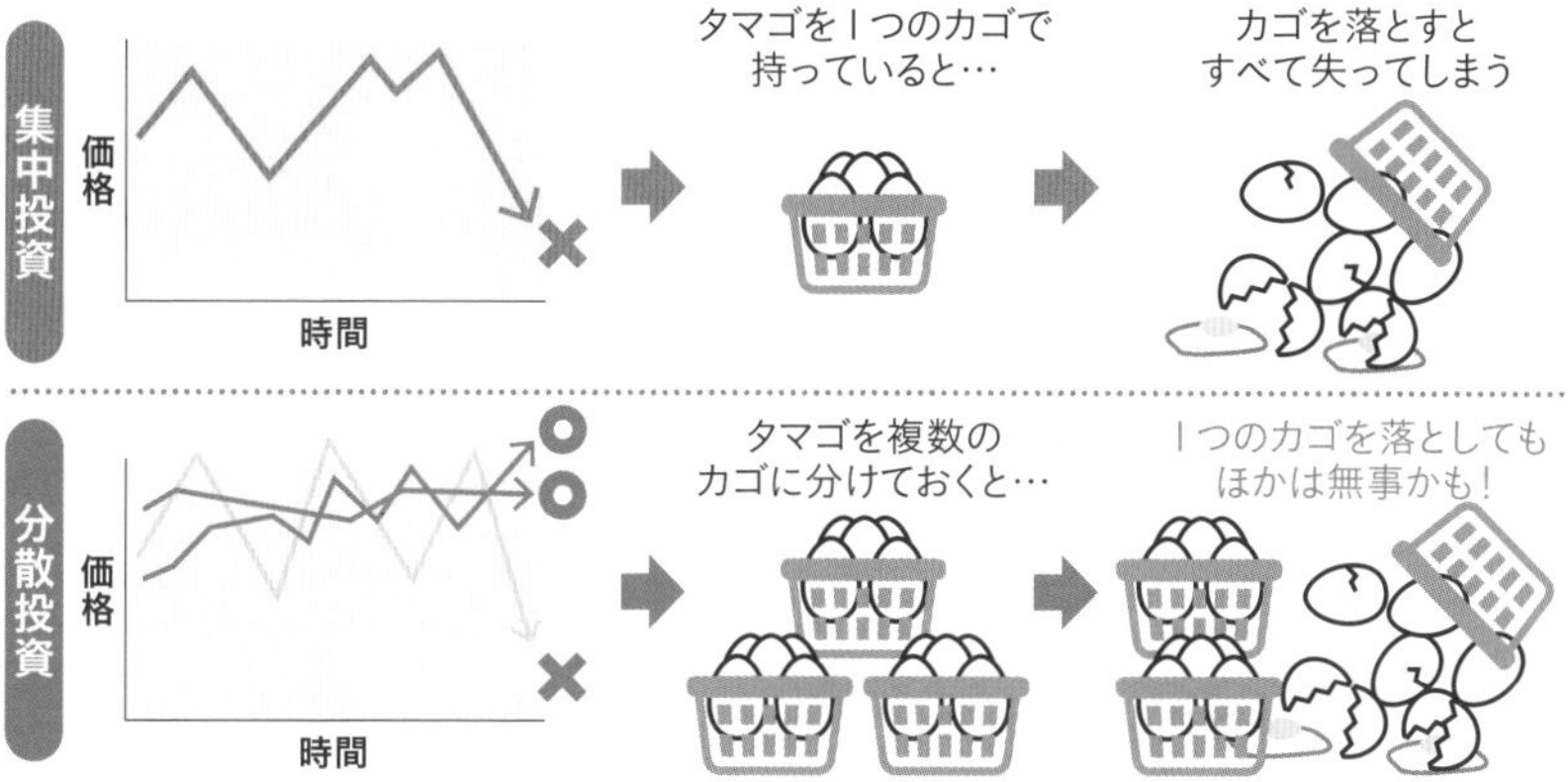
集中投資
価格
時間
タマゴを1つのカゴで
持っていると…
カゴを落とすと
すべて失ってしまう
分散投資
価格
時間
タマゴを複数の
カゴに分けておくと…
1つのカゴを落としても
ほかは無事かも！

資産と地域を分散して運用

資産の分散

値動きが異なるいくつかの資産に分散することで、全体で価格変動の影響が小さくなる。

地域の分散

投資先を複数の地域に分散することで、一定の地域特有の影響を大きく受けずにすむ。

資産・地域の分散を組み合わせることで、結果、さらに分散投資となり、リスクが軽減されるんです

先生からのアドバイス

積立は平均購入価格をおさえる「時間の分散」

「資産の分散」「地域の分散」に加えて、定期的に少しずつ定額で購入する「積立」は「時間の分散」ということもできます。「時間の分散」でトータルの平均購入価格が安くなる仕組みが、「ドルコスト平均法」。これはP.94で詳しく説明します。

05

NISAとiDeCoとの違いって？

目的や自分の立ち位置で選ぶ

資金の引き出し方法が目的別に異なる

NISA（特につみたて投資枠）とiDeCoは将来の資金を育てる制度ですが、いくつかの点で違いがあります。

1つめの違いは、目的。NISAのつみたて投資枠は本来、無期限の非課税期間をフルに活用したいところですが、実はいつでも引き出すことが可能。たとえば十分増えたから使おうということもできます。それに対してiDeCoは老後のための年金（一時金含む）に用途が絞られており、原則60歳になるまで引き出せません。

2つめの違いは、税金。利益から税金が引かれないのは同じですが、iDeCoは積み立てる掛金が「所得控除」の対象となるのでさらにお得。ただし、iDeCoは受取時に一定額を超えた場合は税金がかかります。

3つめの違いは、手数料。2つとも投資信託のコストとして信託報酬が発生するのは同じですが、iDeCoはさらに加入時、運用時、受取時にそれぞれ手数料がかかります。

4つめの違いは、選べる商品。まず、NISAのつみたて投資枠の場合、対象となるのはETFを含む株式型投資信託のみ。それに対してiDeCoは元本確保型＝定期預金や保険、元本変動型＝投資信託から選択可能。積極的な運用から元本確保の貯蓄まで、それぞれに応じたスタイルを選ぶことができます。

用語解説

ETF

Exchange Traded Fundの略。上場投資信託。投資信託が日に一度しか値動きせず、特定の金融機関のみでしか買えないのに対し、ETFは株式のように随時値動きし、株式市場で売買される。ただし株式と違って信託報酬（運用や管理にかかる費用）が必要。

NISAとiDeCoの比較

	NISA（つみたて投資枠）	NISA（成長投資枠）	iDeCo
年間投資額の上限	合計360万円 120万円	240万円	14万4,000円〜81万6,000円 ※職業、加入している企業年金制度により異なる
生涯投資枠の上限	1,800万円	（そのうち）1,200万円	648万円〜3,672万円
運用期間	18歳〜無期限	18歳〜無期限	20〜65歳未満 （75歳まで運用のみ可能）
拠出時の所得控除	なし	なし	あり
利益への課税	非課税	非課税	非課税
運用できる商品	金融庁が選定した投資信託・ETFなど	株や投資信託など	定期預金・保険商品・投資信託
運用商品の変更	いつでもOK ※解約した翌年に非課税投資枠が復活	いつでもOK ※解約した翌年に非課税投資枠が復活	いつでもOK ※ほかの商品への預け替え＝スイッチング（P.176）が可能
資金の現金化	いつでもOK	いつでもOK	原則60歳まで不可

先生からのアドバイス

どちらがお得かは人それぞれ

iDeCoは「拠出時の所得控除」を受けられるのが大きなメリット。ただし専業主婦（夫）や扶養の範囲内でパートなどをしている人は、その恩恵が受けられません。逆に手数料が負担になるだけなので、NISAをおすすめします。このように、人それぞれの立場や状況に応じてどちらがお得になるかを、あらかじめ念頭においておきましょう。

iDeCoは60歳まで引き出せないのが難点だけど、目先の税金が少なくなるのは魅力だなあ…

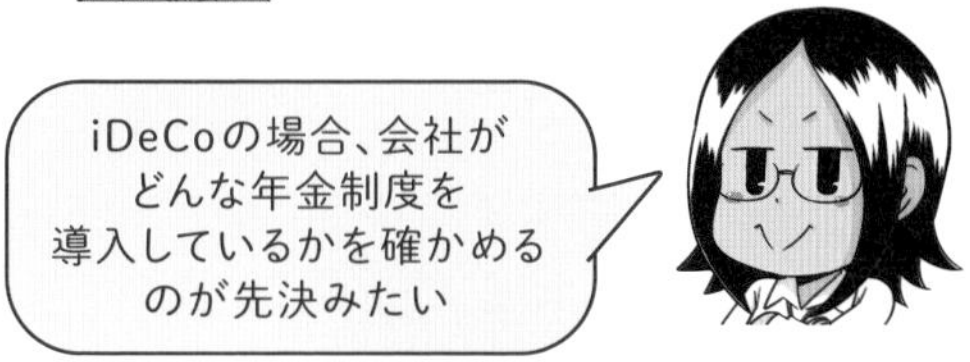
iDeCoの場合、会社がどんな年金制度を導入しているかを確かめるのが先決みたい

企業によってはマッチング拠出（P.136）といって、自分で会社の年金制度に上乗せすることが可能な場合も。自分で新しくiDeCoを始めるより、そっちのほうがお得なケースもあるんですよ

06

NISAとiDeCoは併用も可
2本立てなら FIREだって夢じゃない？

iDeCoの引き出し制限に不安な人向け

目先の税制面のメリットが大きなiDeCo。しかし原則60歳まで引き出し不可能なため、「急にお金が必要になったらどうしよう」と不安に感じる人も少なくありません。また、NISAもiDeCoもそれぞれ運用額の上限があります。

それぞれの特徴をもとに考えてみたいのが、iDeCoとNISAのつみたて投資枠との併用。**たとえば運用に回せるお金を、あらかじめ「老後のために死守したい『長期』のお金」と「場合によっては換金もできる『中・長期』のお金」とに分けて積み立てる**という方法があります。

併用で老後の2000万円問題をクリア

企業年金がない会社員がiDeCoで積み立てられる上限は、毎月2万3000円。30年積み立てた合計は828万円、運用で増えたとしても、老後資金としては十分でないと感じる人もいるでしょう。

そこでNISAのつみたて投資枠を仮に30年間毎月2万円プラスすれば、30年後は合計1548万円の積立が可能。仮に3%の利回りで運用できた場合には約2506万円の資産が得られることになり、老後の2000万円問題をクリアできそうです。また、NISAでもっと多くの金額を投資することで資産運用による早期リタイア＝FIRE《ファイア》も実現できるかもしれません。

用語解説

FIRE

Financial Independence, Retire Early の略。経済的自立と早期リタイア。若いうちに働いて元手を貯め、その運用益で生活できるようになった時点で早期リタイアするライフプラン。若い世代に支持されている。

目的に応じたつみたて投資枠とiDeCoの併用

運用に回せるお金

- **場合によっては換金もできる「中・長期」のお金** → **つみたて投資枠** に投資する
- **老後のために死守したい「長期」のお金** → **iDeCo** に投資する

つみたて投資枠とiDeCoの併用による資産形成のイメージ

月々 iDeCo で 2.3 万円、つみたて投資枠で 2 万円を積み立てた場合です。どちらの運用利回りも 3% と仮定しています。

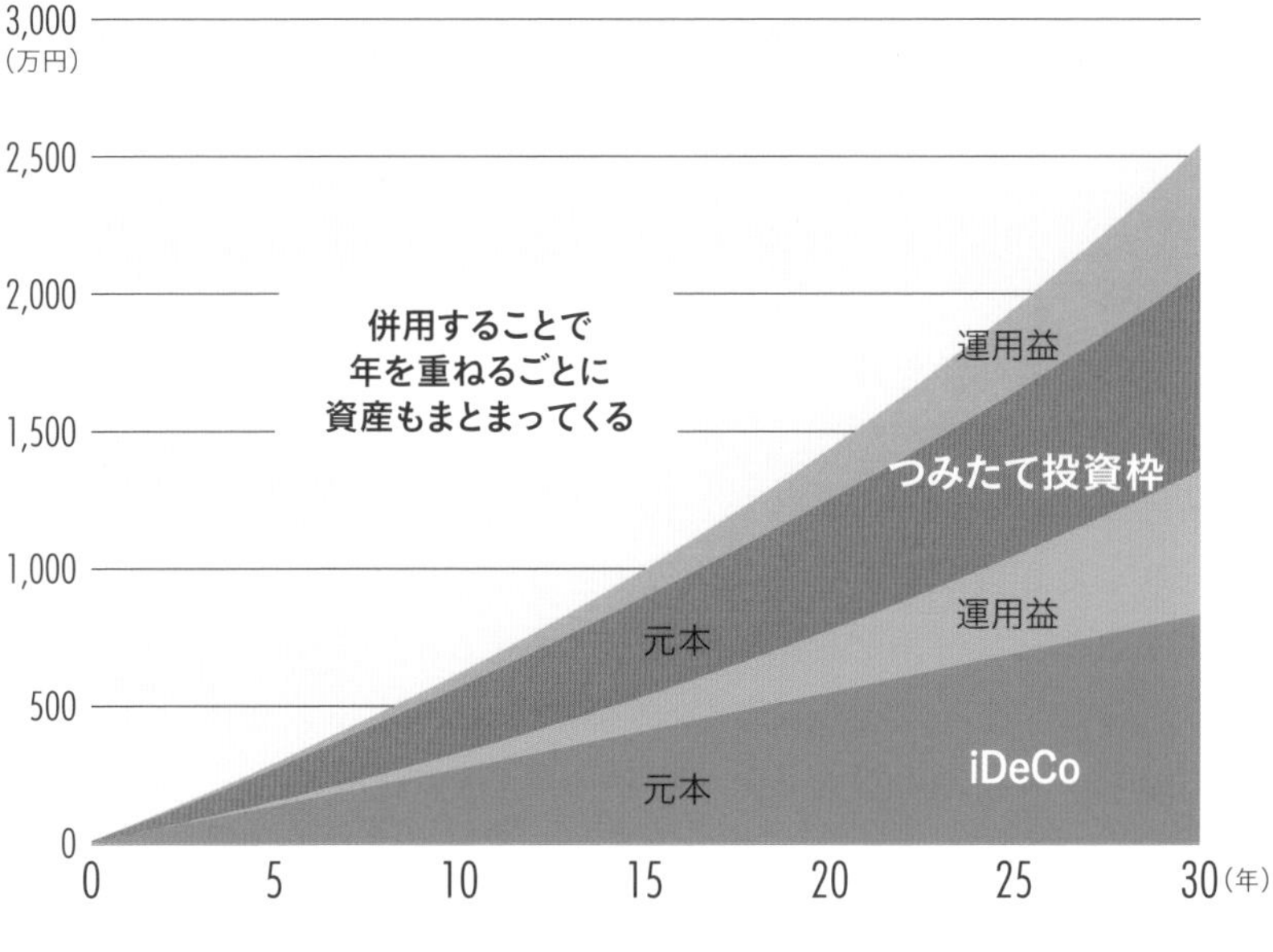

※iDeCoの所得控除による効果は足していません。

COLUMN

NISAとiDeCo、どっちがおトク？

　お金を運用しながら税金の優遇措置が受けられるNISAとiDeCo。特にその効果が大きいのは、iDeCoのほうです。

　NISAもiDeCoも、運用で得た儲け＝運用収益は非課税。iDeCoはこれに加えて、積立時に所得控除も受けられます。受け取り時に一定額を超えると課税されますが、現役時の税メリットは魅力です。

　iDeCoはまた、積み立てた金融商品を売って別の金融商品に買い替える「スイッチング（運用商品預替）（P.176）」が可能。NISAのつみたて投資枠は新しく積み立てる運用商品を変えることはできますが、非課税枠を使ったスイッチングはできません。

　節税効果では有利なiDeCoですが、一方で大きな制約もあります。それは、原則60歳までお金を引き出せないということ。そもそもNISAのつみたて投資枠は、少額からでも可能な長期・分散・積立投資を支援する制度。それに対してiDeCoは、老後資金の準備を支援する年金制度です。iDeCoの手厚い優遇措置はこの目的のために導入されているので、老後を迎える前に引き出せたら本末転倒になってしまうわけです。

　しかし突発的にお金が必要になる状況は、誰にでも起こり得ます。また住宅費や教育費など、ライフイベントごとの大きな出費のために運用したいという人も少なくないでしょう。

　そんなときでも引き出せないお金を運用し続けることができるかどうかが、２つの制度を比べるうえで大きなポイントになります。預貯金などに余裕があって急な出費にも対応できる、あるいは若いうちから将来のお金の計画をしっかり立てたいといった人は、よりおトクなiDeCoを選択したほうがいいともいえるでしょう。

PART

1

お金を貯めたい人に超おすすめ！

NISAを始めよう

ハイリスクすぎるのでは
強気ですね!?
ザバー
今日ちょ～っとガマンした分が大きなって帰ってくる
始めるのは早いにこしたことないで
おおお…
ダメな例
まだ上がる
まだ上がる
まだ上がる
売りそこねた
相場の動きはわからないし換金したいタイミングは人それぞれなのでベストはありません
くれぐれもあせらず
全部やのうて一部売却って手もあるんやで
くわしくは108ページ!!
たしかに…
株式型にするのもアリじゃない？
たしかに飲んだら消えるお酒より有意義だ…
だが飲みたい
専門知識がすっごくたくさん必要で
ハイスペックなパソコンがいるやつでは…？
カチャカチャ

NISA 01

初心者が「投資」しても大丈夫？

NISAってどんな制度？

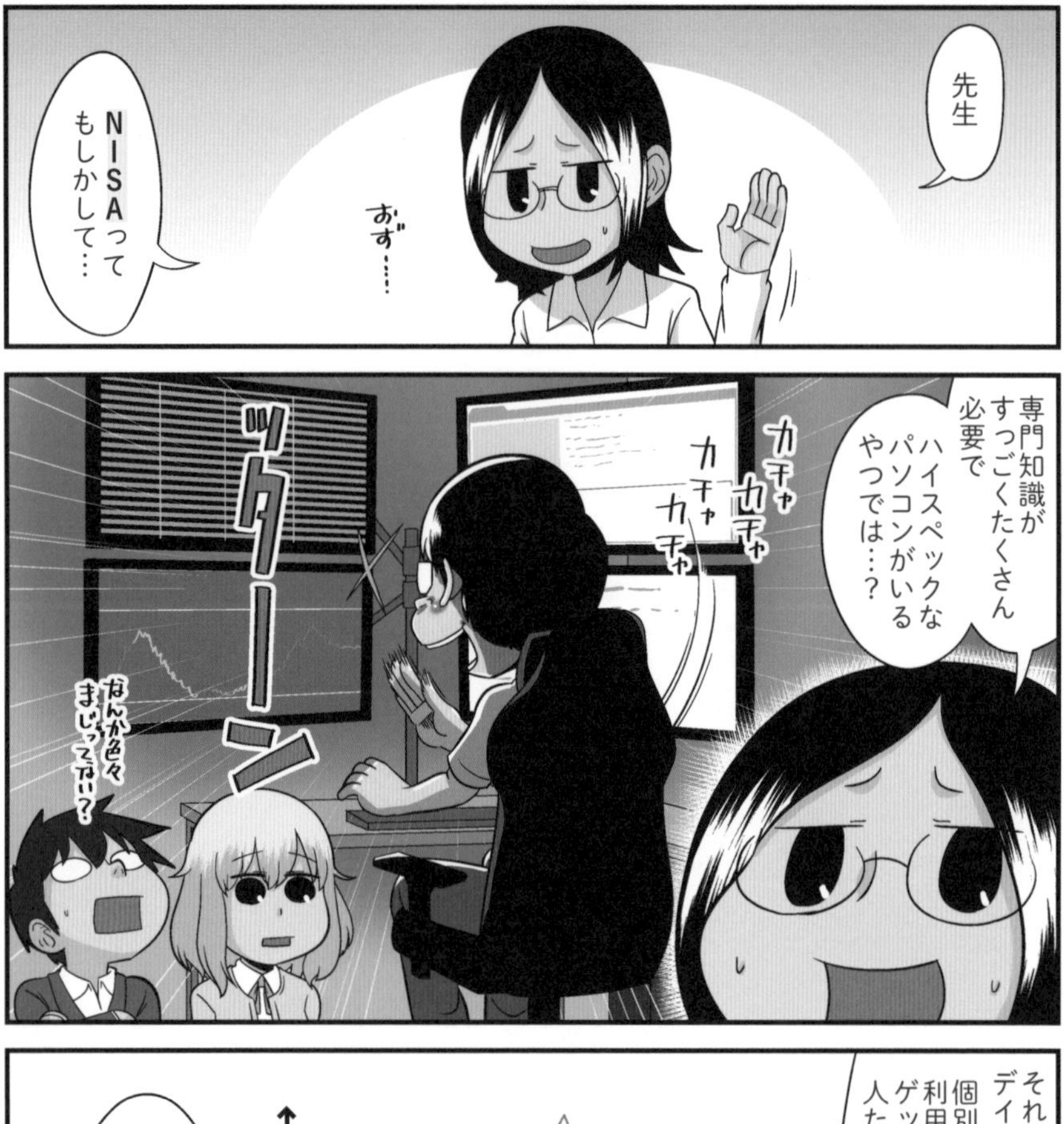

先生
おず……
NISAってもしかして…
専門知識がすっごくたくさん必要でハイスペックなパソコンがいるやつでは…？
カチャカチャカチャカチャ
ッターーン
なんか色々まじってない？
それはいわゆるデイトレーダー個別株(※)の上下を利用して「差額」をゲットする人たちですね
↑売り
買い↓
↑売り
買い↓
1日に何度も株を売り買いするようなまあ「株ガチ勢」ってとこやな

※個別株：「〇〇社の株」といった、それぞれの会社ごとの株のこと。

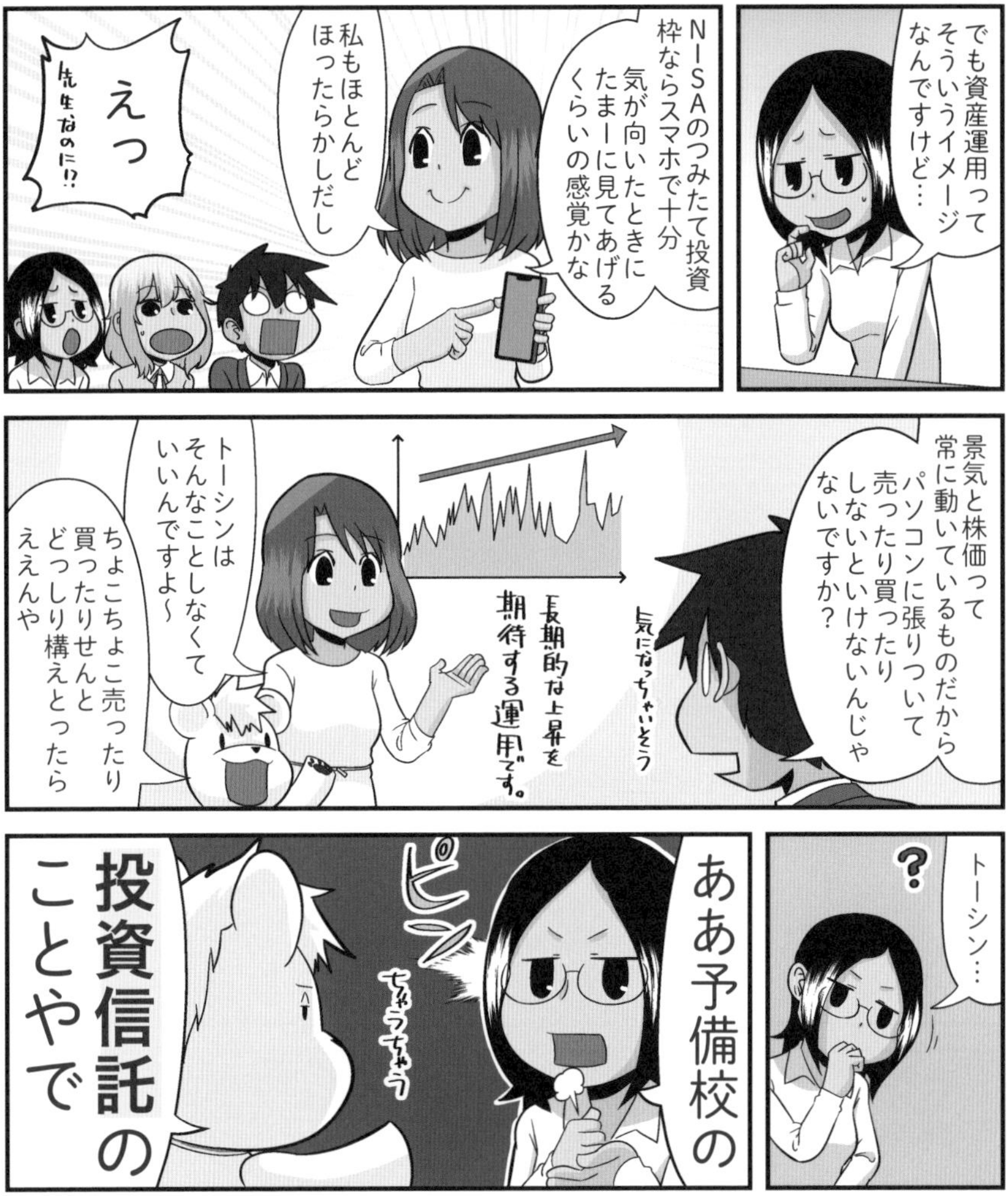

でも資産運用って
そういうイメージ
なんですけど…
NISAのつみたて投資
枠ならスマホで十分
気が向いたときに
たまーに見てあげる
くらいの感覚かな
私もほとんど
ほったらかしだし
えっ
先生なのに!?
景気と株価って
常に動いているものだから
パソコンに張りついて
売ったり買ったり
しないといけないんじゃ
ないですか?
気になっちゃいそう
長期的な上昇を
期待する運用です。
トーシンは
そんなことしなくて
いいんですよ〜
ちょこちょこ売ったり
買ったりせんと
どっしり構えとったら
ええんや
?
トーシン…
ああ予備校の
ピン
ちゃうちゃう
投資信託の
ことやで
「投資」信託って…
やっぱり株の仲間
なんじゃないですか!
シロートは
むしられる
奴だ!!
そう!
でも株そのもの
ではないんです!

投資信託は株や債券などのセット販売みたいなもので…
あれや！晩酌おつかれさまセットみたいなもんやな！
ゴクリ
晩酌おつかれさまセット
生ビール
＋
Aセット
・からあげ
・マカロニサラダ
Bセット
・やきとり
・ポテトサラダ
どちらも
790円
個別株はブっつ厚いメニューからアラカルトで選ぶ感じや
ロマネスコとホヤのインド風ギョーザ…？
たくさんのなかから選ぶだけでも大変やし
注文したらしたで当たればええけど大ハズレもある
食べてみるまでわからんのは怖いやんか
天国と地獄
イケるやん！
まっず…
その点おつかれさまセットはその店のおすすめセットメニューや
どかっ
個別株
一品をたくさん
投資信託
万が一1つマズくてもほかがウマければトータルプラスやろ
ビールだけでも美味しいわ。
多品目を少量ずつ
ハズレが重なると地獄なやつですね
客引きしてくる店によくあるヤつ。
ネガティブやめえ
あるけども。

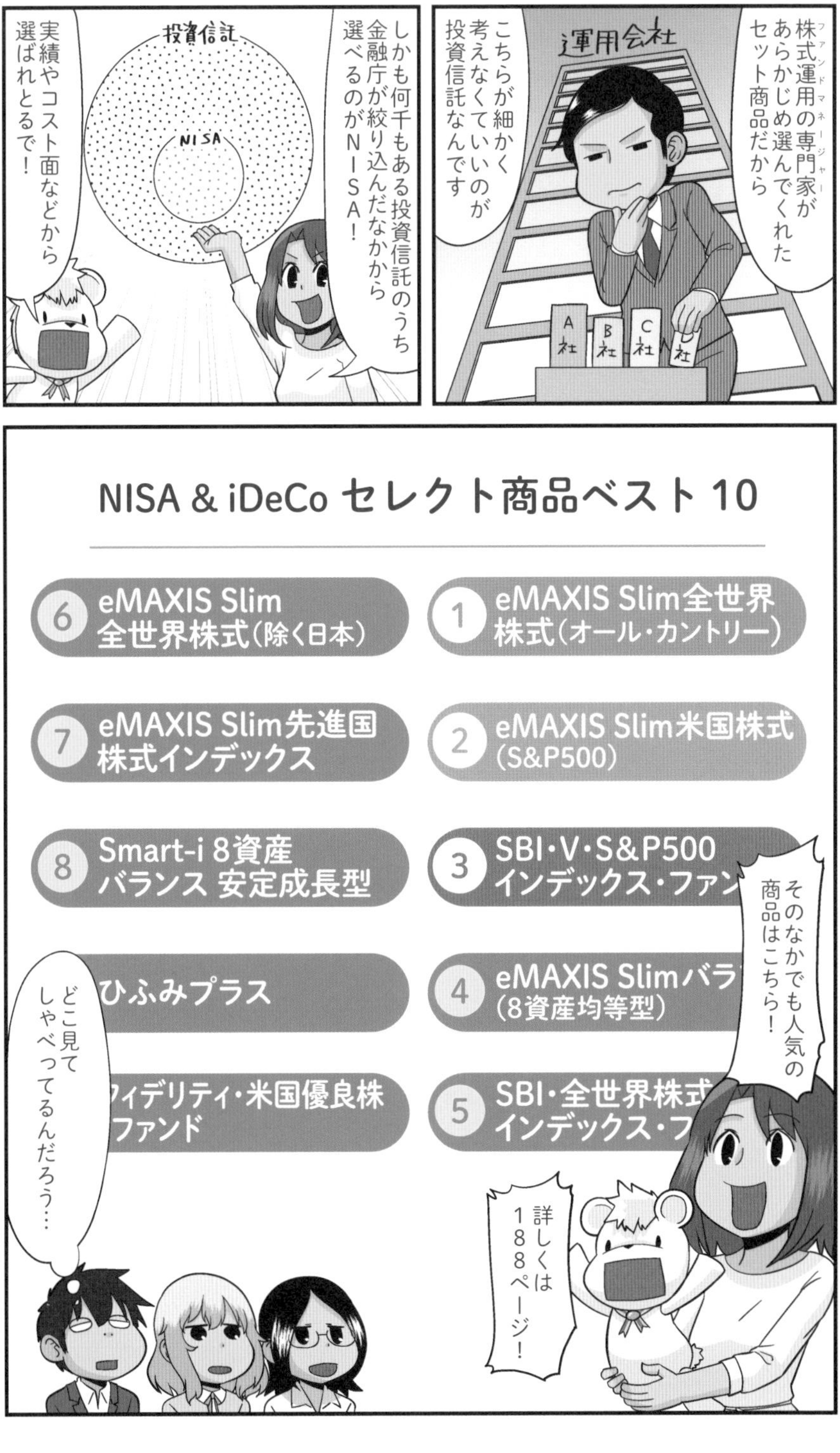

株式運用の専門家《ファンドマネージャー》があらかじめ選んでくれたセット商品だから
運用会社
こちらが細かく考えなくていいのが投資信託なんです
A社
B社
C社
D社
しかも何千もある投資信託のうち金融庁が絞り込んだなかから選べるのがNISA!
投資信託
NISA
実績やコスト面などから選ばれとるで!
NISA & iDeCo セレクト商品ベスト10
1 eMAXIS Slim全世界株式(オール・カントリー)
2 eMAXIS Slim米国株式(S&P500)
3 SBI・V・S&P500 インデックス・ファン
4 eMAXIS Slimバラ (8資産均等型)
5 SBI・全世界株式 インデックス・フ
6 eMAXIS Slim 全世界株式(除く日本)
7 eMAXIS Slim先進国株式インデックス
8 Smart-i 8資産 バランス 安定成長型
ひふみプラス
ィデリティ・米国優良株 ファンド
そのなかでも人気の商品はこちら!
詳しくは188ページ!
どこ見てしゃべってるんだろう…

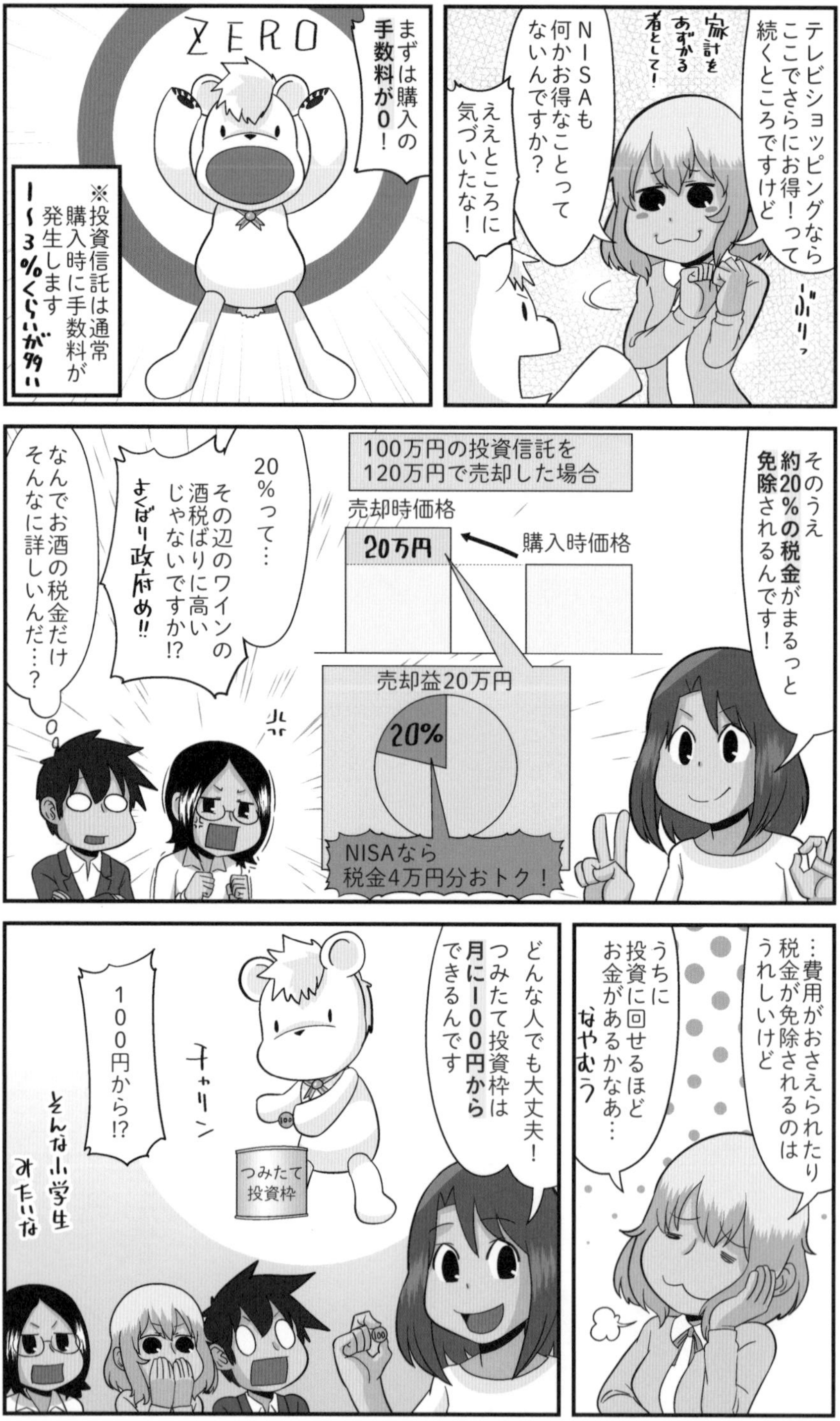
テレビショッピングならここでさらにお得！って続くところですけど
家計をあずかる者として！
ぷりっ
NISAも何かお得なことってないんですか？
ええところに気づいたな！
まずは購入の手数料が0！
ZERO
※投資信託は通常購入時に手数料が発生します
1〜3%くらいが多い
そのうえ約20%の税金がまるっと免除されるんです！
100万円の投資信託を120万円で売却した場合
売却時価格
20万円
購入時価格
売却益20万円
20%
NISAなら税金4万円分おトク！
20%って…その辺のワインの酒税ばりに高いじゃないですか!?
よくばり政府め!!
なんでお酒の税金だけそんなに詳しいんだ…？
…費用がおさえられたり税金が免除されるのはうれしいけど
うちに投資に回せるほどお金があるかなあ…
なやむう
どんな人でも大丈夫！つみたて投資枠は月に100円からできるんです
チャリン
つみたて投資枠
100円から!?
そんな小学生みたいな

缶チューハイ1本ガマンするより安い金額やで難しないやろ？
私がいつも飲んでいるチューハイは210円からですが？
甘く見てもらっては困る
500ml缶計算やめましょ
何ドヤなのそれ。
Point!
だからこそ若いうちからコツコツ続けるのがおすすめ！
今日ちょ〜っとガマンした分が大きなって帰ってくる
始めるのは早いにこしたことないで
ザパー
おおお…
だったら早く申し込み方法を教えてください!!
節酒はきょ…いや明日からがんばるので！
ほな今日は飲み納めに先生のオゴリで飲もか！
店員さんお店のお酒全部持ってきて〜！
うちにそんな予算ありませんっ！

手間いらずの「ほったらかし」積立を目指す！

NISAのつみたて投資枠の基本は「投資信託」

投資信託で「ほったらかし」積立も可能

預金、株式、投資信託など金融商品で得た儲け＝運用収益には、税金がかかります。税率は20・315％＝約20％です。

ところが**一定の範囲内でこれが非課税となるお得な制度の1つが、NISA**です。NISAは、つみたて投資枠、成長投資枠の2種類。つみたて投資枠は投資信託など限られた商品のなかから選んで購入しますが、成長投資枠は商品の範囲は株式などにも広がります。この2つのうちで初めての人におすすめしたいのは、つみたて投資枠です。

つみたて投資枠の対象商品は、あらかじめ金融庁が選んだ株式投資信託およびETF。P.54で詳しくふれますが、いずれも**「長期」「分散」「積立」運用ができるよう、金融庁が厳選した商品ばかり**です。

株式投資を始めると、多くの場合は小まめに値動きをチェックし、そのつど自分の判断で売り買いの注文を出さなくてはいけません。値下がりにハラハラしたり、損失を出して後悔することもあるでしょう。

それに対して主に投資信託を運用するつみたて投資枠は、定期預金のような感覚で、**自分で決めた額を定期的に積み立てていくだけ**。値動きもあり元本が保証されるものはありませんが、知識や経験、また潤沢な資金がなくてもやりやすく、場合によっては「ほったらかし」積立も可能なのです。

用語解説

（利益に対する）税率

本来は国税15%、地方税5%の計20%でしたが、2013年1月1日から2037年12月31日まで東日本大震災からの復興を目指す復興特別所得税が課税されるため、現在は20.315%となっています。

株式投資と投資信託投資の違い

	株式	投資信託
投資対象	自分で銘柄を1つずつ選択	運用会社が選んだ商品を選択
運用者	自分	運用会社
価額	リアルタイムで変動する市場価額（株価）	1日1回算出される基準価額
最低投資金額	通常の場合、数万円～数十万円程度必要	少額から自由に選択可能
信託報酬	なし	あり
購入場所	証券会社	投資信託を扱っているさまざまな金融機関
購入方法	証券会社を通じて、市場で指値※1・成行※2注文で購入	販売する金融機関を通じて基準価額で購入

※1「A株を500円で500株買いたい・売りたい」などと希望する売買価格を自分で指定する方法です。

※2 金額を指定せず、「A株を500株買いたい・売りたい」などと現在表示されている株価で発注する方法です。

NISAの成長投資枠の特徴

1 株式投資ができる

成長投資枠では、上場株式、投資信託、ETF、REIT（P.48参照）を購入することができます。つみたて投資枠でも投資信託を購入することはできますが、対象商品の選択肢が成長投資枠では大きく広がります。ただし、すべての商品を購入できるのではなく、対象商品はあくまで安定した資産形成に向いた商品のみです。

2 年間積立枠がつみたて投資枠より多い

つみたて投資枠の年間の投資枠の上限は120万円ですが、成長投資枠はその倍の240万円。つみたて投資枠と同じ商品を購入することもできるので、年間120万円以上の積立投資に挑戦したい人にも有効です。ただし、NISAの生涯投資枠1,800円のうち、成長投資枠で投資できるのは1,200万円までです。

3 積立投資とスポット投資のどちらもできる

つみたて投資枠では積立投資しかできませんが、成長投資枠では積立投資に加え、好きなタイミングで商品を購入するスポット投資の両方の方法を利用することができます。

"株式などを詰め合わせた投資商品"

投資信託ってどんな商品なの？

株のように銘柄を吟味する手間は不要

投資信託はファンドとも呼ばれます。これは、株式、債券、REIT《リート》（不動産の運用）などを組み合わせた投資商品。株式がケーキ、債券が焼き菓子とすると、たとえばケーキだけの詰め合わせ、焼き菓子だけの詰め合わせ、ケーキ多めプラス焼き菓子少し、あるいはその反対など、いろんな組み合わせがあります。

この**組み合わせを選ぶのが、運用会社のファンドマネージャー**。私たちは運用会社が作った「ファンド＝投資信託」を選んでお金を託すことで、それぞれいろんな種類の株式、債券、REIT、またその組み合わせといった形で分散運用することができます。**株式のように、自分で1つ1つ会社を吟味して購入するような手間は必要ありません。**

投資信託に関わる3つの会社

投資信託を始めると、次の3つの会社と関わっていくことになります。

1つめは、販売の窓口となる**販売会社**。証券会社、銀行などがそうです。

2つめは、投資信託を作っている**運用会社**。○○投信、○○アセットマネジメントといった名前で多数の会社があります。ファンドマネージャーの仕事は、この運用会社での役割。

そして3つめが、金庫番の役目を負う**信託銀行**です。

用語解説

REIT

Real Estate Investment Trust の略。不動産投資信託。不動産を対象とした投資信託。投資家から集めた資金でオフィスビル、マンションなどの不動産を購入・運用し、賃貸料収入や譲渡益などの儲けを分配します。

投資信託のイメージ

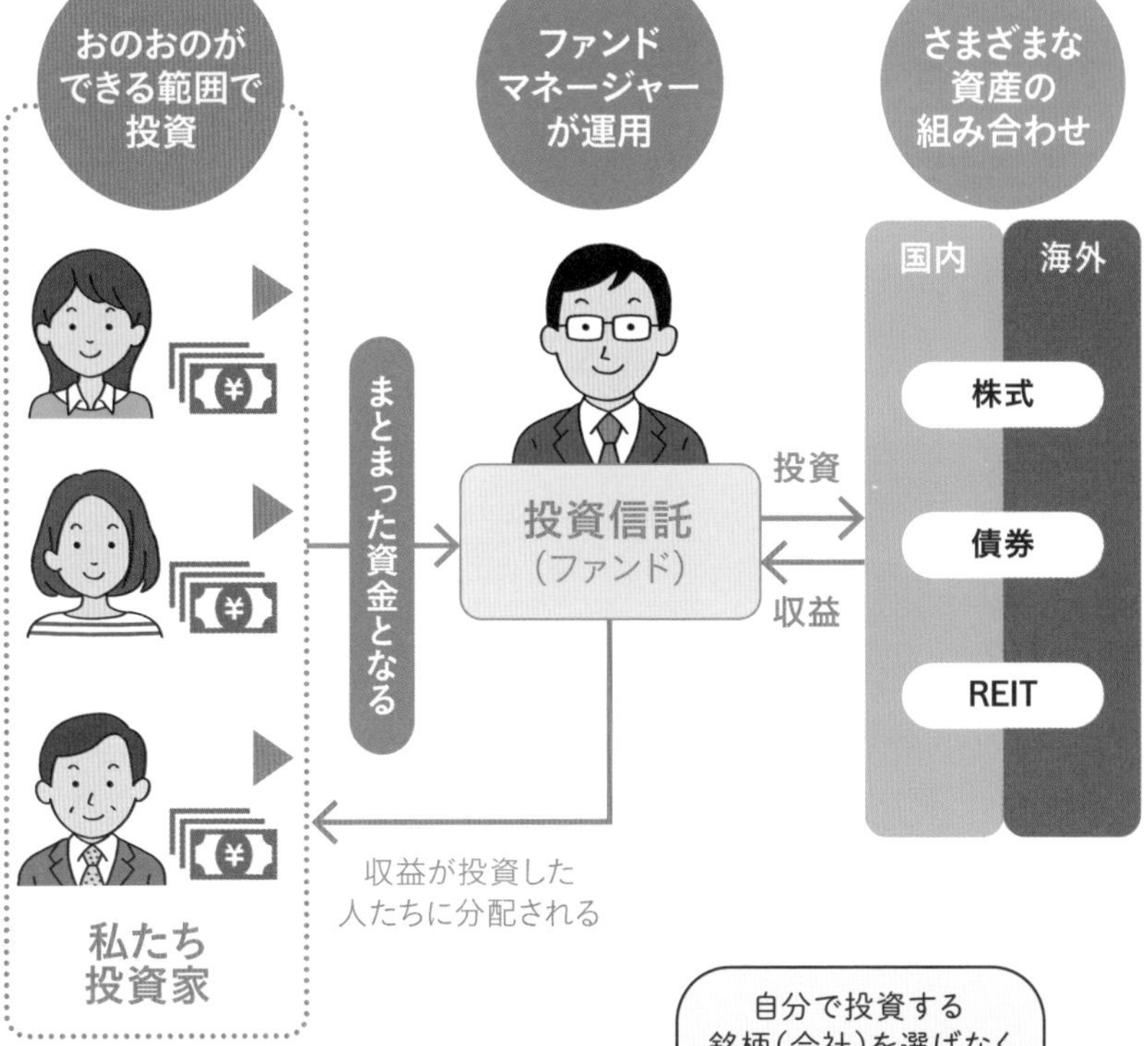

先輩の体験談

貯蓄とちょっとしたお小遣い稼ぎのつもりで、数年前に投資信託の少額投資をスタート。始めてみると、お金の出入りについても以前より意識するようになりました。これからもっと長い目で見てチャレンジしていきたいと思っています。（プログラマー・23歳）

株式型、債券型、REIT型などなど…
いろいろある投資信託のカテゴリー

地域によっても値動きの仕方が異なる

投資信託は運用する対象や組み合わせによって、次のようなカテゴリーに分けることができます。

1つめは、株式型の投資信託。株式投資とは、**会社が発行する株式にお金を出す、つまりその会社に出資する仕組み**です。投資信託とは、数多くの会社の株式を組み入れた詰め合わせになっています。地域によって日本株、先進国株、アメリカ株、新興国株などがあり、それぞれ値動きの大きさが異なります。

2つめは、債券型の投資信託。債券とは**国や会社にお金を貸して、利息を受け取り、満期に返してもらうのが一般的な仕組み**です。利率と満期日があらかじめ決まっており、株式型と比べると理論上は値動きが小さく、儲けも多くありません。債券型の投資信託とは、数多くの債券の詰め合わせです。

3つめは、REIT型の投資信託。P.48でふれたように、REITとは**不動産に出資してその儲けを分配する仕組み**（不動産投資信託）です。REIT型の投資信託とは、数多くのREITの詰め合わせです。

4つめは、コモディティ（商品）の投資信託。**金《きん》、原油、大豆、小麦といった、いわゆる「モノ」にお金を出し、その値動きで儲けを狙う仕組み**です。

5つめは、バランス型の投資信託。国内外の株式や債券、REITなどを**複数ミックスすることで分散投資を図る仕組み**です。

用語解説

債券

国、自治体、企業などが資金を借りるために発行する有価証券。投資する人は、お金を貸す代わりに利子を受け取ります。多くの債券は市場で取引されて値動きしますが、株式よりは安定しています。ただし長期での高い収益は期待できません。

値動きによる投資信託のカテゴリー

もともと値動きが大きいグループ

国内REIT型
国内株式型と同様に大きく値動きしやすい。

外国REIT型
為替の変動(円高、円安など)の影響を受けるため、国内REIT型より値動きが大きくなりがち。

国内株式型
市況に応じて大きく値動きしやすい。

外国(先進国)株式型
為替の変動の影響を受けるため、国内株式型より値動きが大きくなりがち。

外国(新興国)株式型
一般に新興国は先進国より経済が不安定なため、先進国型よりさらに値動きが大きくなりがち。

小　値動き　大

国内債券型
日本国債など、国内の債券を運用。比較的値動きが小さい。

外国(先進国)債券型
為替の変動の影響を受けるため、国内債券型より値動きが大きくなりがち。

外国(新興国)債券型
株式型同様、一般に新興国は先進国より経済が不安定なため、債券の値動きも大きくなりがち。

値動きが上のグループよりは大きくないグループ

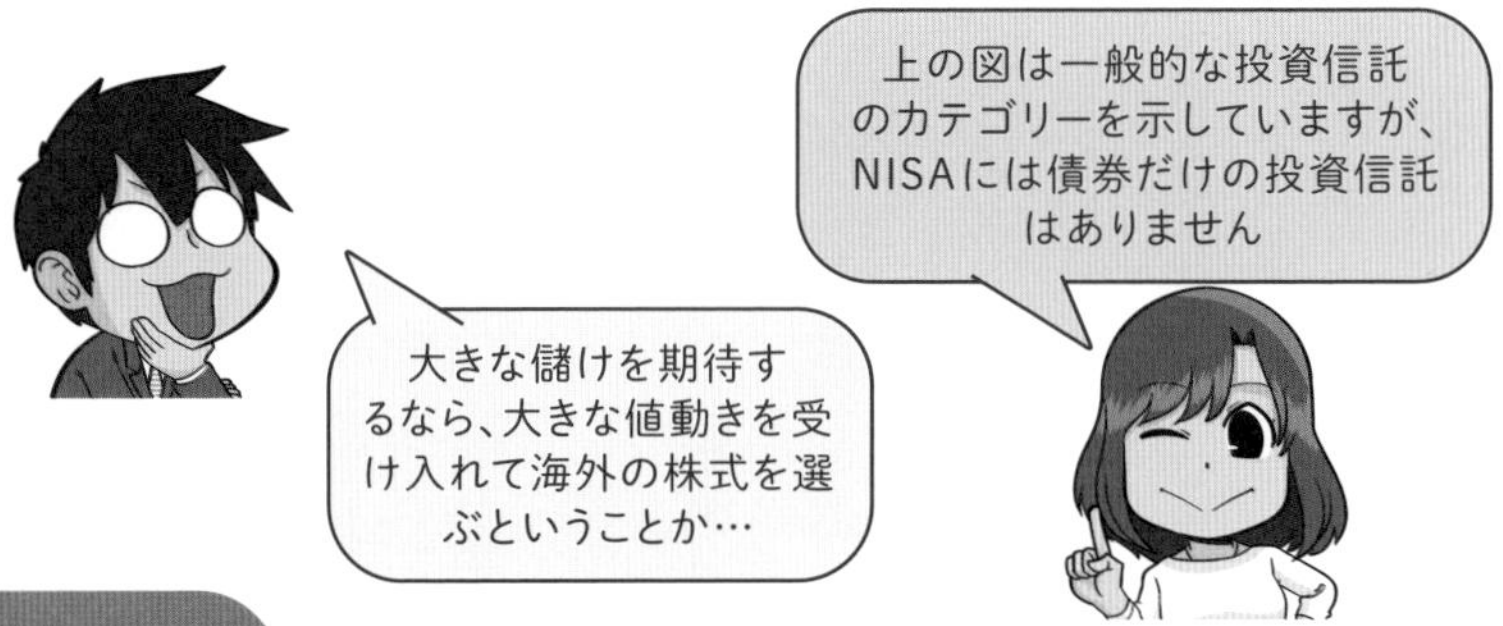
上の図は一般的な投資信託のカテゴリーを示していますが、NISAには債券だけの投資信託はありません
大きな儲けを期待するなら、大きな値動きを受け入れて海外の株式を選ぶということか…

先生からのアドバイス

バランス型ってどんなイメージ？

食べ物にたとえると、単品メニューの株式型や債券型に対してバランス型は定食といったイメージ。ただしバランス型＝バランスがいい、という意味ではありません。国内外の債券・株式の４資産、新興国やREITをそれぞれ加えた６～８資産といったように、さまざまな視点で投資対象を分散させた商品のなかから自分で選ぶことになります。

リスク＝危険、リターン＝儲けではない！

リスク・リターンの意味をしっかり覚えよう

リスクは「いろんな可能性」

資産運用を始めるにあたって知っておいてほしいのが、「リスク・リターン」の意味です。ご存じの通り「リスク」は本来、「危険」という意味。そのため「この金融商品はリスクが高い」というと、「危険な商品」だと考える人が大半ではないでしょうか。

しかし資産運用でいうリスクは、「危険」の意味ではありません。これは、**一番儲かっている状態から最も損をしている状態までの「振れ幅」のこと**。したがって「リスクが大きい金融商品」は、場合によって大きく値下がりするかもしれないし、逆にすごく値上がりするかもしれません。その意味で**リスクは、「値動き」あるいは「いろんな可能性」と言い換えることもできる**でしょう。

プラス・マイナスに振れるリターン

次に「リターン」は、一般に「儲け」の意味で理解されています。しかし**資産運用の世界でいう「儲け」は、「プラスのリターン」**。反対に損失は、「マイナスのリターン」。そしてその間の振れ幅＝リスクという仕組みです。したがって「ノーリスク・ハイリターン」の商品は、あり得ません。

長期運用で儲けを得たいなら、一定のリスク＝値動きは許容しなくてはいけません。目先のちょっとした損失も、長い目で見て受け入れる心がけが必要です。

用語解説

リスク

リスク＝振れ幅のこと。その要因によって、価格変動リスク、金利変動リスク、また発行企業などの債務状況の悪化による信用リスク、外貨建ての金融商品の価値が変動する為替変動リスクなどに大別されます。

リスク＝儲けと損失の「振れ幅」

リスクが大きい金融商品

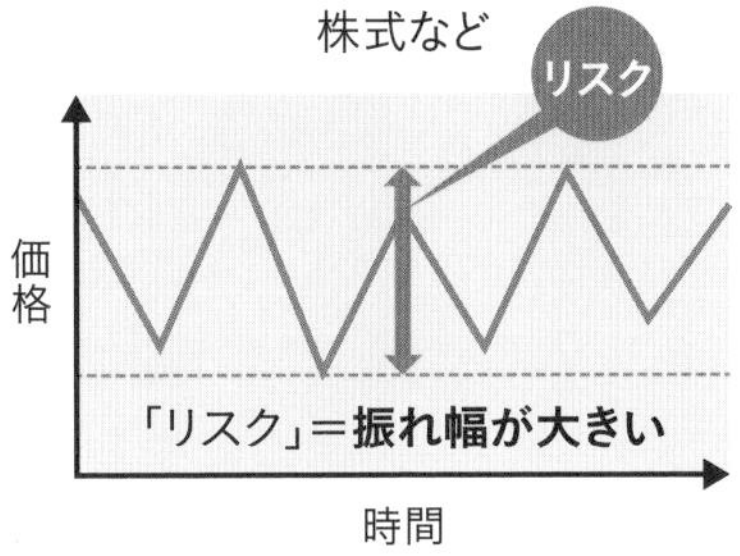

リスクが小さい金融商品

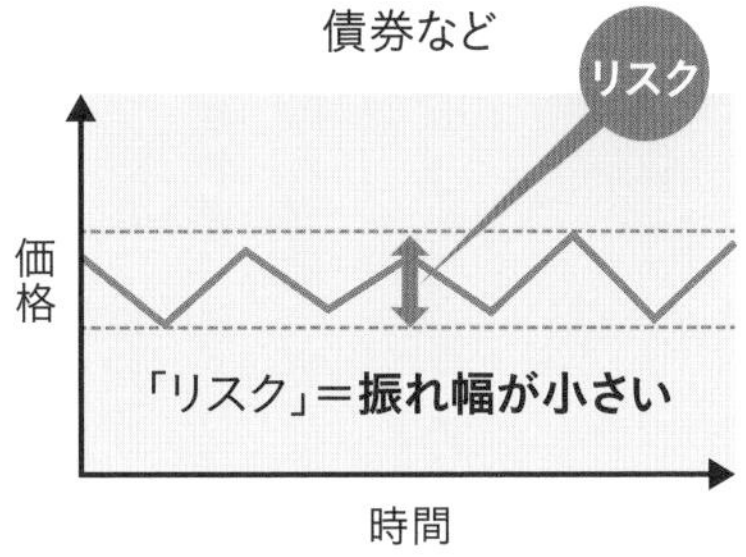

リスクの許容度

資産運用にあたって一定のリスクを受け入れることは必要ですが、どれくらいまで許容できるか＝リスク許容度は人それぞれ。一般に以下の条件が、リスク許容度を測る主な目安になります。リスク許容度が高い人は値動きが大きい商品で大きなプラスのリターンを目指す、逆に低い人は値動きが小さい商品で安定した運用を図る、といった選択が考えられます。

	リスク許容度 高	リスク許容度 低	
年齢	若年層	年配層	若い人は損失が出ても長期投資で挽回する時間がたっぷりあるため、老後が間近い世代より高いリスク許容度があります。
家族構成	家族が少ない	家族が多い	家族が多いと家計支出がそれだけかさむので、家族が少ない人に比べて投資に回せるお金が少ない＝リスク許容度が低くなります。
資産・年収	多い	少ない	投資に回せるお金に余裕があるほど、リスク許容度が高くなります。

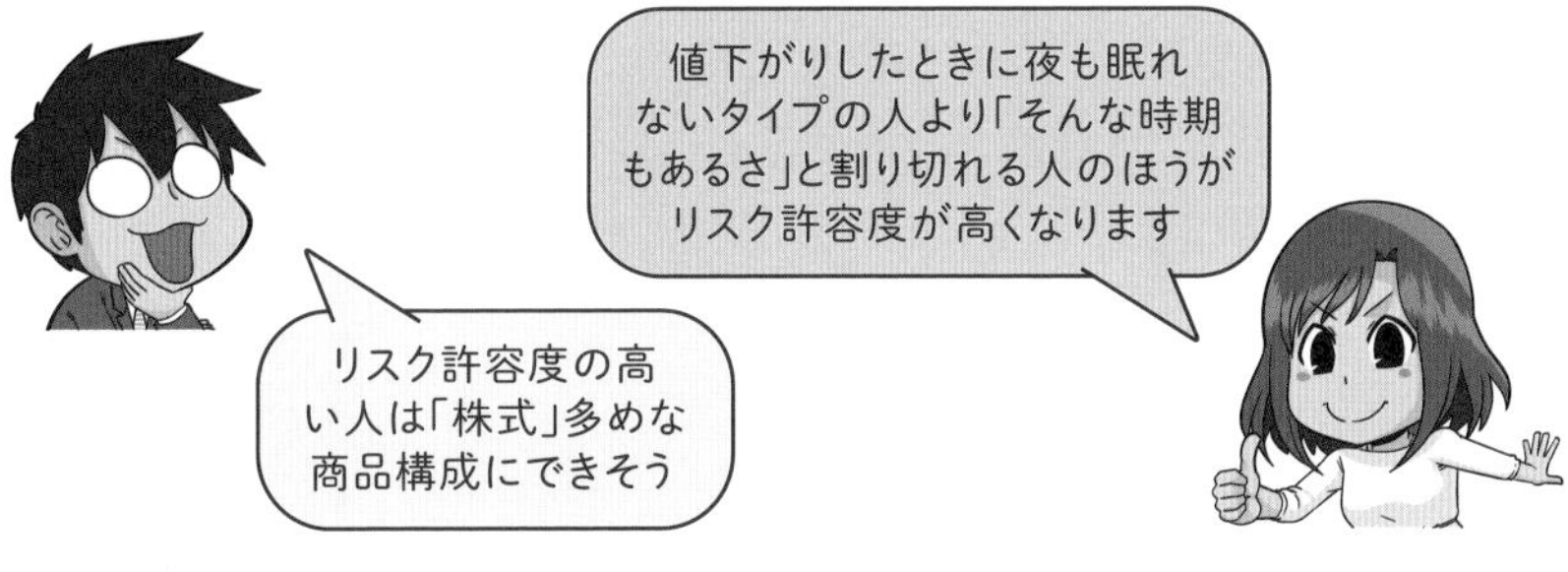

「長期」「分散」「積立」を徹底追求
対象商品は金融庁のお墨つき

金融庁が数千もの商品から厳選！

NISAのつみたて投資枠が初めての人に向いている大きな理由は、**対象商品があらかじめ厳選されているから**。日本で購入できる投資信託は約6000本ありますが、つみたて投資枠の対象商品はいずれも**金融庁の厳しい基準をパスした株式投資信託と日経平均株価などの指数と連動するETF※に限定**されています。

インデックス型&アクティブ型の商品

選定の基準は、「長期」「分散」「積立」に適しているかどうか。そこでメインとされているのが、**「インデックス型」（P.98）の投資信託**。低コストが魅力です。

それに対し**「アクティブ型」（P.100）の投資信託は、ファンドマネージャーが工夫して高いリターンを目指します**。

インデックス型よりコストはかかりますが、継続して投資家に支持・選択されている商品だけが採用されています。

手数料は無料、信託報酬も上限つき

投資信託には販売手数料がかからず、**信託報酬も上限を設けることで、低コストの商品に絞っています**。

また運用による儲けを月ごとに分配する「毎月分配型」の投資信託は、長期運用に向かないため除外。複利効果で増やせる商品だけで構成されています。

用語解説

分配

投資信託の運用で得た儲けを、定期的に購入者へ支払うこと。投資信託には毎月、半年、１年ごとに分配金を払うタイプ、解約まで払わず運用に回すタイプがあります。長期の複利運用を目指すNISAのつみたて投資枠は、毎月の分配はありません。

※Exchange Traded Fundの略。Exchange Tradedが「上場」、Fundが「投資信託」という意味合い（→P.34）。

金融庁による つみたて投資枠対象商品の要件

	インデックス型	アクティブ型	ETF
商品の概要	株価指数などに連動することを目指した運用方針	株価指数を上回る成績を目指した運用方針	株価指数などに連動することを目指した運用方針
	主な投資対象 ・株式のみ ・株式＋債券 ・株式＋REIT ・株式＋債券＋REIT		上場企業による日経平均株価などと連動。最低取引単位が1,000円以下
販売手数料	なし		1.25%以下（税抜）
口座管理手数料	なし		
信託報酬	国内資産対象：0.5%以下（税抜） 海外資産対象：0.75%以下（税抜）	国内資産対象：1.0%以下（税抜） 海外資産対象：1.5%以下（税抜）	0.25%以下（税抜）
信託契約期間	無期限または20年以上		
情報提供	買いつけた投資信託の信託報酬などのおおよその額が通知される		
分配頻度	毎月ではない		

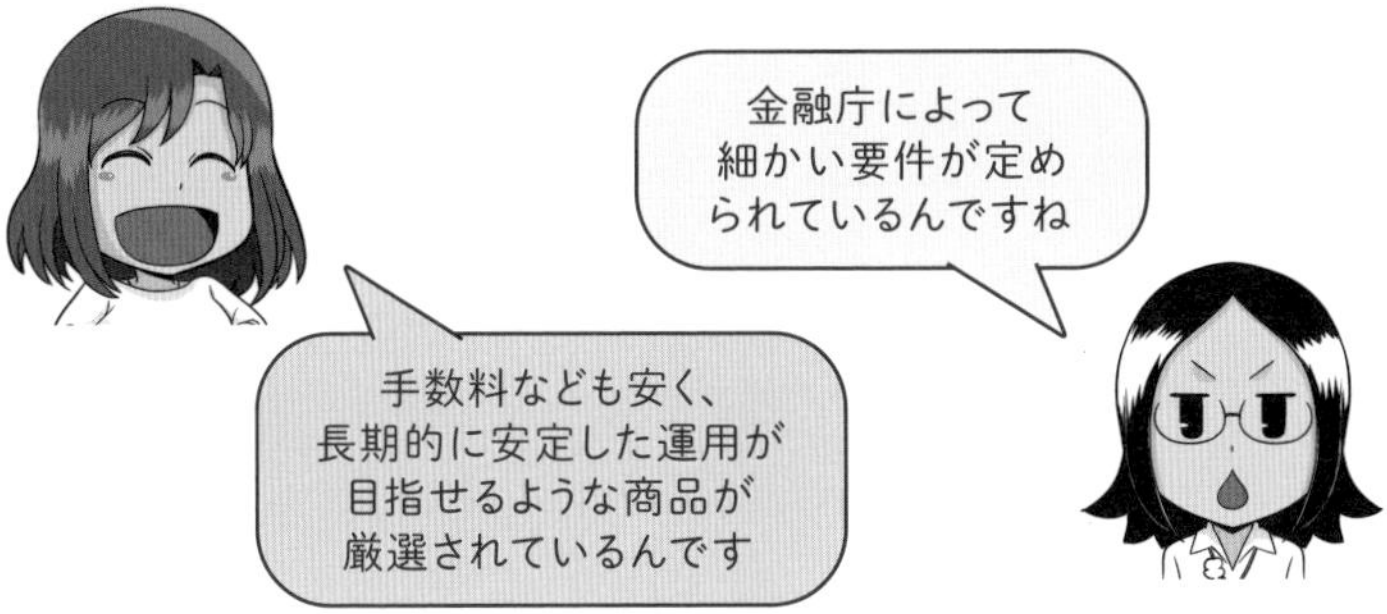
金融庁によって細かい要件が定められているんですね
手数料なども安く、長期的に安定した運用が目指せるような商品が厳選されているんです

先生からのアドバイス

不安な人はバランス型も検討

本音をいえば、せっかく運用益が非課税になる制度なので、無理のない積立額で株式型を選んでほしいところです。でも大きな値動きが不安な人は世界中の株式や債券、さらにREITなどまでパッケージされているバランス型の投資信託を選ぶ方法もあります。

メリット②

早く始めるほどメリットが大きい
儲かっても税金がかからない！

非課税で効率よくお金を増やせる！

NISAの大きなメリットの1つは、税金がかからないところです。P.46でふれたように、投資信託などの運用で得た儲けには、法律で20・315%＝約20%の税金を課される決まり。つまり儲けが10万円なら、約2万円の税金がかかり、手元には約8万円しか残りません。

この**税金が免除されるのが、NISA制度**です。あらかじめ決められた範囲内での投資なら、10万円の儲けをそのまま手にすることが可能。これをまた元手にプラスし、**複利効果&長期運用でどんどん資産を育てていくことができます**。

無理なく長く続けられるつみたて投資枠

NISA口座で投資したり保有したりできる期間は無期限です。つまり、NISA口座で株式や投資信託を買って何十年も保有し続け、**高額な利益が出たとしても税金は一切引かれません**。

また、**つみたて投資枠の投資の頻度は年に2回から**可能。そのため、普段は投資に割り当てるための収入がない人も、年に2回のボーナスを利用して積み立てることもできます。毎月積み立てを行う人も、ボーナス時は積立額を増やすなど柔軟な対応ができます。このように、つみたて投資枠は無理のない範囲で始められ、**長期の運用で大きな利益が期待できる制度**です。

つみたて投資枠の節税シミュレーション

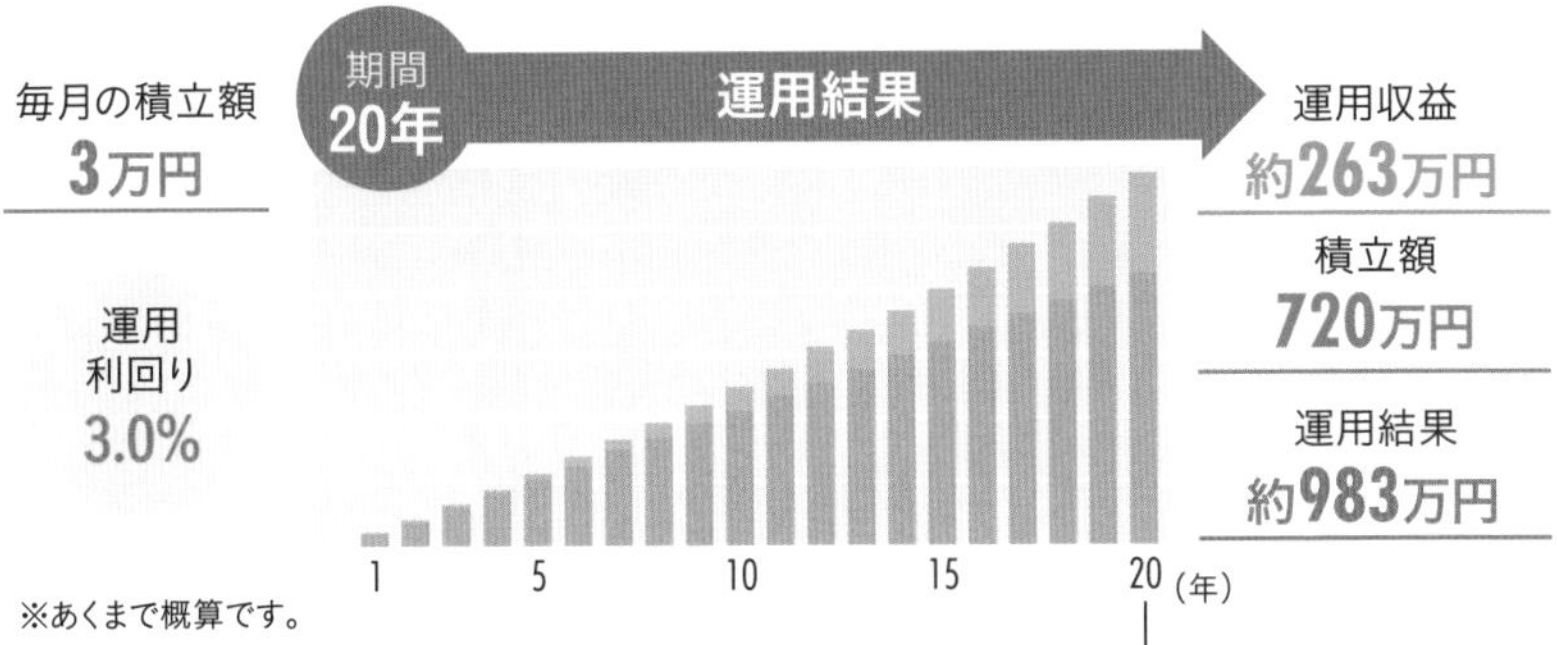

※あくまで概算です。

加えて　20年間で約53万円の
税金を節約！

生涯のつみたて投資枠をすべて活用するには

月額	年額	積立期間（約）
2万5,000円	30万円	60年
3万円	36万円	50年
3万5,000円	42万円	43年
4万円	48万円	38年
4万5,000円	54万円	33年
5万円	60万円	30年
6万円	72万円	25年
7万円	84万円	21年
8万円	96万円	19年
9万円	108万円	17年
10万円	120万円（最大）	15年

もちろん、投資枠をすべて活用しなくてもOK！
自分のペースで積み立てましょう

投資信託の価格の仕組みをチェック！

月額100円でもOK！負担感がない少額な積立金

投資信託の価格が決まるのは1日1回

株式の値段＝株価は、取引時間中ずっと値動きしています。それに対して**投資信託の値段＝基準価額が更新されるのは、1日1回**。したがって株式のように、値動きが気になって1日に何度もスマホでチェック…といったことは必要ありません。

基準価額は、その投資信託に組み入れられている株式や債券などの時価総額を保有者全体の数＝口数で割ることで、1口あたりの金額が求められます。**一般に1万口あたりの価格が基準価額とされ**、多くの場合、基準価額1000円でスタート。含まれている銘柄の成績に応じて、1日ごとに値動きする仕組みです。

長期のコツコツ積立運用にぴったり

投資信託は、少額から購入できる点も大きなメリット。株式などは、1銘柄あたり最低数万円あるいは数百万円といった単位でなくては購入できません。しかし**投資信託は基準価額単位ではなく、100円単位から買えます**。そのため少額からコツコツと積み立てて運用していくのに向いているといえるでしょう。

たとえば基準価額が10000円の日に1万円を出せば、買えるのは1万口。基準価額が下がって5000円の日なら、1万円で倍の2万口が買えます。

月々同じ積立額でも、基準価額によって手に入る数（口数）が変わってきます。

基準価額の求め方

$$\frac{\text{純資産総額}}{\text{総口数}} = \text{基準価額}$$

純資産総額は、その投資信託が保有する株式や債券などの時価総額に利息や配当金などの収入を加えた後、運用コストを差し引いた金額。これを口数（投資信託の取引単位）の総数で割ることで、基準価額が算出されます

基準価額の仕組み

基準価額	Aさん	Bさん	Cさん
10,000円	Ｉ万円分を購入	Ｉ万円分を購入	
7,000円に値下がり	解約 Ｉ万円➡7,000円	運用を継続	Ｉ万円分を購入
21,000円に値上がり		解約 Ｉ万円➡2万1,000円	解約 Ｉ万円➡3万円

安いときに買ったCさんは、基準価額が3倍になったことで
Ｉ万円分の投資信託の価値が3倍に！

先輩の体験談

まだ収入が低かった5年前、毎月たった5,000円で投資信託を始めてみました。5％ほどの利回りになって、元本の30万円プラス5年での利益が約4万円。今は家計にも少し余裕ができてきたので、これから本格的にNISAでの運用を始めようと思っています。（美容師・28歳）

メリット④

チェックすべき費用は信託報酬のみ
購入時・解約時は諸費用基本ゼロ円

投資信託の手間ひま代=信託報酬

投資信託はファンドマネージャーに運用を託す形になるので、その**〝手間ひま代〟が発生します。これが信託報酬**。報酬という言葉からもらえるお金だと勘違いする方もいますが、私たちが払うお金です。**運用管理費用**と言い換える動きもあります。

信託報酬の額は、投資信託の商品ごとにさまざま。株式指標などと連動するインデックス型（P.98）は機械的に銘柄を選ぶので安めですが、ファンドマネージャーが手間ひまをかけて絞り込むアクティブ型（P.100）は高くなります。投資信託の相場感としては、**0・2%（税抜・以下同）台までは安い、1%前後からは高い**と思えばいいでしょう。商品によっては1%以上の差があることも。「信託報酬が高くても運用実績がそれ以上ならOK」とか「この商品のファン！」などの理由があって選ぶならよいでしょう。

つみたて投資枠は信託報酬に上限アリ

NISAのつみたて投資枠は、あらかじめ対象商品の信託報酬に上限が設けられています。インデックス型で最大0・75%以下、アクティブ型は同じく1・5%以下。ETFは0・25%以下です。

つみたて投資枠の対象商品は、**インデックス型・アクティブ型ともに低コストで運用できる**よう配慮されています。

用語解説

各種費用

今までの投資信託は信託報酬のほか、販売手数料、信託財産留保額などの費用がかかるのが一般的でした。今は対面式の金融機関では販売手数料に3%ほどかかる商品もありますが、ネット証券ではタダが普通（ノーロード・ファンドという）。NISAもおおむね無料になっています。

信託報酬が1％違うとこれだけ差がつく

100万円を20年間、年利3％で投資した場合の資産総額
を比較すると？

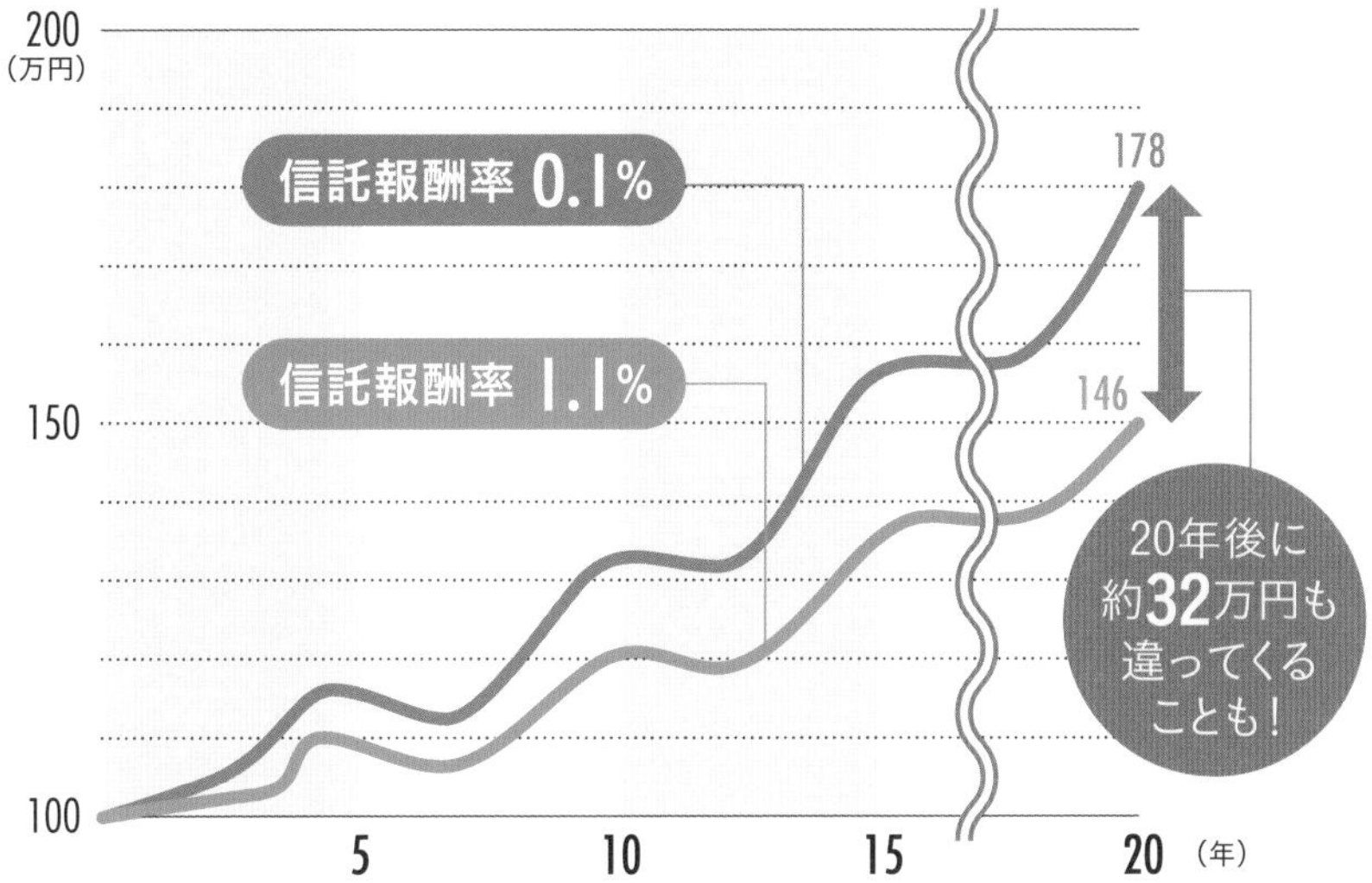
200
（万円）
150
100
5
10
15
20
（年）
信託報酬率 0.1%
信託報酬率 1.1%
178
146
20年後に約32万円も違ってくることも！

信託報酬は、対象商品ごとに決まっています。なのでどの金融機関で買っても、商品が同じなら信託報酬も同じ。商品ごとの違いを吟味すればいいんです
安い信託報酬の対象商品が欲しければ、安い金融機関を探して買えばいいっていうこと？
ちなみにNISAは各種費用のうち、販売手数料は基本タダですよ

先生からのアドバイス

信託報酬は投資信託の総額から毎日引かれる

P.48で述べた通り、投資信託は販売会社、運用会社、信託銀行の3つの会社が関わって運営されています。信託報酬は、この3者の手間ひま代として支払われるお金。同じ投資信託を買った人たちの資産の総額から毎日差し引かれ、基準価額に反映されます。自分が毎日いくら払ったか把握することはありませんが、常にそのコストを負担していることは知っておきましょう。

メリット⑤

ライフイベントに合わせた活用も可能
運用期間無期限で いつでも引き出せる！

好きなタイミングで必要な額を引き出せる

NISAの非課税期間は無期限。ただし好きなタイミングで必要な額を引き出せる点が、iDeCoと異なる特徴です。といっても、NISAのつみたて投資枠は「長期」「分散」「積立」運用が基本。対象となる投資信託は、この方針に基づいて選ばれています。**短いスパンでの売買は複利効果の恩恵も受けられず、本来のメリットを活かすことができません。**

ですから、いつでも引き出せるといっても1年や2年といった短期間で引き出していては意味がありません。できるだけ長く非課税期間をフル活用し、老後の資産に持ち込みたいところです。

そうはいうものの、家族が急な病気で倒れることもあります。また、世間の一般的な水準を見ると、住宅＝約4000万円、教育＝約1000万円と、人生のイベントごとに多額の支出が必要になる場合があります。本来、これらの支出は定期預金などでカバーしたいところですが、つみたて投資枠は長期の積立を続けつつ、いざというときに引き出す利便性もあります。

短期の売買ではなく長期的な運用が前提

また運用中には元本割れする可能性もあり、そこですぐ慌てて売ろうとする人もいます。しかし長く積み立て続けることでリスクを分散するという、本来の狙いを思い出して踏ん張りましょう。

用語解説

元本

金融商品の購入に充てたお金。いわゆる元手のことです。金融商品が値下がりして元手が目減りしてしまう状態が、「元本割れ」。元本が必ず戻ってくる「元本保証」型の金融商品もありますが、安全性が高い代わりに収益性は低くなります。

ライフイベントに合わせた運用もできる

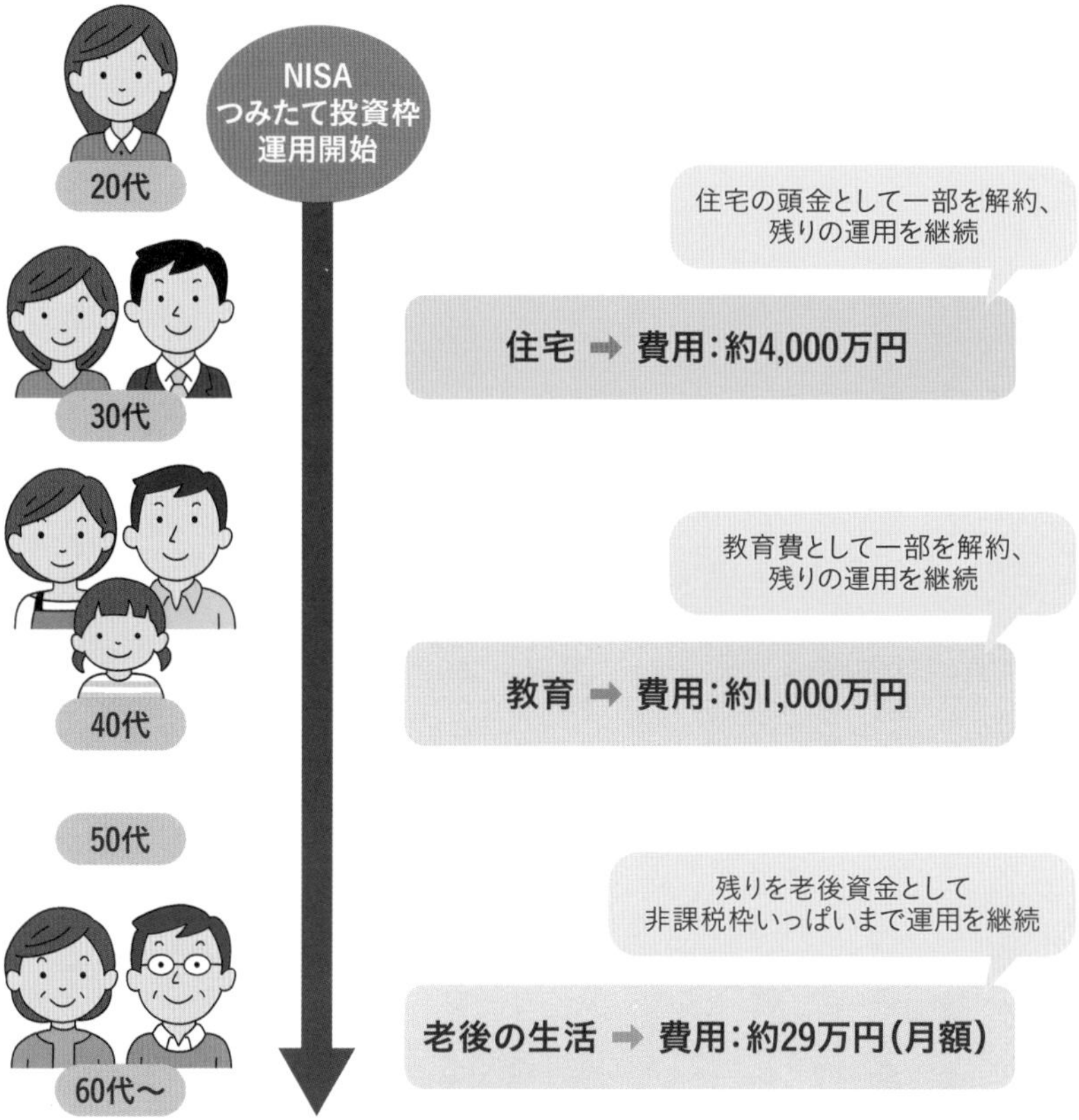

先輩の体験談

当時のつみたてNISAを始めて間もなく、コロナショックで一時的に値下がりしたことがありました。慌てて全部解約したせいで損失を被りましたが、その後また右肩上がりに回復。あのとき解約しなければ…と後悔しています。（飲食業・40歳）

先生からのアドバイス

目先の値動きにとらわれないこと！

「ちょっと値上がりしたから、下がる前に現金にしてしまおう」「元本割れしちゃったので、値動きが小さい商品に変えよう」。こんな風に考えていろいろと手を出す人も少なくありません。しかしこういうことをやり出すと、後手後手に回ってうまくいかないのがお決まりのパターン。長いスパンでの運用が前提のNISAのつみたて投資枠は、目先の値動きにとらわれず将来値上がりすることを期待したほうがうまくいきやすいんです。

決していいことばかりじゃない？

必ず増える保証はナシ、大きな値上がりも望み薄

用語解説

繰越控除・損益通算

損益通算は、さまざまな投資による一定期間内の利益と損失を相殺すること。それでも損失が上回る場合、翌年以降（最長3年）に繰り越す繰越控除で相殺できます。これにより税負担を軽くする仕組みですが、NISAは対象外です。

元本割れの可能性も意識しておく

NISAのつみたて投資枠を検討するにあたり、そのデメリットもあらかじめ理解しておきましょう。

1つめは、**対象商品は元本保証ではないこと**。必ず増えるとは限りません。市場の動き次第では、運用結果がマイナスになり、元本割れしてしまうこともあり得ます。

通常の株式投資などでは、損失を翌年に繰り越して利益と相殺する「繰越控除」、またほかの口座などの利益と相殺する「損益通算」で税金を減らすことができます。しかしNISAでは、いずれの方法も認められていません。

ドカンと増やしたい人には不向き

2つめは、**選べる金融商品が限定されている**こと。つみたて投資枠の対象商品は、金融庁が選んだ株式投資信託およびETF。逆にそれ以外の金融商品の運用は不可能です。

たとえば決まった会社の株式（個別株）、FX※（外国為替証拠金取引）などで値動きの大きな運用をしたい場合は向きません。また、**NISAには債券型の商品がありません**。これは安定要素が強い債券よりも、多少攻めの要素が強い株式を中心に運用することで「資産を増やす」ことを第一目標にしてほしいから、と考えます。

※Foreign Exchangeの略。もともと「外国為替」を意味しますが、次第に外国為替証拠金取引を指すようにもなりました。

つみたて投資枠のデメリット

デメリット1 元本保証型ではない

運用結果が必ずプラスになるとは限らず、元本が保証されるわけでもありません。

デメリット2 選べる金融商品が限定的

金融庁が定める基準をクリアした対象商品の投資信託・ETFは、「長期」「分散」「積立」運用にふさわしい商品です。ただその反面、運用に慣れて個別の株式などに挑戦してみたいと思っても、つみたて投資枠の場合、不可能です。

デメリット3 繰越控除・損益通算ができない

通常の株式投資などでは、複数の口座で運用していた場合、片方の口座の損失をもう片方の口座の利益で相殺して税金を減らすことなどができます。しかしNISAではできません。

デメリット4 一括投資ができない

NISAの成長投資枠は、まとまった資金で金融商品を一括で買うスポット購入が可能。しかし、つみたて投資枠では、対象商品を定期的に決まった額で買う積立購入しかできません。

デメリット5 海外移住予定のある人は要注意

NISAは日本国内に住む人を対象とした制度です。そのため、海外へ移住するとNISAを利用することはできなくなります。金融機関によっては、国外に住んでいても5年まではNISA口座を維持できる対応を行ってくれるところもあります。留学や海外転勤の予定のある人は、口座開設前に確認を。

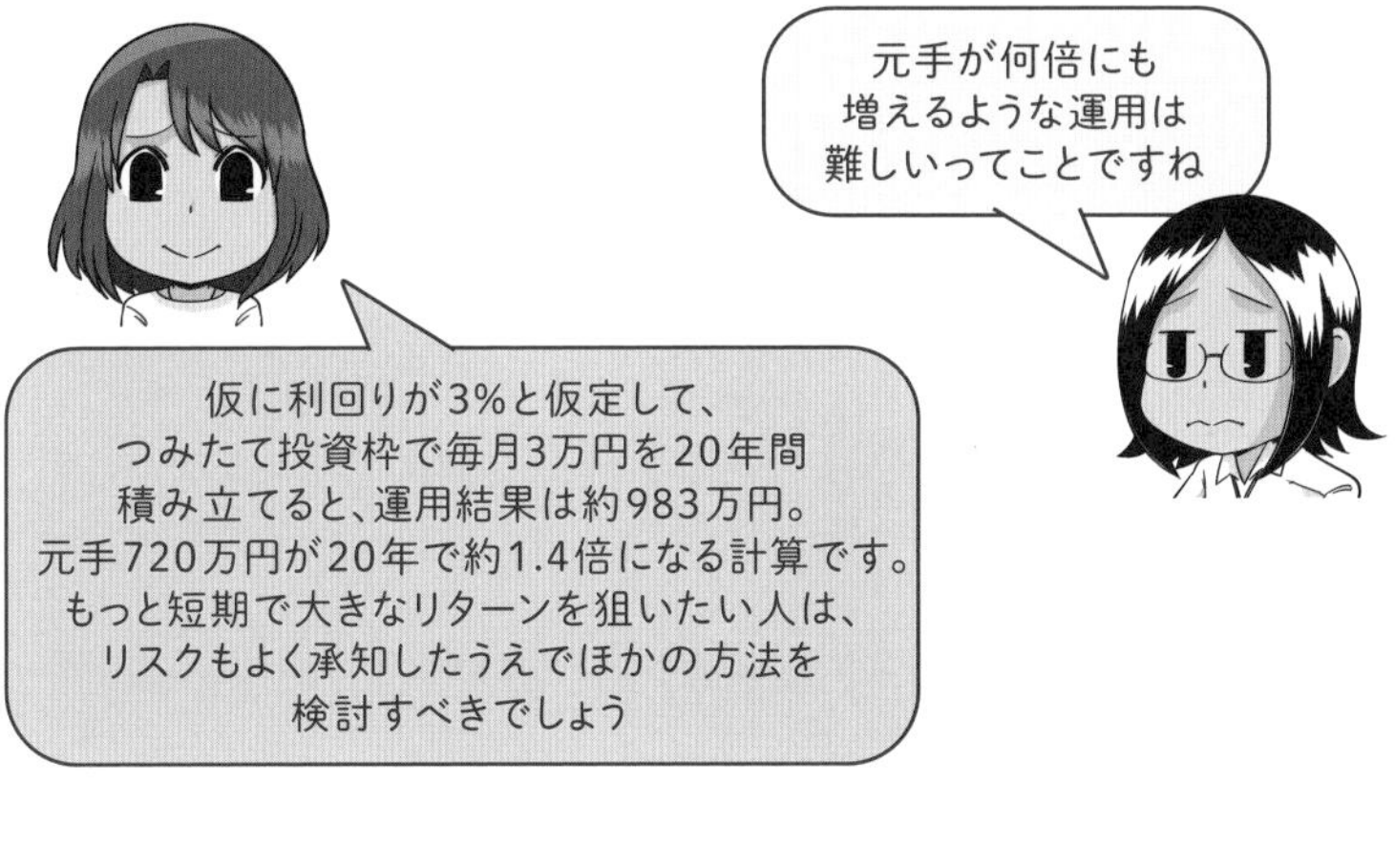
仮に利回りが3%と仮定して、つみたて投資枠で毎月3万円を20年間積み立てると、運用結果は約983万円。元手720万円が20年で約1.4倍になる計算です。もっと短期で大きなリターンを狙いたい人は、リスクもよく承知したうえでほかの方法を検討すべきでしょう
元手が何倍にも増えるような運用は難しいってことですね

NISA 02

お金のことは詳しくないけどできますか？

カンタン！NISAの始め方

先ほどは節酒して積立資金を捻出するといいましたが
私考えました
安売り店で買えばお酒を減らさなくても積立資金を捻出できるのでは？
ピキィーン
ダメなコロンブスの卵出た
あほめがねだ
私ついついコンビニで買っちゃうな～
疲れた……飲まざるをえない……
高いのはわかってるけど
奈津子は？
ド●キ！
ドンドンドン
安売りといえばド●キでしょ！
花も恥じらう乙女がド●キから酒瓶提げて歩けない…
お酒しか楽しみがない女みたいに思われる…
安くていいじゃないかド〇キ
困るぅ
賢い女性は節約も上手なんですよ？
……
なんの話をしてるんだ
そういえばNISAってどこで買うんですか？NISA屋さん？
ふふふじつは「NISA」という商品は存在しないんです

証券会社や銀行で「NISA口座」を開いて投資信託を購入する
NISA口座
・手数料フリー
・税金フリー
これがNISAなんです
なるほど銀行でチラシ見たことあるかも
窓口に行かんでもネットでも申し込めるんやで〜
NISAの始め方ステップ1
金融機関の選び方
あれ？
NISAって「金融庁が決めた商品を」「手数料なしで」買えるんですよね？
じゃあどこで買っても一緒なのでは？
チッチッチッ
そ・れ・が ちがうんだな〜
なんか腹立つなこいつ
おんなじ飴ちゃん買うんでもコンビニで買うんと
24時間お手軽
お待たせしました―
百貨店で買うんと
丁寧 プロの目線
どういうサービスを受けたいか〜によって金融機関を選ぶ必要があるわけや
A銀行
B証券
C信託
投資信託の品揃えも金融機関でちょっとずつ違うしな
NISAの口座は1人1つしか持てないから(※)
長くつき合う分金融機関選びは重要ですね
※変更は可能ですがめんどくさい

NISAに
登録できる金融機関は
大きく分けて3つ!
ネット証券
街の証券会社
銀行や
信用金庫など
このうち1か所しか
選べないんですよね…?
せやで!
さっそく何を
選べばいいのか
自信がなくなってきた
スマホ世代は
ネット証券がおすすめやで
スマホは必需品やろ?
コクリ。
触らない日はないよね
ゲームは日課だし…
ないと仕事に
ならない…
もし倒れたとき
手元にないと
手遅れになるので…
命に関わるので。
重っ
40代独身
基本的に
銀行・信用金庫など
店頭販売は
説明が手厚い反面
手軽さはありません
この商品は
うんたら
かんたら
ほう!
ご年配に
よさそう
私 質問
したい人なので
こっちもいいかも
ネット証券は
手軽ですが
自分でウェブ上で
手続きができる
ネット能力が必要です
ポチ
ポチ
販売員さんのおすすめに
流されちゃう人なんかは
こっちがいいかもですね
自分でしっかり選びましょう
私だ!
そうかもって
思っちゃう

窓口に問い合わせるのは敷居が高い！
あーだる
土日や夜の時間帯にスマホでちょちょっと申し込みたい！
ネット証券はそういう忙しい人にぴったりなんやメジャーどころならどこ使ってもハズレはないで
SBI証券
楽天証券
マネックス証券
などなど
あ CM見たことある
みなさんの世代だとスマホじゃないと面倒に感じると思いますよ
店頭販売だと書類だのハンコだのまだまだ現役ですからね
ハンコ
書類
うぇ〜〜
ネットなら初回だけ！
逆に店頭販売が向いている人ってどんな人なんですか？
現金
不動産
証券
保険
NISA
NISAのほかにも投資したい！でも面倒はイヤ！って裕福な高齢者は
資産形成全般を相談できる店舗型証券や銀行もアリやな
億単位でがっつり投資すると担当がついて耳寄り情報やら教えてくれるらしいけど…
そんなお金はないです
いわれるまま買うたら痛い目にあうこともあるんで良し悪しやな
今はまだ大きな金額を投資したりする余裕はないなあ
利息がつかない定期預金よりいいかなって感じだもんね
NISAならスマホとネット証券で十分ってことか！

NISAの始め方ステップ2
口座の選び方
NISA用の口座(非課税口座)のほか課税口座を3種類のなかから選びます
圧倒的シェアナンバーワンは特定口座(源泉徴収あり)です

			確定申告
課税口座	一般口座		必要
	特定口座	源泉徴収あり	どちらでも
		源泉徴収なし	必要
非課税口座	NISA口座	成長投資枠	なし
		つみたて投資枠	

どれでもええっちゃええけどな
何か違いはあるんですか?
くわしい理由は76ページに!!
かんたんにいうと「将来別の投資をやるかも」って人は源泉徴収ありの口座がラクチンです!
変えることになるので。
将来的には興味ある!
じゃあとりあえずその口座を開設します!
NISAの始め方ステップ3
金額の決め方
あとは商品をどう選ぶかですね!
商品は188ページからも見て選んでな!
いててて
商品も大事ですけど予算も大事ですよー
毎月100円から10万円くらいまでのなかから決めます
10万円は無理… 私は5千円が限界…
毎月5千円の積立でも利回り3%なら20年続けると44・2万円の利益が期待できます!
200
100
0
開始
10年目
20年目
0円
9.9万円
69.9万円
60万円
164.2万円
44.2万円
120万円
なるほど長く続けると効果があるんですね
メモメモ…
あくまでも「毎月定額を」「ながーく」続けるんが肝心や
無理のない範囲で出せる金額をよ~く考えや

長い時間をかけて上昇に期待!!
安定した商品でも値段の上がり下がりは必ずある
そのリスクを平均化できるのがつみたて投資枠のメリットやからな
2万円
1万5千円
1万円
5千円
1万円で5千口買える
高い時には買い控え
安い時にはたくさん買える
1万円で2万口買える
1万円で1万口買える
なぁるほどー
下がった分得もあるんだ
そっか 値段が下がると損した気になるけど
その月は安くたくさん買えるってことなんですね
私はお酒代を減らして月々5千円の積み立てがんばります
私も日々の節約を心がけてがんばります!
まずお酒を安く買う方法を探すところから!
ワイも探すで～
ここのお酒通販サイト安そうじゃない?
カードで買えばポイントつくし
おっええなコレ「春の新酒飲み比べセット」
困っちゃうー
日本酒の季節だねえ…
節酒するって話はどこいったんだ…!?
酒のリカちゃん

NISAを始める第一歩 金融機関選びのポイントは2つ

各社の違いをよく見比べることが大切

NISAを始めるにあたっては、**金融機関でNISA専用口座を開設する必要があります**。金融機関とは、たとえば街なかの銀行、証券会社、ネット証券などになります。いつも利用しているおなじみの銀行も、多くがNISAを取り扱っています。

NISAで開設できる口座は、1人1つ。**一度開設したら、利用中は翌年まで変更できません**。そのため最初の金融機関選びで、各社の違いをよく見比べておくことが大切です。

金融機関を選ぶ際は、次の2つが大きな決め手になります。

取り扱い商品の数は千差万別

1つめは、商品の数。NISAのつみたて投資枠は株式投資信託およびETFが対象商品ですが、各金融機関がすべての商品を取り扱っているわけではありません。

取り扱い商品が豊富なほど選択の幅は広がりますが、数多くの商品のなかから選ぶのも一苦労。なかには少ないほうが楽でいいという人もいます。

必ずしも多ければいいというわけでなく、取り扱い商品の中身もチェックしたうえで選ぶ必要があります。**特に信託報酬の安い商品が揃っているかどうかは、その際の決め手の1つ**でしょう。

用語解説

ネット証券

インターネットから株式の売買注文ができる証券会社。それに対して従来の証券会社は、総合証券とも呼ばれます。総合証券がネット売買を扱うこともありますが、特にネットでの営業に特化した会社をネット証券と呼ぶのが一般的です。

主な金融機関のチェックポイント比較

（2023年10月時点）

		最低投資金額	積立頻度	ポイント	クレカ対応	コールセンター受付時間
ネット証券	SBI証券	100円	毎日/毎週/毎月	Tポイント Vポイント Pontaポイント dポイント JALマイレージ	三井住友カード	平日8:00〜17:00 土日9:00〜17:00 祝日・年末年始を除く
	楽天証券	100円	毎日/毎月	楽天ポイント	楽天カード	平日8:30〜17:00 土日9:00〜17:00 年末年始を除く
	マネックス証券	100円	毎日/毎月	マネックスポイント	マネックスカード	平日8:00〜17:00 年末年始を除く
	松井証券	100円	毎日/毎月	松井証券ポイント	MATSUI SECURITIES CARD	平日8:30〜17:00 年末年始を除く
銀行	イオン銀行	1,000円	毎月	Myステージの特典あり	-	9:00〜18:00 年中無休
	三菱UFJ銀行	1,000円	毎月	Pontaポイント	-	平日9:00〜17:00 年末年始等を除く
総合証券	SMBC日興證券	1,000円	毎月	dポイント	-	平日8:00〜18:00 土曜9:00〜17:00 年末年始を除く

※各項目変動あり。最新情報は各金融機関に直接お問い合わせください。

NISAは口座の開設や維持などの手数料がおおむね無料。どの会社を選んでもこれは変わりません。ただし投資信託の信託報酬は商品ごとに異なります。なので、なるべく信託報酬の安い商品を揃えている金融機関を選ぶ、ということになりますね
私は手数料が安い金融機関がいいんだけど…
PayPay証券、auカブコム証券など、自分が使っているサービスと連携しやすい金融機関で申し込む方法もありますよ

先生からのアドバイス

自動引き落としの対応もチェック

積み立てるお金は、どの金融機関からでも自動引き落としができるわけではありません。証券会社は会社によって対応可能な銀行の数が異なるほか、大手銀行はその銀行でしか引き落としが不可能。自分が使いたい口座に対応しているかどうか、あらかじめチェックしておきましょう。あるいはネット証券の場合、連携しているネット銀行とあわせて口座を開設しておけば、銀行口座と証券口座のお金の移動が便利です。

2つめは、積立の自由度。その目安として、まず最低積立金額があります。

最低何円から積み立てられるかは、金融機関によってさまざま。100円からというネット証券がある反面、月々1万円からという銀行や証券会社もあります。お金をたくさん増やすには、もちろん積立額が大きいほど有利。しかし資金に余裕がない、また不安なので**少額から始めてみたいという人は、最低積立金額が少ないところを選ぶことになる**でしょう。

手軽で選択肢の多いネット証券

金融機関は大きく分けると、ネット証券と店舗型の銀行・証券会社の2通り。このうち特に**本書でおすすめしたいのは、ネット証券**です。

ほとんどの手続きが**スマホ1つで対応可能**なので、その手軽さが何よりの魅力。また**取り扱い商品数が多く、積立の自由度が高い**のも、ネット証券の特徴です。そのほか投資信託の購入・運用でポイントが貯まる・使える点も、ぜひ考慮してみるといいでしょう。

わからないことが出てきたら、コールセンターやAIチャットが対応します。でも直接相談できる人がいないと不安…という人は、**対面でサポートが受けられる店舗型の銀行・証券会社も検討してみましょう。**

運用会社の直販も要注目！

またもう1つ注目したいのが、**運用会社による投資信託の直販**です。商品数はわずかですが、運用実績が高いものが採用されており、手続きがシンプルです。

セゾン投信の2商品は、過去の運用成績が高く評価されている商品。世界経済に対して長期的な分散投資を図り、つみたて投資枠対象商品のなかでも上位にランクされています。レオス・キャピタルワークスで運用されている**ひふみ投信**も、実績を評価され何度も賞を受賞している商品。**鎌倉投信**、**コモンズ投信**などの商品もつみたて投資枠に採用されています。

そのほか、自分が使いたい口座で自動引き落としが可能かどうか。またネット証券を中心に、**クレジットカードでつみたて投資枠の決済ができる会社もあります。**決済のたびにクレジットカードのポイントが貯まりますから、これもチェックしたいところです。

主な“直販”型の投資信託

※信託報酬や最低積立金額等は変動することがあります。

運用会社	セゾン投信
対象商品	セゾン・グローバルバランスファンド
特徴	インデックスファンドで世界の株式と債券に投資
信託報酬	年0.56% ± 0.02%程度
最低積立金額／積立頻度	月5,000円～

運用会社	セゾン投信
対象商品	セゾン資産形成の達人ファンド
特徴	アクティブファンドで世界の株式に投資
信託報酬	年1.34% ± 0.2%程度
最低積立金額／積立頻度	月5,000円～

運用会社	レオス・キャピタルワークス
対象商品	ひふみ投信
特徴	アクティブファンドで主に日本の成長企業に投資
信託報酬	年1.078%
最低積立金額／積立頻度	月1,000円～

運用会社	鎌倉投信
対象商品	結い2101
特徴	アクティブファンドで主に日本の優良企業に投資
信託報酬	年1.1%
最低積立金額／積立頻度	月10,000円～

運用会社	コモンズ投信
対象商品	コモンズ30ファンド
特徴	アクティブファンドで国内外の約30社に投資
信託報酬	年1.078%
最低積立金額／積立頻度	月3,000円～

投資信託の直販って、普通に証券会社で買うのとどう違うんですか？

P.48で投資信託には3つの会社が関わっていると説明しましたよね。そのうち投資信託を作っている運用会社が、販売の窓口となる金融機関を通さずに直接販売する仕組み。ただし同じ商品を証券会社で扱っていることもあります
運用会社によってはセミナーも積極的に行っているんですよ

直販は商品が絞り込まれているから、初めての人が悩まずに手早く始めるには打ってつけってことなんですね

先輩の体験談

NISAが始まる前からセゾン投信を運用していました。つみたてNISAができてからは、そのまま口座を移して運用を継続しています。

（予備校講師・42歳）

総合口座や投資信託口座も忘れずに！ NISA専用の口座を申し込もう

> **用語解説**
>
> **証券総合口座**
>
> 顧客が購入した株式や投資信託など、またその買い付けのためのお金＝「顧客資産」を、証券会社が預かっておくための口座。証券会社は会社の財産と顧客から預かった資産を分けて管理すること＝「分別管理」を法律で義務づけられています。

金融機関で自分の口座を開く

金融機関を選んだら、次にその金融機関で自分の口座を作ります。このときに知っておきたいのは、証券会社でも銀行でも、**NISA用の口座とは別に総合口座などを持っている必要がある**ということ。初めての金融機関でNISAを始める場合、あらかじめ総合口座を開いたうえで、そのなかにNISA用の口座を作るというイメージです。

証券会社で必要なのは、「証券総合口座」。すでに証券会社に口座を持っている人以外は、**NISA用の口座と証券総合口座の開設を同時に申し込む**ことになります。

また銀行の場合は、**普通預金口座もしくは総合口座、さらに「投資信託口座」も必要**。普段から入出金などに使っている銀行なら、NISA用の口座と投資信託口座の2つを同時に申し込みます。

特定口座（源泉徴収あり）を選択

さらに証券総合口座や投資信託口座は、それぞれ「特定口座（源泉徴収あり）」「特定口座（源泉徴収なし）」「一般口座」の3種類があります。

違いは、運用で得た儲けに対する税金の扱いです。NISAはそもそも非課税なので、どれを選んでも変わりありません。**「特定口座（源泉徴収あり）」にしておくのが一般的**です。

NISAを始めるときに必要な口座

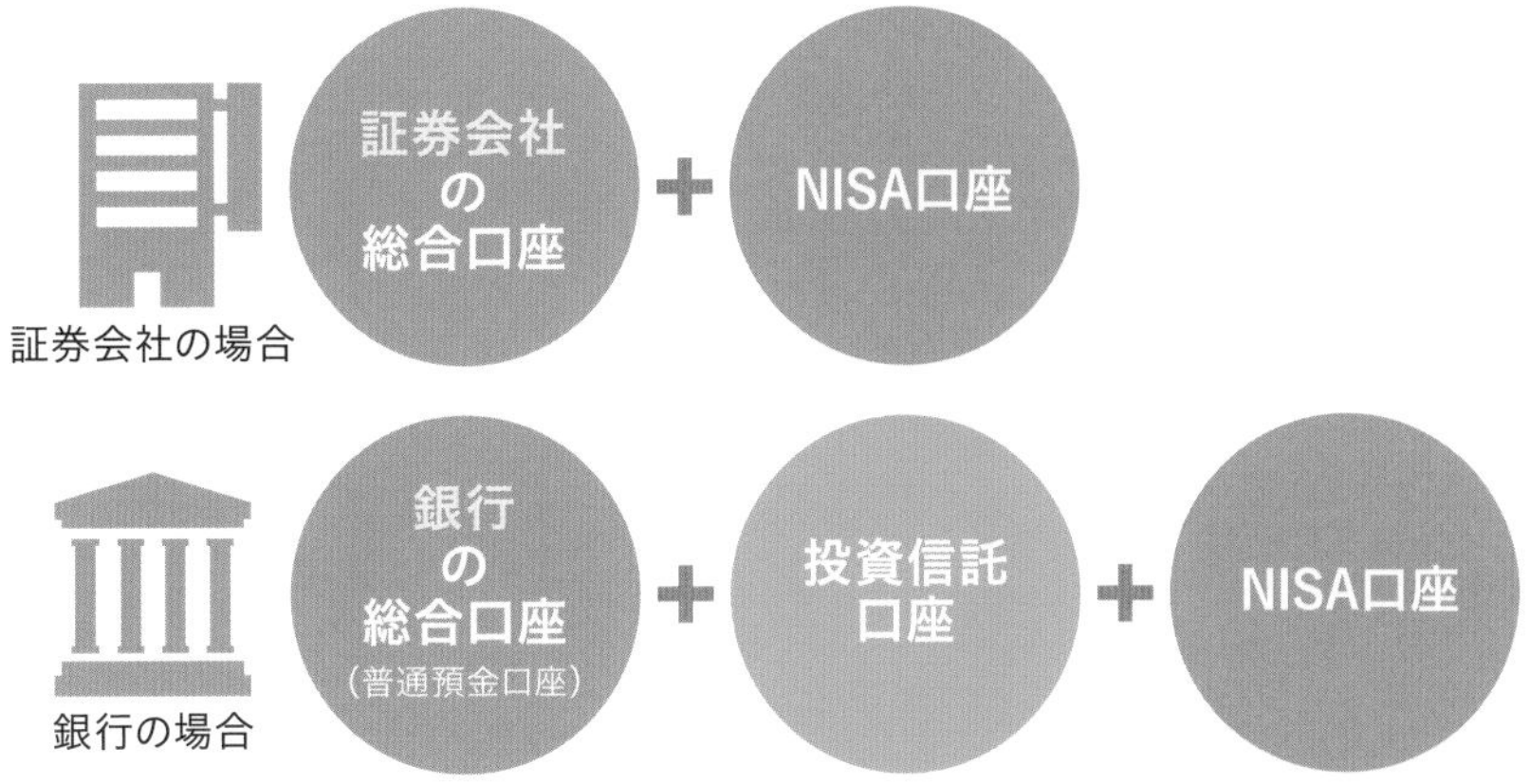
証券会社の場合
証券会社の総合口座
＋
NISA口座
銀行の場合
銀行の総合口座（普通預金口座）
＋
投資信託口座
＋
NISA口座

2つの特定口座と一般口座の違い

	特定口座（源泉徴収あり）	特定口座（源泉徴収なし）	一般口座
年間取引報告書（1年間の売買損益を計算した書類）	金融機関が作成する		自分で作成する
確定申告	不要	利益が20万円以上なら必要	
		金融機関が作成した年間取引報告書に基づいて確定申告・納税を行う	自分で計算した1年間の売買損益に基づいて確定申告・納税を行う

特定口座と一般口座ってわかりづらいです…
特定口座（源泉徴収あり）にしておけば、将来ほかの投資もやってみたいかもと思ったときに便利ですよ。圧倒的なシェアは特定口座（源泉徴収あり）です
金融機関が税金の計算から納税までやってくれるんですね
そう。また、NISAは、非課税期間が無期限だから、そもそも面倒な確定申告をせずにすむんです
NISAしかしないなら、どれも一緒なんですね！

申し込みから開設まで約1か月

口座開設までの流れとその期間

ネット申し込みなら30分ほどの操作でOK

口座開設の申し込みは、インターネット上で手続きが可能。パソコンまたはスマホを30分ほど操作するだけで、完了します。

ネット証券で申し込む場合、手元に用意しておかなくてはいけないのが**「本人確認書類」（身分証）**です。いずれもスマホのカメラで撮影するなどして画像にし、各社サイトの申し込みページの案内にしたがってアップロードする仕組み。そのほか住所、氏名、メールアドレス、積み立てるお金の引き出し口座などを登録、そして利用したい口座を選択すれば、申し込みは完了です。

口座開設まで1か月ほどの日数が必要

続いて登録した住所に書類が送られてきます。その1つが、**「非課税口座開設届出書」**。これを元に、同じ人が複数のNISA口座を持っていないかなど税務署のチェックが行われます。税務署への書類提出は金融機関がやってくれるので、書類に所定事項を書いて返送するだけでかまいません。税務署のチェックには、通常1～2週間ほどかかります。

申し込んでからNISAの口座開設が完了するまでは、およそ1か月ほど。決まった時期までに運用を始めたい人は、あらかじめこの期間を見越して早めに申し込みを始める必要があります。

用語解説

マイナンバー

日本に住民票を持つすべての人に付与される12ケタの番号。社会保障、税、災害対策の3分野で、複数の機関が持つ個人の情報が同じ人の情報であることを確認するために用いられます。マイナンバーカードは本人確認書類として利用できます。

口座開設までの流れ

1. 金融機関を選ぶ
2. 選んだ金融機関のウェブサイトまたは窓口で申し込み手続き
3. 金融機関が申し込み書類を郵送
4. 所定事項を記入して返送
5. 金融機関が税務署に審査を申請
6. 税務署が確認・承認
7. 金融機関が口座開設の完了を連絡

申し込み手続きで用意しておく書類例

本人確認書類は、原則として顔写真付きを１種類用意する。顔写真なしの本人確認書類で申し込む場合は、２種類必要なことが多い。

本人確認書類	マイナンバーカード	
	マイナンバー通知カード	
	各種健康保険証	
	各種年金手帳	
	運転免許証	
	運転経歴証明書	
	在留カード	
	特別永住者証明書	
	住民基本台帳カード（顔写真付き）	
	パスポート	日本国内で発行されたパスポートに限る
	印鑑登録証明書	発行から6か月以内
	住民票の写し	
	住民票の記載事項証明書	

※会社によって若干要件が異なるので、要問い合わせ。

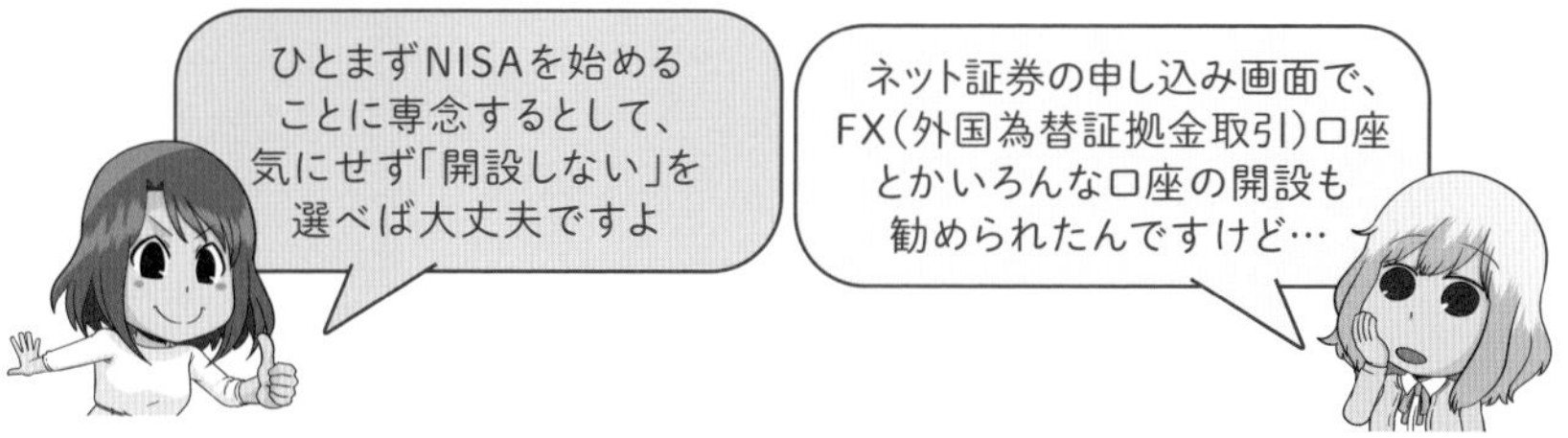
ひとまずNISAを始めることに専念するとして、気にせず「開設しない」を選べば大丈夫ですよ
ネット証券の申し込み画面で、FX（外国為替証拠金取引）口座とかいろんな口座の開設も勧められたんですけど…

「先取り方式」で「余裕資金」を積立

月々積み立てるお金、どうやって確保する？

毎月のお金はどうやって確保する？

口座を開設したら、後は商品を選んで積立を始めるだけ。ただしその前に、毎月積み立てるお金について考えておきましょう。

金額が上がり下がりする**金融商品の運用は、当面使う予定がないお金を使うのが大前提。**投資は、お金が増えるときもあれば、減るときもあります。その運用に日々の暮らしのお金を回していると、いざというときに生活が立ち行かなくなるかもしれません。また教育費や自宅のリフォーム代など使うことが決まっているお金、急な病気やケガに備えておくお金なども同様です。投資はそれらを除いた「余裕資金」で行う、というのが基本と心得ておきましょう。

お金を増やす秘訣「先取り方式」

「お金が余ったら運用してみたい」というのは、多くの人が口にします。しかし日々の暮らしでお金が余ったためしがないというのも、誰しも共感するところでしょう。**収入から月々の支出額を引いて、もし余ったら運用に…という発想では、いつまで経ってもお金は増えません。**そこでおすすめしたいのが、「先取り方式」。収入からまず**積立用のお金を差し引いておき、残りを月々の支出に充てるという考え方**です。投資信託は少額からでも積立が可能ですから、無理のない範囲で、先取り方式を始めてみてください。

用語解説

余裕資金

解釈は人それぞれですが、「もしゼロになってしまっても生活に影響がないお金」「10年以上は使わなくても平気なお金」といった理解が望ましいでしょう。また急に収入が途絶えても、しばらく困らない程度の蓄えも確保したいところです。

お金を3種類に分けて「余裕資金」を確保

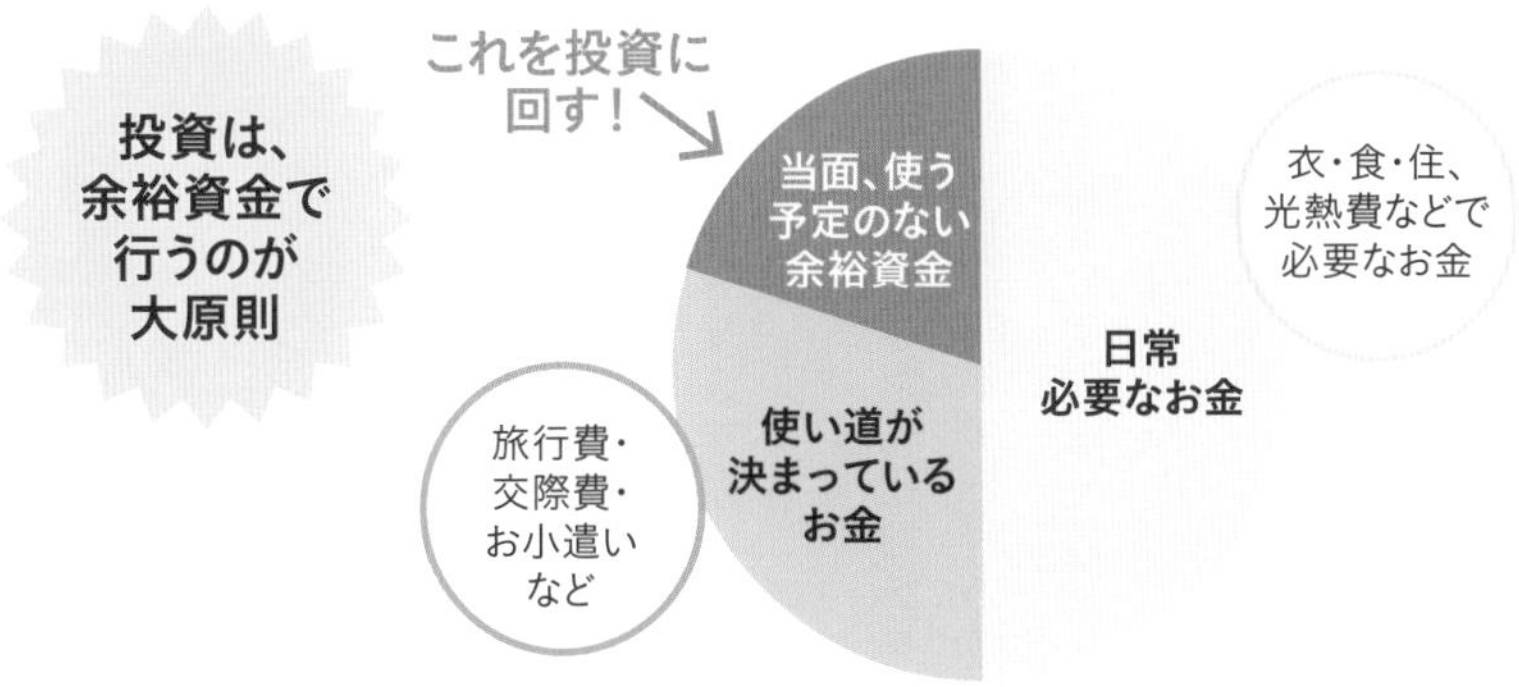
投資は、余裕資金で行うのが大原則
これを投資に回す！
当面、使う予定のない余裕資金
衣・食・住、光熱費などで必要なお金
日常必要なお金
使い道が決まっているお金
旅行費・交際費・お小遣いなど

「先取り方式」でお金を増やす仕組みを作る

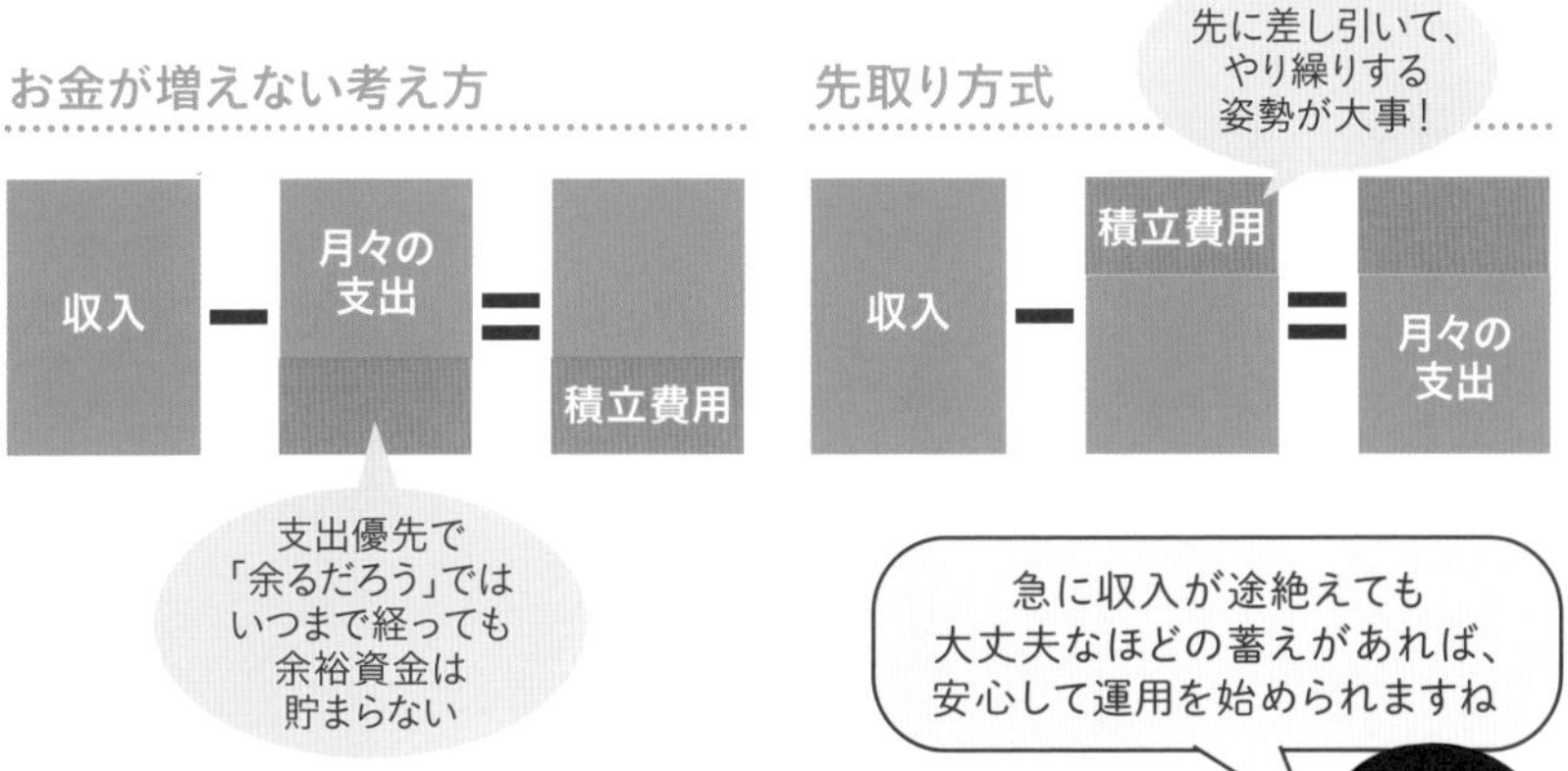
お金が増えない考え方
収入
－
月々の支出
＝
積立費用
支出優先で「余るだろう」ではいつまで経っても余裕資金は貯まらない
先取り方式
先に差し引いて、やり繰りする姿勢が大事！
収入
－
積立費用
＝
月々の支出

急に収入が途絶えても大丈夫なほどの蓄えがあれば、安心して運用を始められますね
貯蓄ゼロでは不安ですね。運用は少額で、同時に貯蓄も始めましょう
積立定期預金なども一緒にやると良さそう
まず2～3か月分のお金が貯まったら、数百円～数千円ほどで始めてみるというのもアリですよ

先輩の体験談

最初は張り切って月3万3,000円の積立から始めたんですが、月々の支出に不自由するようになり、貯金から生活費を引き出す有様になってしまいました。それに懲りて、今は無理のない金額で積立を続けています。（小売業・31歳）

積立額は100円から約3万3000円の範囲

どれくらいの予算感から始めるのがいいの？

長期運用で差がつく積立額

NISAのつみたて投資枠の最低積立金額は金融機関によって異なりますが、最も少ない場合で月々100円です。

したがってつみたて投資枠を利用するには、まず月額の場合**100円〜10万円の範囲内で積み立てる金額を決める**必要があります。

言うまでもなく、条件が同じなら積立額が大きいほど将来受け取れる金額も大きくなります。たとえば利回り3%で20年間運用した場合、月々5000円の運用収益は44万2000円。それに対して月々1万円の運用収益は、88万3000円です。

毎月の貯蓄額の1割程度を目安に

妥当な積立額を考えるうえで、目安となるのが貯蓄額。たとえば、すでにある貯蓄には手を出さないと決め、**今現在、毎月の貯蓄額の1割程度を、つみたて投資枠に回すお金と考えれば、無理なく運用を始めることができる**はずです。あるいはすでにある程度の貯蓄がある人、また運用に慣れてきた人は、より積極的に積み立てるのもいいでしょう。

将来のためにもっと多く積み立てたいという人は、家計の見直しも必要。保険料や各種通信料など、毎月定額で出ていく固定費をきちんと考え直すことで、積立に回せるお金を増やせます。

用語解説

最低積立金額

つみたて投資枠の最低積立金額が100円となっているのは、主にネット証券。楽天証券、SBI証券、松井証券、auカブコム証券、マネックス証券などがそうです。大手銀行および大手総合証券会社は、おおむね1,000円からとなっています。

積立額による運用結果の違い

運用利回り 3.0%　**期間** 20年間

毎月の積立額 5,000円

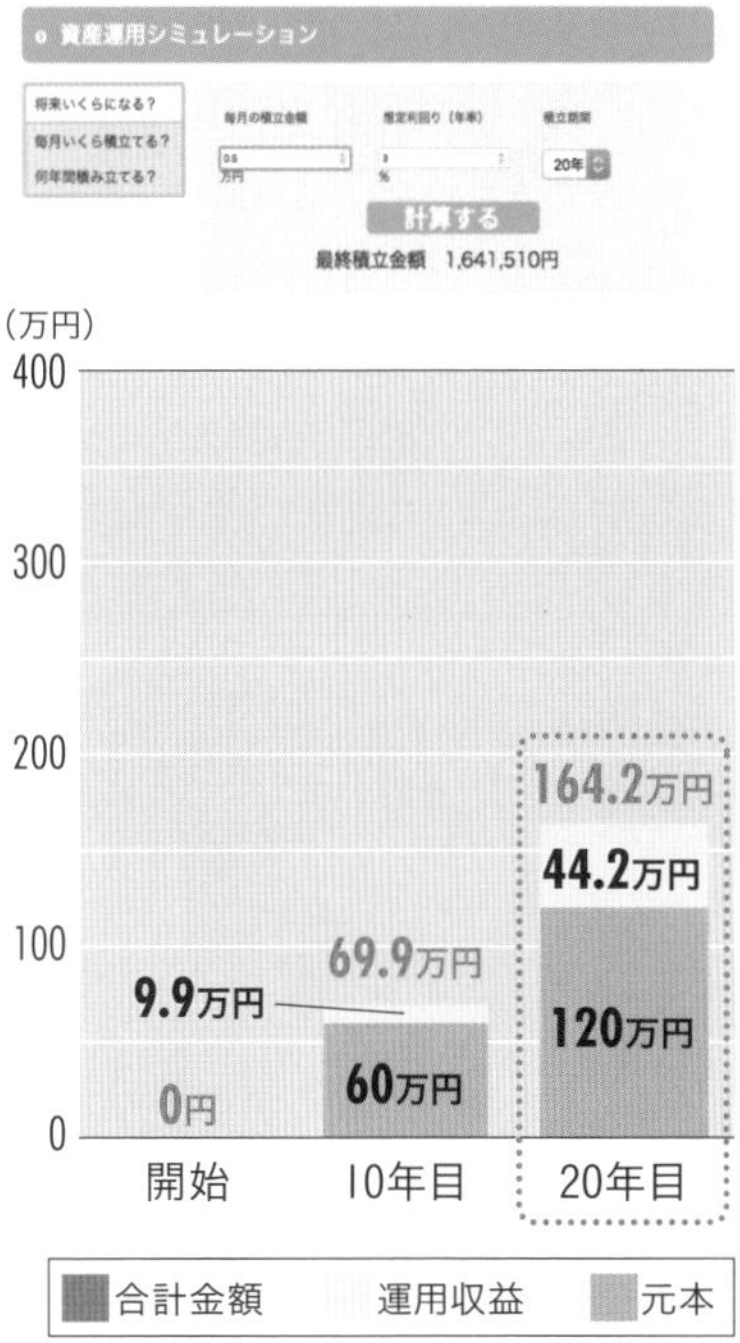

毎月の積立額 1万円

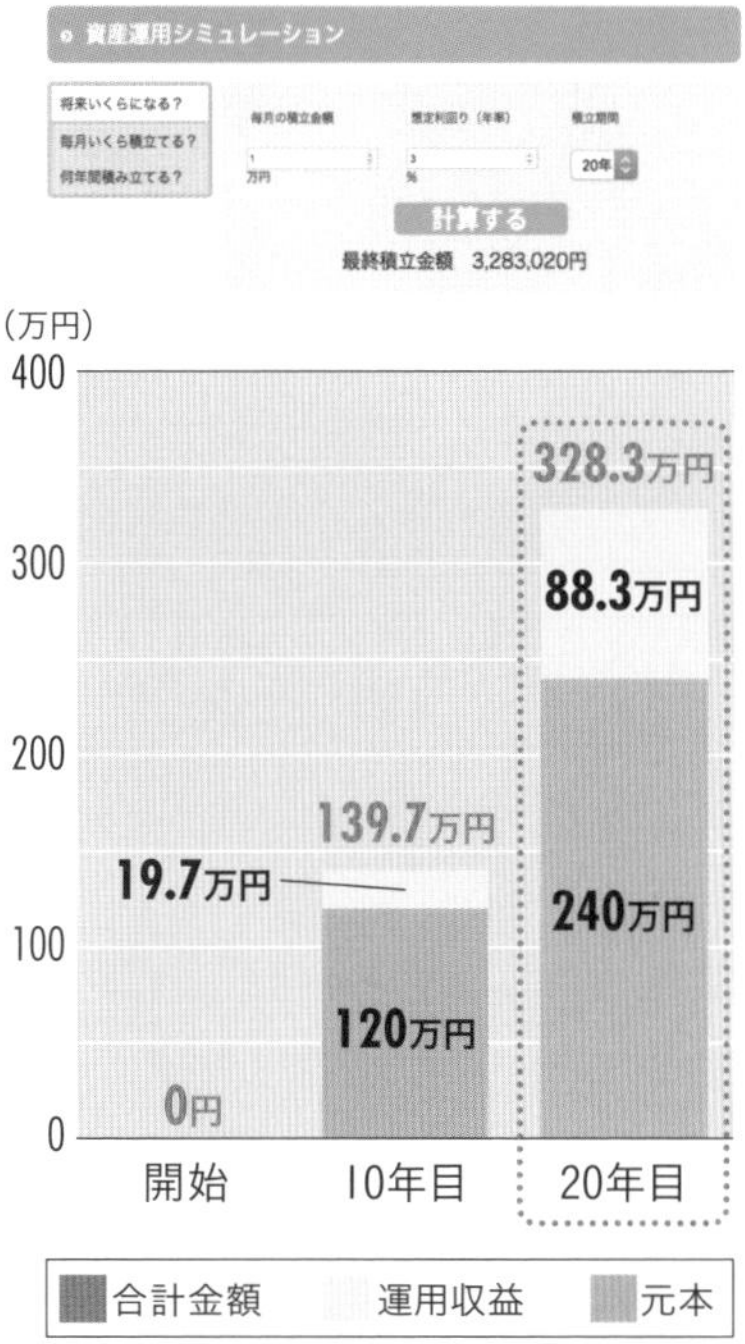

金融庁HPより作成：https://www.fsa.go.jp/policy/nisa2/moneyplan_sim/index.html

先輩の体験談

NISAを始めるにあたり、改めてムダな家計支出をチェックしてみました。保険の見直し、家族で重複していたインターネットサービスの解約などで、1万円以上も積立に上乗せできました。（サービス業・37歳）

NISA 03

口座を作ったけれどその次は?

NISAの商品について知りたい!

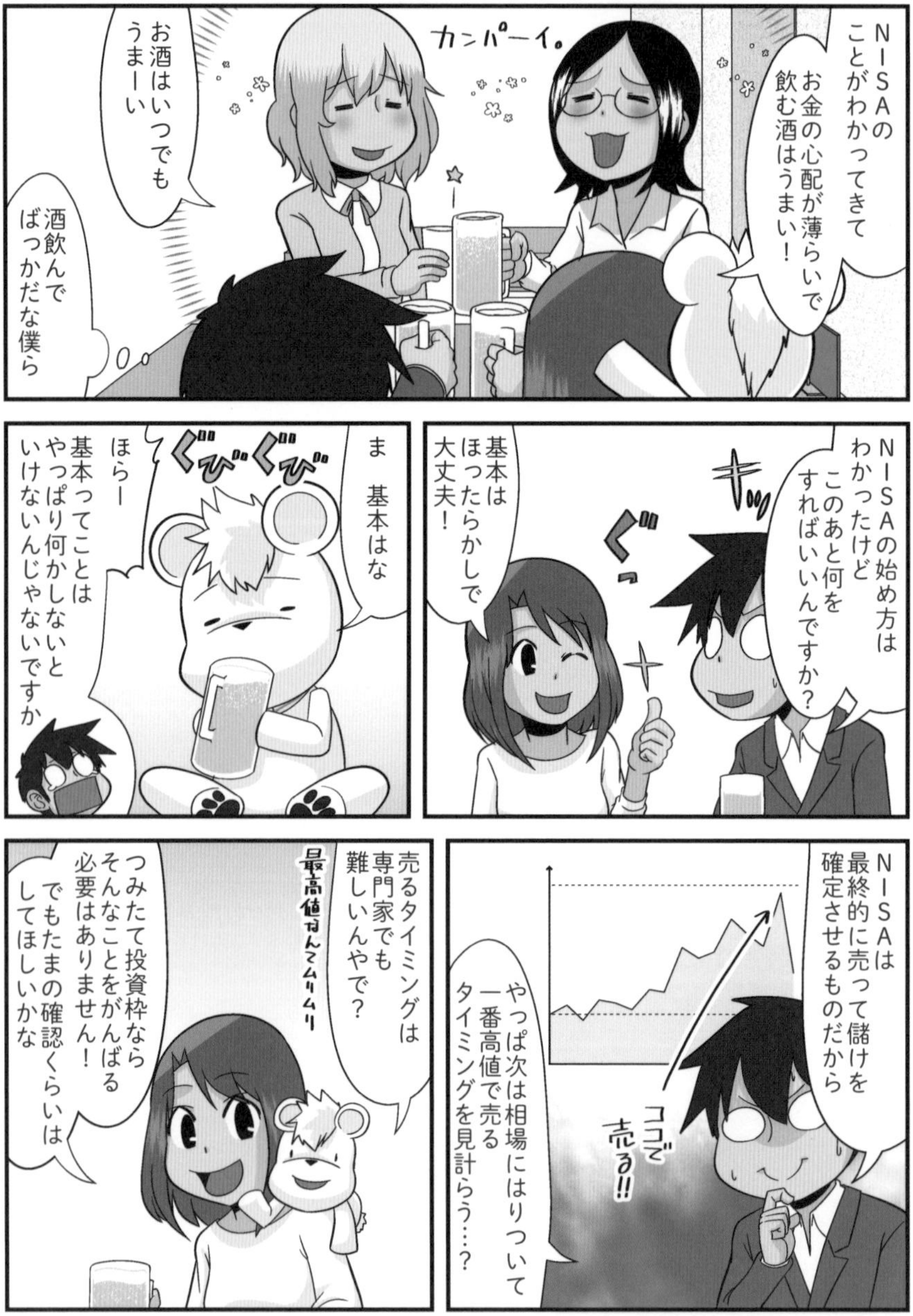

NISAのことがわかってきて お金の心配が薄らいで 飲む酒はうまい!
カンパーイ。
お酒はいつでもうまーい
酒飲んでばっかだな僕ら
NISAの始め方はわかったけど このあと何をすればいいんですか?
キッ
ぐっ
基本はほったらかしで大丈夫!
ま 基本はな
ぐびぐび
ほらー 基本ってことはやっぱり何かしないといけないんじゃないですか
NISAは最終的に売って儲けを確定させるものだから
やっぱ次は相場にはりついて一番高値で売るタイミングを見計らう…?
ココで売る!!
売るタイミングは専門家でも難しいんやで?
最高値なんてムリムリ
つみたて投資枠ならそんなことをがんばる必要はありません!
でもたまの確認くらいはしてほしいかな

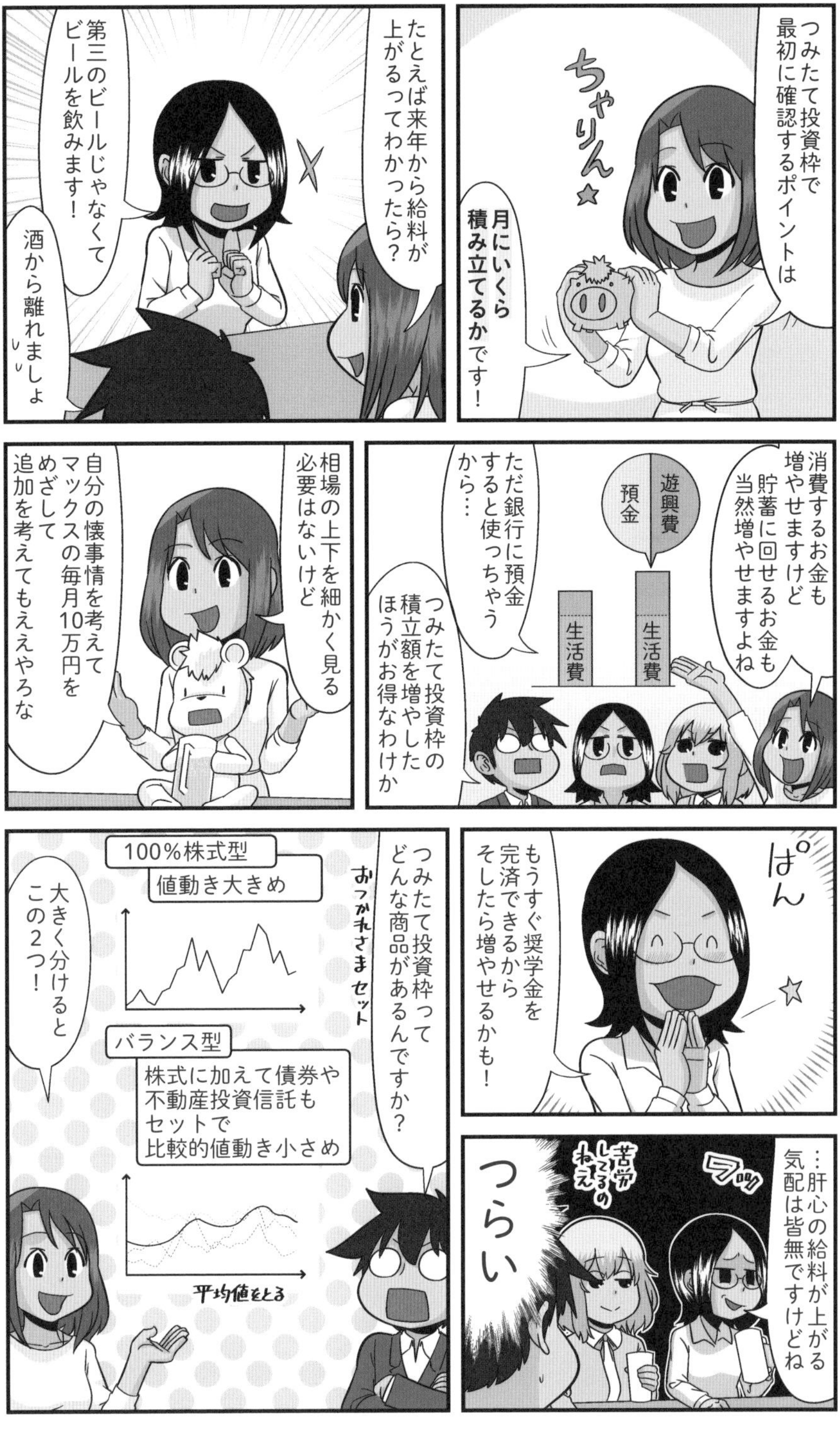
つみたて投資枠で最初に確認するポイントは
ちゃりん☆
月にいくら積み立てるかです!
たとえば来年から給料が上がるってわかったら?
第三のビールじゃなくてビールを飲みます!
酒から離れましょ
消費するお金も増やせますけど貯蓄に回せるお金も当然増やせますよね
遊興費
預金
生活費
生活費
ただ銀行に預金すると使っちゃうから…
つみたて投資枠の積立額を増やしたほうがお得なわけか
相場の上下を細かく見る必要はないけど
自分の懐事情を考えてマックスの毎月10万円をめざして追加を考えてもええやろな
ぱん
もうすぐ奨学金を完済できるからそしたら増やせるかも!
…肝心の給料が上がる気配は皆無ですけどね
ワッ
苦労してるのねえ
つらい
つみたて投資枠ってどんな商品があるんですか?
おつかれさまセット
100%株式型
値動き大きめ
バランス型
株式に加えて債券や不動産投資信託もセットで比較的値動き小さめ
平均値をとる
大きく分けるとこの2つ!

でもハイリスク…
こわい。
リスクはリターンとセットやで？
ハイリスク商品
爆発的な伸びに期待！
ローリスク商品
安定した成長に期待！
ハイリスクな商品は下がるときも大きいけど上がる期待も持てるんやいい悪いやなくて向き不向きやな
国内
先進国
新興国
など
など
小
リスク（値動き）
大
こんなふうに地域で3つにざっくり分ける方法もあるで
それぞれの地域の株やら債券やらが買えるんや「全世界の株」とか「アメリカの株」なんてくくりもあるな
ほかにこんな区別もあります
インデックスファンド
市場の指数と連動した成果を目指す商品
アクティブファンド
ファンドマネージャーが市場の指数より上の成果を目指して組み合わせる商品
ファンドの成果
市場の指数
プロの手が入っているならアクティブ型のほうが利益をねらえそうですね！
アクティブ型は魅力的だけど
確実に利益が出る保証があるわけじゃないんです
実際インデックスの方が成績良かったりも……
それと信託報酬が高いんですよね～
ガーン
えっ！お金がかかるの!?
インデックス型と違って銘柄選びに手間ひまかかっとるからなアクティブ型の信託報酬はインデックス型の何倍もかかるものもあるんや
商品の内容によってまちまち。
アクティブファンドの信託報酬
～1.5%※
（だいたい0.9～1.3%）
インデックスファンドの信託報酬
～0.75%※
（だいたい0.15～0.2%）
1%超えることがあるんだ
うわぁ
ざっけえ
じゃあぼくはインデックス型でいいかなあ

※いずれも税抜き。

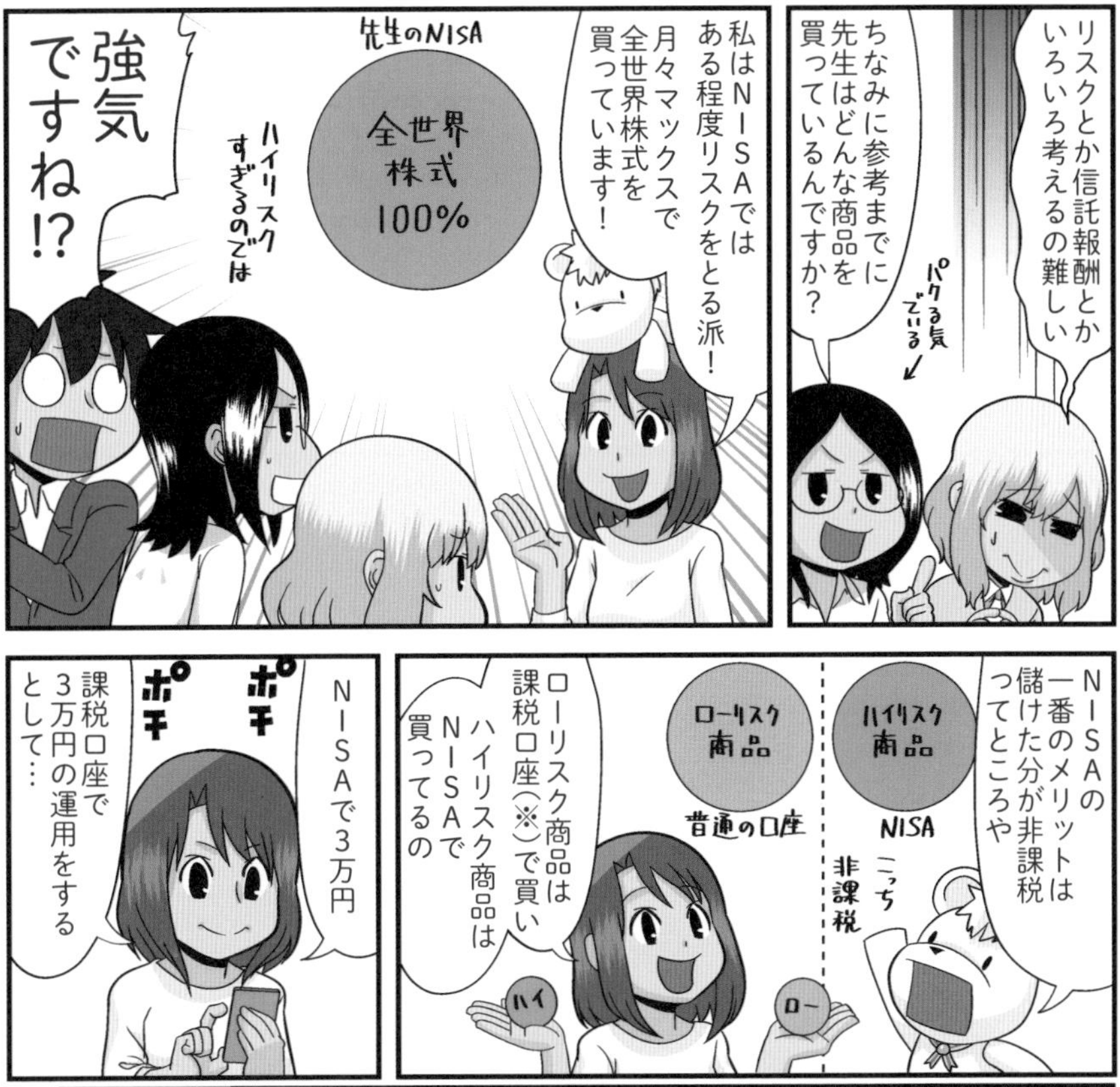
リスクとか信託報酬とか
いろいろ考えるの難しい
ちなみに参考までに先生はどんな商品を買っているんですか？
パクる気でいる
私はNISAではある程度リスクをとる派！
月々マックスで全世界株式を買っています！
先生のNISA
全世界株式100%
ハイリスクすぎるのでは
強気ですね!?
NISAの一番のメリットは儲けた分が非課税ってところや
ハイリスク商品
NISA
こっち非課税
ローリスク商品
普通の口座
ハイ
ロー
ローリスク商品は課税口座(※)で買いハイリスク商品はNISAで買ってるの
NISAで3万円
ポチ
ポチ
課税口座で3万円の運用をするとして…

※課税口座：儲かった分の税金がかかる口座。

※概算として税率20%で計算しています。

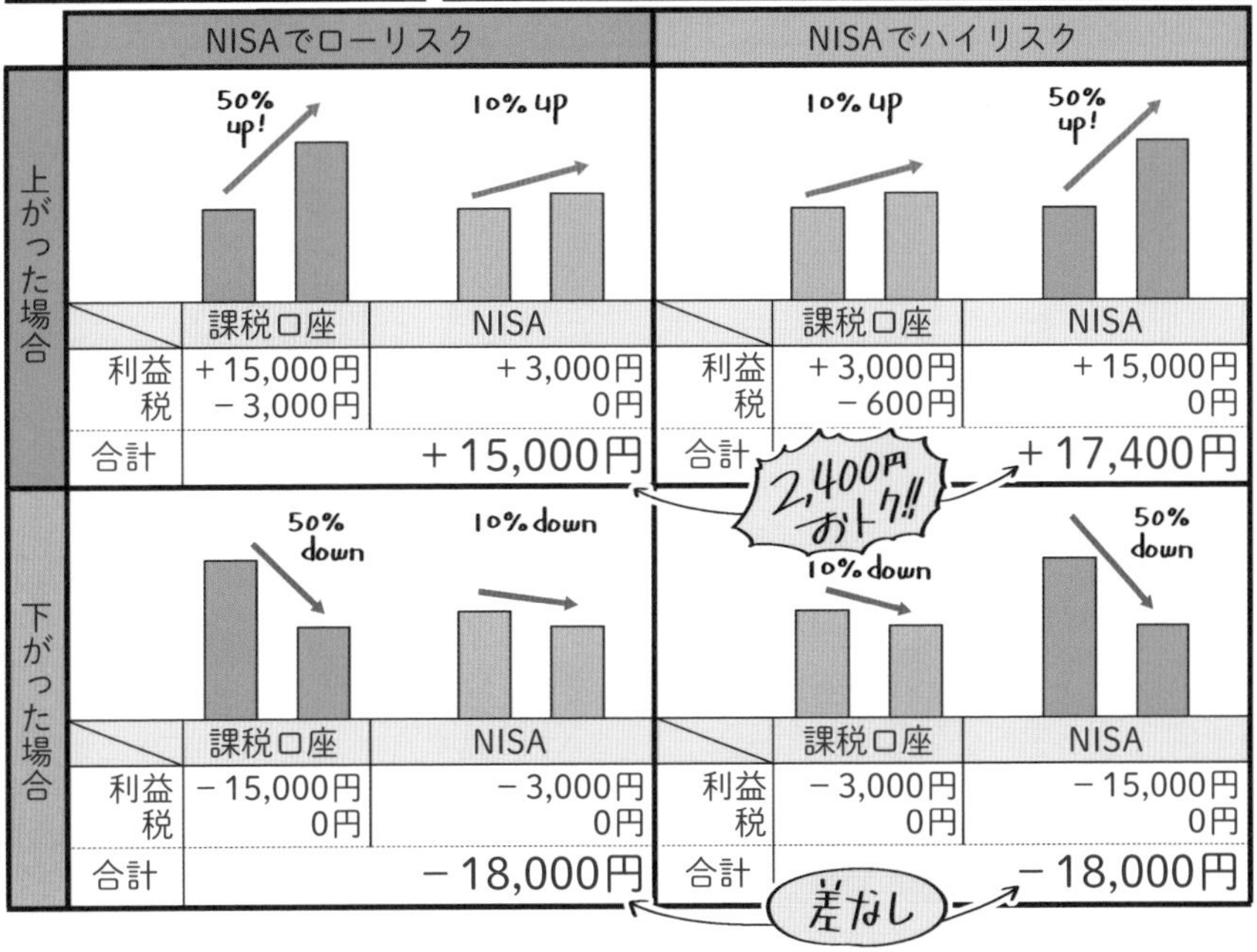
NISAでローリスク
NISAでハイリスク
上がった場合
50% up!
10% up
10% up
50% up!
2,400円おトク!!
下がった場合
50% down
10% down
10% down
50% down
差なし

NISAでローリスク・上がった場合

	課税口座	NISA
利益	＋15,000円	＋3,000円
税	－3,000円	0円
合計		＋15,000円

NISAでハイリスク・上がった場合

	課税口座	NISA
利益	＋3,000円	＋15,000円
税	－600円	0円
合計		＋17,400円

NISAでローリスク・下がった場合

	課税口座	NISA
利益	－15,000円	－3,000円
税	0円	0円
合計		－18,000円

NISAでハイリスク・下がった場合

	課税口座	NISA
利益	－3,000円	－15,000円
税	0円	0円
合計		－18,000円

下がった場合のデメリットは一緒なのに
上がった場合のメリットが大きく違うの
つみたて額でこのお得はさらに大きく!!
ハイリスク
ローリスク
ほかの資産運用でバランスがとれるんやったら
NISAは全部ハイリスク商品を選ぶんが賢い買い方や
月々5千円くらいまでなら1回飲み放題行ったと思って株式型にするのもアリじゃない？
たしかに飲んだら消えるお酒より有意義だ…
だが飲みたい
飲み放題って二日酔いするしどっちみちハイリスク商品だよねー
月収100万やったらバランスとか考えんと全部ハイリスク商品に突っ込んでええと思うで
月3万円とか誤差じゃん
来世検討します
ハイリスク商品を積極的にねらうならNISAの成長投資枠も選択肢にあがりますね
個別株も買えます
両方合わせて年間360万円の投資ができます
比較的短期で売り買いするのがメインの人向け
上級者向けやな
ほぼただの株。
ぎゃあ
ひいい初心者には無理！
「長期投資」からは外れるので細かくは説明しませんが
投資に慣れたら検討してもいいかもしれませんね

	つみたて投資枠	成長投資枠
年間投資枠の上限	合計360万円	
	120万円	240万円

どちらも利益は非課税

でも　家計を預かる身としてはハイリスクとローリスクのバランスをとっていたい…
それならバランス型の商品や
株だけでなくて債券や不動産投資信託もいろいろ入った商品です
いわゆる分散投資されているので株式だけよりは守りの要素が入っていますよ
国内　先進国　新興国
株式　○　○　○
不動産　○　○　○
債券　○　○　○
バランス型商品!!
自動でリスク分散してくれるんだ!
いろんなものがちょっとずつっておせち料理みたい
実家のような安心感ー
しょっぱいものから甘いものまで～
おつまみにもなる
好物だけもええけどバランスとってちょっとずつもまたええわな～
バランスか…
私のワークとライフのバランスをとってくれる商品はどこかにありませんかね…
トホー
婚活すれば？
ライフが増えるよ
転職すればいいのに…

再利用でNISAをもっとおトクに！
生涯投資枠1800万円の非課税枠の使い方

NISAを解約すると投資枠が翌年復活

NISAのつみたて投資枠の**1年間の非課税枠の上限額は120万円**。月額換算すると10万円です。そして、**NISA全体の生涯投資枠は1800万円**。成長投資枠は1200万円の限度が設けられていますが、つみたて投資枠だけで1800万円すべてを使ってもOKです。また、つみたて投資枠で毎月最大額の10万円を積立投資すると15年で満額になる計算です。

1800万円を投資し切ってしまうと、もうNISAに追加投資できない？ と思いがちですが、大丈夫。**NISAは商品を解約すると、その次の年に投資枠が復活します**。つまり、運用する商品の見直しや、結婚や子育てなどのライフプランに応じて、商品を解約しライフイベントの資金に充てることもできます。

NISAの生涯投資枠は簿価で計算

また、**NISAの生涯投資枠は、簿価（取得価格）で管理**されます。簿価とは、商品を購入したときの金額です。ちなみに**買ったあとに値動きした商品の価格は時価**といいます。

そのため、100万円の商品が値上がりして120万円になっていたとしても、それを解約した翌年に復活する投資枠は、簿価である100万円ということです。逆に値下がりして80万円になっていた場合でも、復活する投資枠は100万円となります。

用語解説

非課税枠

NISAの非課税枠で積み立てている資産は、ほかの口座の資産と別枠として扱われます。通常の口座であれば解約で発生した損失をほかの口座と「損益通算」して節税に役立てることができますが、NISAでは不可能です。

生涯投資枠の再利用のイメージ

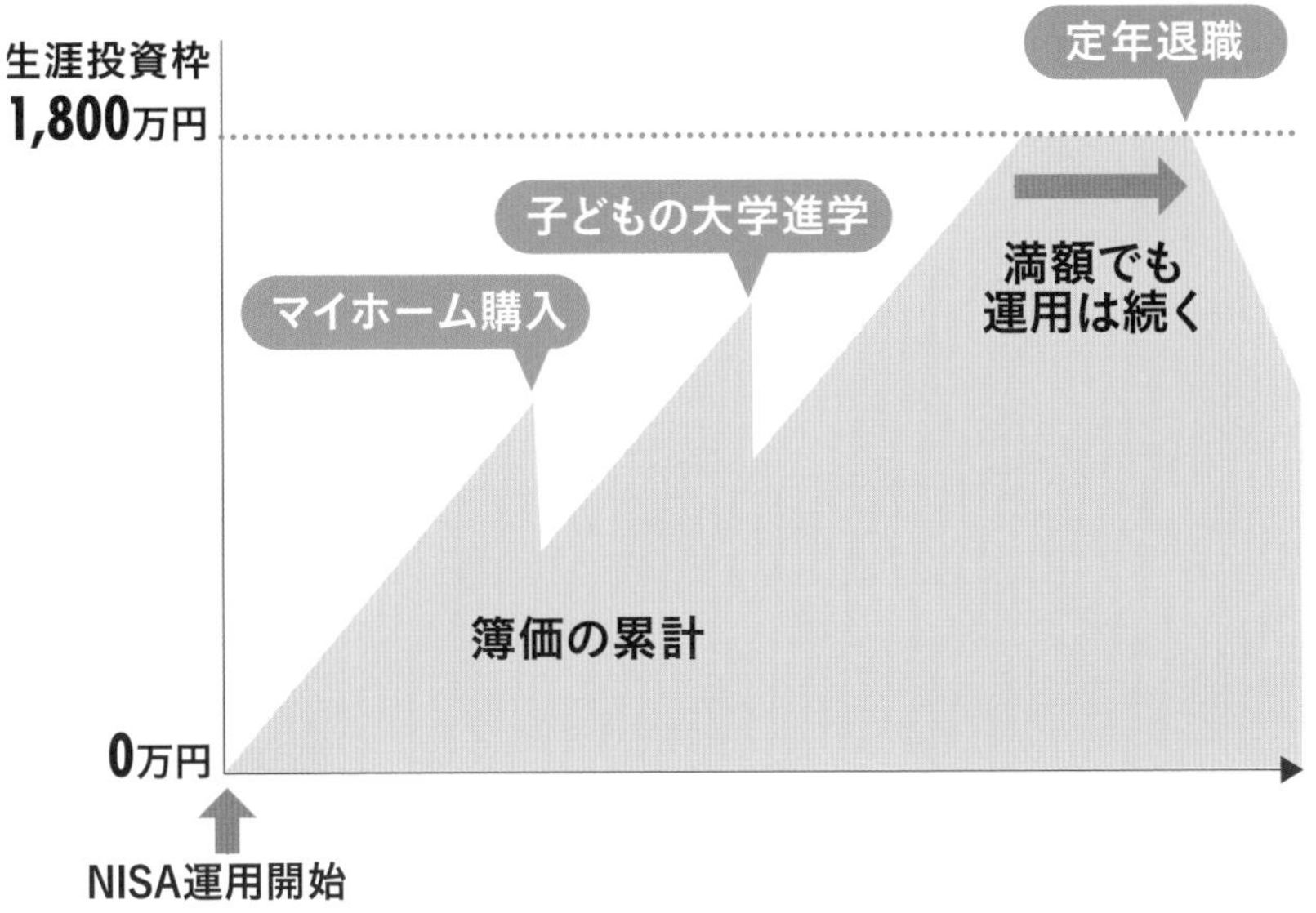

生涯投資枠の再利用の考え方

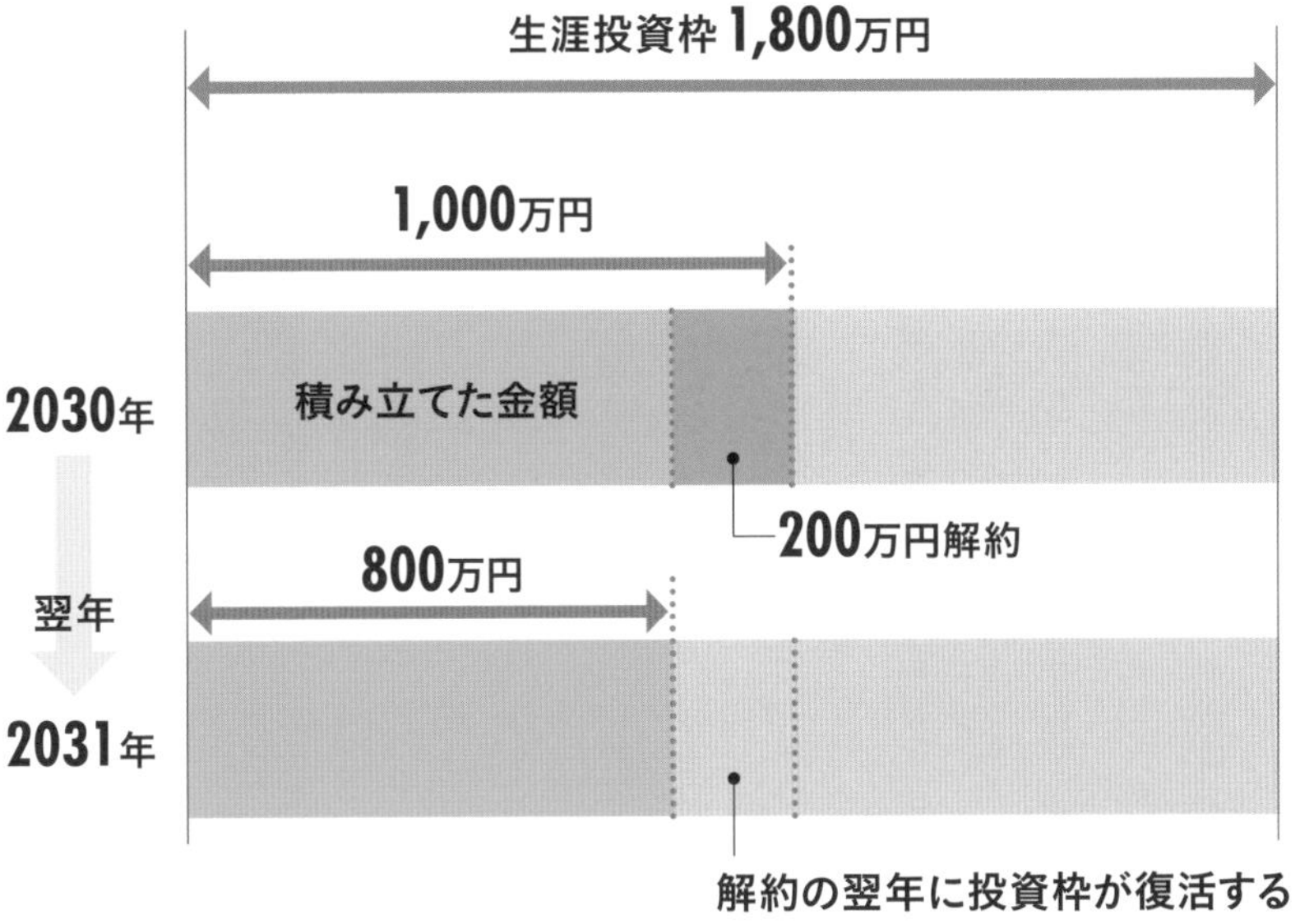

より多くの資産を形成するため 少しずつでも積立金額を増やしていこう

早く貯めたいけど、あせりは禁物

少額の投資で始めやすいのが、NISAのつみたて投資枠の魅力。ですが積立金額は、多いほうが早くお金が貯まります。複利効果で利益も大きく膨らみ、それだけ効率よく資産を増やせることになります。

とはいえ、無理をして日々の生活に支障が出ては本末転倒。今の収入や暮らしぶりで、**いくらまでなら積立が可能か。またその一方で、将来のどの時点でどれぐらいのお金を用意したいか。この両方をよく考えて、積立額と目標額を設定しましょう。**余裕資金で始めて、家計を見直しながら少しずつ積立額を増やしていくと、無理なく続けられます。逆に休職や転職などで収入が減少したときは、積立の減額もできます。

分配金は受け取らず積み増していく

投資信託の商品には、次の2通りがあります。運用で得た利益の一部を分配金として支払う「分配型」、そして利益をそのまま既存の資産（保有元本）に積み上げていく「再投資型」です。

つみたて投資枠の投資信託は、「再投資型」がほとんど。「分配型」でも、頻繁に分配金が支払われない商品が選ばれています。どちらか選択できる商品の場合は、利益を保有元金にプラスして貯めていくのが王道。再投資した分からも利益が生まれ、期間が長いほどさらに資産が膨らむ複利効果が期待できます。

用語解説

再投資型

NISAで再投資を設定した場合、分配金は自動的に再投資されます。ただしこの再投資分は、非課税投資枠に含まれる点に注意が必要。積立額と分配金が非課税上限枠を超えると、課税口座で買いつけが行われる場合があります。

分配金を受け取らずに積み増しすれば…

投資信託には下の左図のように運用の収益を毎月分配するタイプもありますが、つみたて投資枠では分配金を再投資する投資信託（下の右図）が基本。その違いをイメージしてみましょう。

分配金を受け取る場合

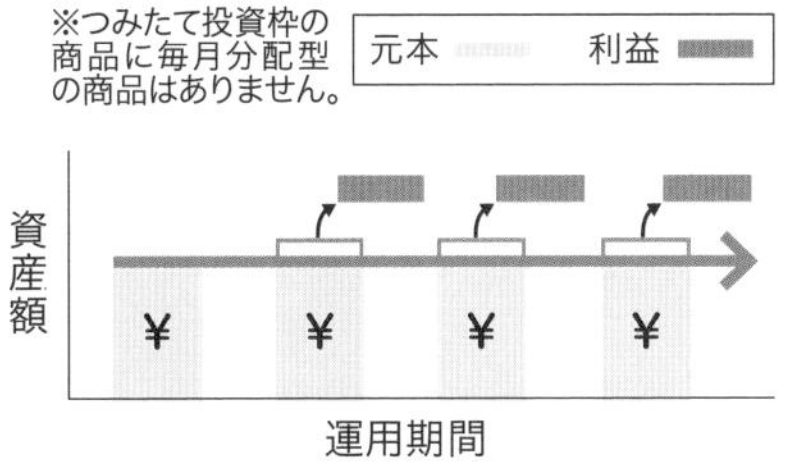

分配金を投資に上乗せする場合

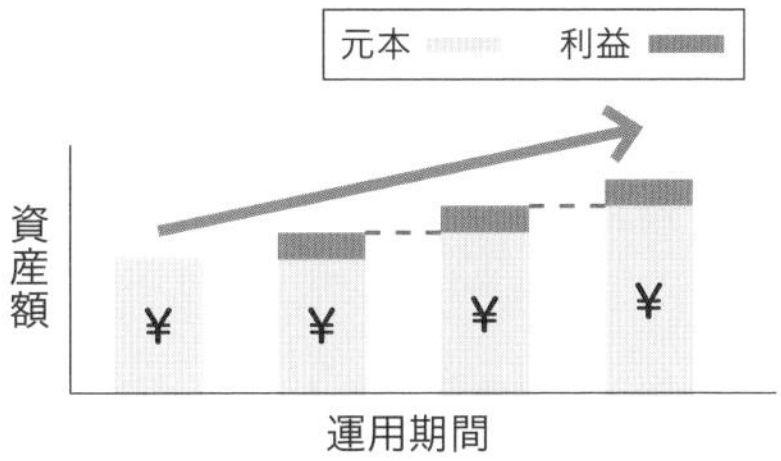

金融庁「資産運用シミュレーション」を使ってみよう

P.83でも紹介していますが、毎月いくら積み立てたら、何年でいくら貯まる？という計算を手軽にやってくれるのが、金融庁ウェブサイトの「資産運用シミュレーション」。想定利回りも設定して、運用収益の予想を立てることもできます。

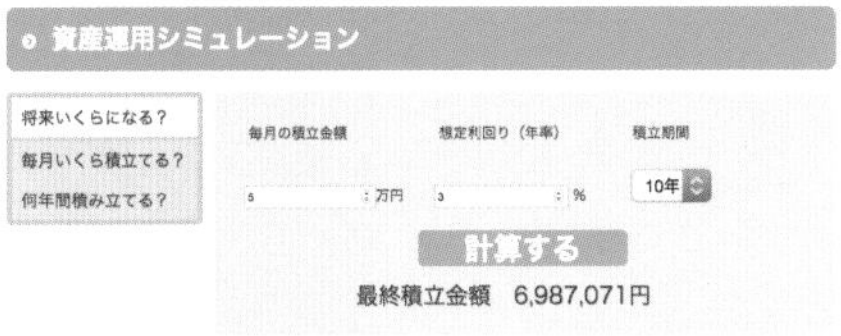

左上の枠から目的を選びます。

「将来いくらになる？」
毎月の積立金額と積立期間、想定利回りを入力し、将来いくら積み立てられるかを計算します。

「毎月いくら積立てる？」
毎月いくら積み立てれば目標金額に届くかを計算します。

「何年間積み立てる？」
目標金額まで積み立てるのに何年かかるかを計算します。

先生からのアドバイス

シミュレーションの利回りはあくまで目安！

金融庁の「資産運用シミュレーション」では、毎月いくら積み立てたら将来の積立額の合計がいくらになるかを知ることができます。ただし実際には値動きするため、あくまでも目安として考えましょう。

資産運用は「定額購入」の積立が有利！
「ドルコスト平均法」がお金を増やす

定量購入法と定額購入法

積立型の資産運用には、「定量購入法」と「定額購入法」という2つの方法があります。**定量購入法は、毎回同じ量だけ購入。**それに対して**定額購入法は、同じ金額で買い続けます。**たとえば同じ銘柄の株式を、毎月1回購入するとしましょう。定量の場合は、値動きに合わせて毎月必要な金額が変わります。それに対して定額は、買える株の数が変化する仕組みです。

つみたて投資枠は、**商品ごとに決まった銘柄の株式などを、決まった額で定期的・継続的に購入します。**

このような定額購入法を、「ドルコスト平均法」といいます。

ドルコスト平均法が有利なワケ

ドルコスト平均法では、**安いときにたくさん買い、高いときに少なく買うことになります。**その結果、平均購入価格は定量購入法よりも安くなる仕組みです。

左図を見てみましょう。まず定量購入法では、毎回10株ずつ購入しています。株価が１０００円のときは１万円、１５００円のときは１万５０００円が必要。１株あたりの平均購入単価は、１１００円でした。

対してドルコスト平均法では、株価が１５００円のときに６・６株、５００円に下がったときに20株購入します。安い時期に、よりたくさん買い入れるので、平均購入単価が約９３９・８円と安くなっています。

用語解説

ドルコスト平均法

金融商品を一定額ずつ定期的に購入し続ける方法のこと。全体の平均購入単価を平準化させる効果が期待でき、長期的な資産形成で有効な方法といえます。「ドルコスト」はアメリカでの言い方で、イギリスでは「ポンドコスト」ともいいます。

ドルコスト平均法と定量購入法を比べると？

株価の動き		1,000円	1,500円	1,500円	500円	1,000円		平均株価 1,100円
定量購入法	購入株数	10	10	10	10	10	合計 50（同じ株数）	平均購入単価1株あたり 1,100円
	購入金額	10,000円	15,000円	15,000円	5,000円	10,000円	55,000円	
ドルコスト平均法	購入株数	10	6.6	6.6	20	10	合計 53.2	平均購入単価1株あたり 939.8円
	購入金額	10,000円	10,000円	10,000円	10,000円	10,000円	50,000円（同じ金額）	

高いときに少なく買って、安いときにたくさん買う…。
だからドルコスト平均法は、トータルの平均購入価格が
定量購入法より安くなるんですね

そう。それに購入金額が値動きに
左右されず毎月一定ですから、
資金計画も立てやすいですよね

先生からのアドバイス

時間分散で高値づかみを避ける！

安定した運用結果を期待するうえで重要なのが、P.32で見た分散投資。これは異なる金融商品に分散させるだけでなく、購入する時期を分散させることも意味します。ドルコスト平均法はこの時間分散によって、金融商品の高値づかみ（価額が高値のときに買うこと）を回避することが見込めるのです。

つみたて投資枠の商品は金融庁厳選！
2種類の商品タイプから選ぶ

海外の銘柄を対象とした商品が急増

NISAのつみたて投資枠は、毎日、毎週、毎月コツコツ続けるので、株式投資のように相場の動きを見てタイミングを見計らうなどの必要もなく、やろうと思ったらいつでもスタートすることができます。

金融庁厳選といっても、現在、つみたて投資枠で購入できる対象商品は２５０本を軽く超えています。なかでも**種類別で特に増えているのが、全世界の銘柄を対象とした商品**です。左図は、それを商品のタイプ別に分類してあります。インデックスファンド、アクティブファンドは、次項でそれぞれ詳しく説明していきます。

定期的に一定金額を積み立てるのが、つみたて投資枠の基本。金融機関により**そのペースは毎月に限らず、毎週や毎日でも可能です**。

ボーナスが出たら多く積み立てることも可能

また、ボーナス併用もできます。毎月の積立に加えて、年に2回だけ積立額を増やす方法もとれます。つみたて投資枠は年に2回以上の積立頻度から利用できるので、毎月の積立は厳しいという人もボーナスを利用して運用することもできます。

ただし**毎回違う金額にしたり、積み立てるペースを頻繁に変えることは基本的にできません**。変則的な対応がどこまで可能かは、金融機関によって異なります。

用語解説

プライム市場

旧「東証一部」に位置づけられるもの。2022年4月から「プライム市場」に改編されました。改編された東証の市場には、このほか「スタンダード市場」「グロース市場」があります。プライム市場は3つの市場のうち、最上位の市場です。

つみたて投資枠の商品タイプの分類

インデックスファンド（株式のみが対象）	国内		プライム市場に上場する株式のうち市場を代表する（と日経新聞社が選んだ）225銘柄（日経225）
			プライム市場に上場する株式全銘柄（TOPIX）
	全世界		全世界47カ国の大・中型株式
			全世界47カ国の大・中・小型株式
	海外	米国	米国株式市場に上場する大企業の株式（S&P500）
			米国株式市場に上場するほぼ全銘柄の株式（CRSP U.S.Total Market）
		先進国	日本を除く先進国22カ国の大・中型株式
		新興国	新興国24カ国の大・中型株式
アクティブファンド			継続的に投資家に支持・選択され、規模が確実に拡大しているものに限定（純資産額50億円以上／信託開始から5年以上経過／資金流入超の一定以上の実績あり／信託報酬が低水準　などの条件をクリア）

コツコツって苦手なんですが、
たとえばですけれど、年に1回
どんっと100万円まとめて
出してもいいんですか？

先輩の体験談

毎日少しずつ積み立てていましたが、毎日届く報告のメールが煩わしくて見るのをやめてしまいました。月1回、または週に1回くらいのほうが、どうなっているか楽しみになって中身もしっかり確認すると思います。（不動産業・34歳）

それはダメ。つみたて投資枠の購入方法は
積立投資に限られているんです。
また長期積立が有利なのは、
ドルコスト平均法（P.94）でリスクを
時間分散できるから。後でまた説明しますが、
毎月1回ぐらいのペースで積み立てるのが
一番おすすめなんですよ

コストをおさえてコツコツいくなら…
指数に連動するインデックスファンド

インデックス型でコストをおさえる

いろいろと考えた末、国内株式を運用する商品を半分持とうと決めたとします。すると次にインデックス型とアクティブ型のどちらにするか、という壁に直面します。

2つの違いをひと言でいえば、**インデックス型は平均点狙い、アクティブ型（P.100）は高得点狙い**。同じ国内株式型でも、この違いによって運用成績が大きく左右されることは珍しくありません。

この2つの運用方法のうち、インデックス型の代表例として、TOPIX連動型というのがあります。これは、「TOPIX（トピックス）」という日本の株価の指数にほぼ連動する投資信託。約2000あるプライム市場のほぼ全銘柄を組み込んで分散運用します。

さまざまな指数に基づく商品がある

このように**何らかの指数に合わせて運用をするのがインデックスファンド**。ほかにも日経平均株価の主要銘柄に連動した「日経225」、アメリカだと「S&P500」などいろいろな指数があり、それぞれ連動するインデックスファンドがあります。

インデックス型は指数を構成している銘柄に機械的に投資できるため、信託報酬はアクティブ型に比べて安め。長期運用にとって低コストは合理的と考える人も多く、根強い人気があります。

用語解説

TOPIX

プライム市場の全銘柄の株価を反映した指数。約2000銘柄の株価を元に算出されます。市場全体の動きを反映していますが、時価総額の大きい大型株の動きに左右されやすい面もあります。

インデックスファンドの仕組み

TOPIX（東証株価指数）や日経平均株価（日経225）など、各種指数（インデックス）に連動した値動きを目指す商品です。

インデックスファンドの値動きのイメージ

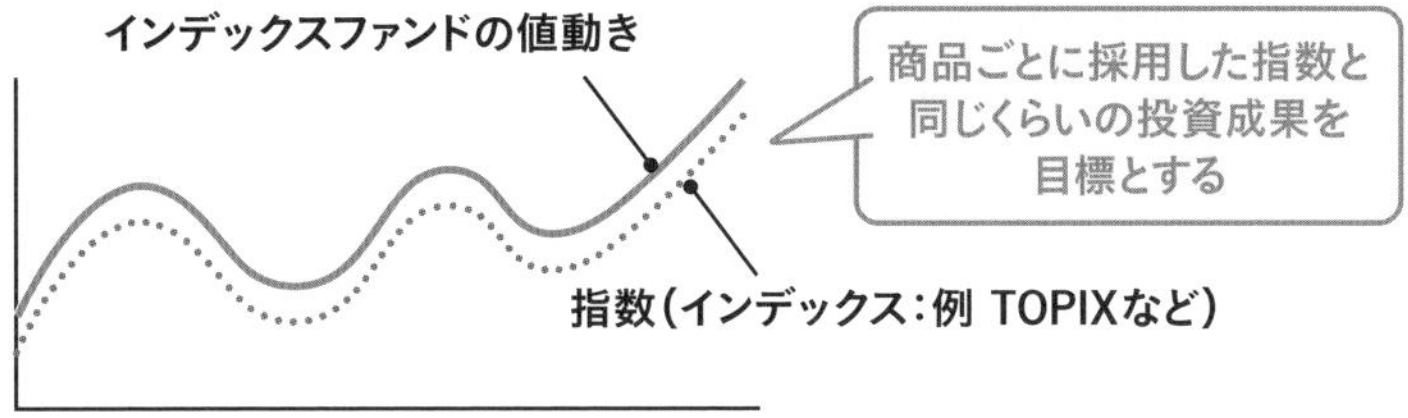

インデックスファンドのメリット・デメリット

メリット

- 指数と連動することを目指しているので、値動きがわかりやすい。
- 幅広い銘柄に分散投資できる。
- 信託報酬などの運用コストが低く設定されている。

デメリット

- 指数以上の運用収益は期待できない。
- 短期間の運用では運用収益が上がらない可能性がある。

代表的なインデックスファンド商品

●eMAXIS Slim先進国株式インデックス	信託報酬 0.09889%
●楽天・全米株式インデックス・ファンド	信託報酬 0.162%
●たわらノーロード先進国株式	信託報酬 0.09889%
●ニッセイ外国株式インデックスファンド	信託報酬 0.09889%

※信託報酬は変動があります。

そもそも指数ってどういうことかよくわからなくて…

株式・債券など、それぞれの市場の動きを表した数字です

日本の株価指数である日経平均株価やTOPIXは有名ですね。ほかに債券市場、REIT市場にも指数があるんですよ

より大きなリターンを期待するならこれ!

積極運用のアクティブファンド

平均よりも上の運用効率を狙う

指数に沿った運用を目指すインデックスファンドと異なり、**アクティブファンドは積極的により高い運用効率を目指す商品**。たとえば国内株式の代表的なインデックスファンドであるTOPIX連動型には約2000の銘柄が組み入れられているのに対し、アクティブ型は同じ日本の株式を対象にしながらも数十銘柄、100銘柄など、絞り込んで運用します。

ファンドマネージャーは平均や指数より上の運用効率を狙い、銘柄を厳選しています。そのため**優良なアクティブ型なら、インデックス型よりも大きな儲けが期待できるといえます**。ただし絞り込みなどに手間がかかっている分、信託報酬は高めです。

高いリターンが得られているかをチェック!

アクティブ型はコストだけでなく、値動きも比較的大きいので、商品を選ぶときはしっかりチェックしましょう。絞り込みのコンセプトも要チェックです。

まずそのファンドの運用実績を見て、十分なリターンが得られているかを見ます。**直近1年だけでなく、3年から5年にわたって指数や同じカテゴリーのほかの商品を上回っているなら合格**といえるでしょう。このほか**純資産総額が少しずつでも増えている、資金が流入している（＝人気が高い）ことなどがチェックポイント**となります。

用語解説

ファンドマネージャー
運用会社のなかで運用を任されている人。市場の動きを分析し、どんな銘柄をどれだけ組み入れるかを決めて売買の指示をします。通常は投資信託会社や投資顧問会社に所属し、アナリスト、トレーダーなどからなるチームの責任者を務めます。

アクティブファンドの仕組み

運用会社のファンドマネージャーが投資判断をしている商品です。

アクティブファンドの値動きのイメージ

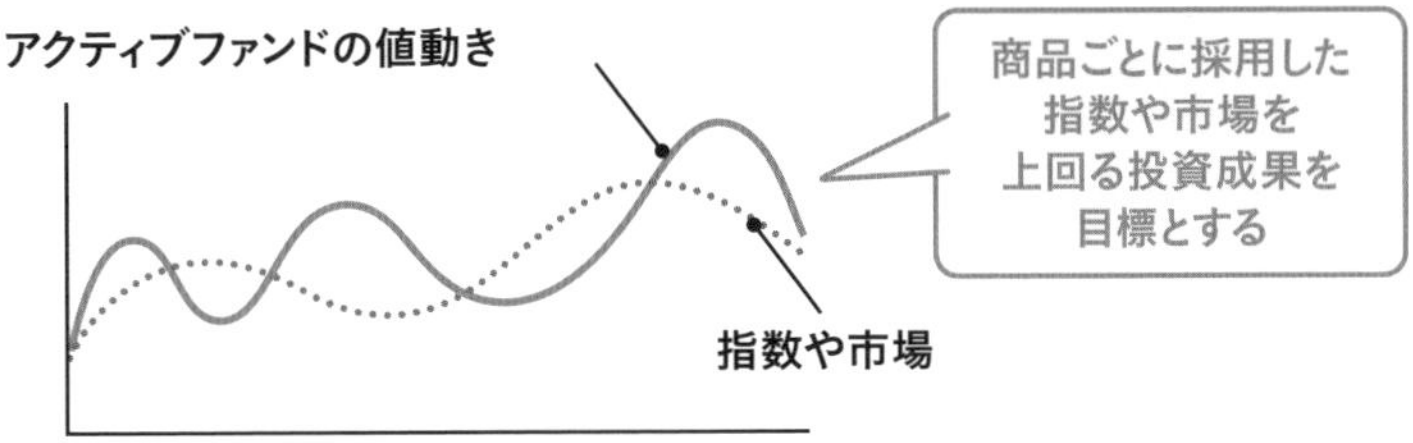
アクティブファンドの値動き
商品ごとに採用した
指数や市場を
上回る投資成果を
目標とする
指数や市場

アクティブファンドのメリット・デメリット

メリット

- インデックスファンドの運用収益を上回る可能性がある。
- 自分の目的やテーマに合った商品があるかも。
- 運用者（ファンドマネージャー）のプロフィールがわかる。

デメリット

- 市場の平均を上回る損失が出る可能性がある。
- インデックスファンドに比べて運用コストが高い。

代表的なアクティブファンド商品

●ひふみプラス	信託報酬	1.078%
●フィデリティ・米国優良株・ファンド	信託報酬	1.639%
●P.75で紹介した「セゾン資産形成の達人ファンド」「ひふみ投信」など		

※信託報酬は変動があります。

先輩の体験談

どうせ投資をやるなら儲けが多く期待できるほうが、と思いアクティブファンドを選びました。ところが1年経って調べてみると、なんとインデックスファンドの運用成績に負けているんです。そういうことも結構あると知りました。少し後悔しています。（販売員・34歳）

アクティブ型はコストが
高くて値動きが
大きいんですね

一般的にはそうなんだけど、
つみたて投資枠の場合は
アクティブ型も商品が厳選され
ていて、着実に運用しているも
のが多いです。そこまで心配し
なくていいけど、
運用成績や特徴はちゃんと
確認したほうがいいでしょう

NISA 04

結局将来どうしたらいい!?

NISAのおトクなやめ方って?

あのぅ NISAって老後を待たずにやめることができるんですよね
いつでも売れるでー
利益考えなければな。
夫婦の記念日の資金にしたいんですけど やめるときの注意点って何かありますか?
既婚者の余裕
ギリッ…
こちとら老後対策にあくせくしてるのに
虎視眈々と値上がりを待つんや
じっ……
狩りと同じやで
急騰に飛びつかず急落に慌てず
目標ライン
下がったヨシ!!
売却
上がった売りだ
売らなきゃよかったあ
自分が納得できる値段になるまで辛抱強く待って売る
ただこれも長期戦だから少なくとも数年待つのがベストですね
すぐ売ったら預貯金といっしょ。
う〜ん 思い立ったらすぐ売却ではダメなのか…
つみたて投資枠は時間を味方につける資産活用でしょ?
適当なタイミングで売ったらせっかくの時間が無駄になっちゃう
なるほど 売るタイミングは慎重に考えないとダメなんですね…
セイッ
何年もかけて育てて
テキトーに刈ったらもったいない!!
実ってから刈りましょう
たしかにー

※マンガでは投資信託の解約請求を便宜的に売却としています。

老後の資金にしたい 僕たちは数十年後に 引き出せばいいだけだ
簡単でよかった
ホーーーッ
タイキックーー
アウト〜！
おトクなNISAを もっとおトクにするには
長い目で見つつも 虎視眈々と売却する タイミングを見計らう
や！
ばんっ
あの世までお金は持って行けんのやで
出口戦略だ
相場の動きはわからないし 換金したいタイミングは 人それぞれなので ベストはありません
くれぐれもあせらず
ダメな例
まだ上がる
まだ上がる
まだ上がる
売りそこねた
全部やのうて 一部売却って 手もあるんやで
くわしくは108ページ!!
たしかに…
出口戦略次第で 投資結果に大きな違いが 出てくるんです
夏休みの宿題を毎年 お盆すぎから始めていた 私にはハードルが高い…！
エヘ
私は家族に 手伝って もらってた…
僕 会社員時代 スケジュール通り リリースできたことが ないんですけど…
売るん自体は スマホで一瞬やから 安心し！
考えとけってことや

しょっちゅう見る必要はないけれど 運用実績をチェックするには？

「月次レポート」などで詳細がわかる

NISAの商品がどのように運用され、成績がどうなっているかは、**販売会社や運用会社のサイトの「NISA」のページでチェックできます。**

また、運用会社によっては月1回くらいの頻度で**「月次レポート」**が作成されています。

すでに投資信託を運用している人には、運用会社から送られてくる運用報告書もあります。

ただし、NISAのつみたて投資枠の場合は長期間の運用が前提ですし、株や為替取引のように、スマホやパソコンで四六時中相場の変化を追いかける必要はありません。

「上がった」「下がった」で一喜一憂しない

運用している商品をチェックすると、儲かったから利益を確定しようとか、損したからリスクの少ない商品に変えようとか、いろいろ考え始めるかもしれません。しかしつみたて投資枠の商品には、長く持っているほど効果が期待できるものが採用されています。上がったり、下がったりしながらも、積み立てている元本は右肩上がりですし、長く続けるほど複利のメリットが生きてきます。

積立の投信の場合、始めてから5年も10年も運用成績を一度も見ていないという人もいます。**長期投資は心の余裕も必要**だと考えたほうがいいでしょう。

用語解説

騰落率

一定の期間を通じて、株式や投資信託などの金融商品がどれだけ値上がり/値下がりしたかを示す割合。騰落率が表すのはその期間の最初と最後の変化率であり、将来の予想ではありません。また手数料や税金は勘案されていません。

月次レポートの例とその見方

※レポートの名称・仕様・内容は、各金融機関によって異なります。
※下記グラフはあくまでイメージです。

[月次レポート]基準日:2024年1月31日

ながおかプラス

国内／株式／インデックス型

① ◆基準価額の推移

※「ベンチマーク」とは、たとえば日経平均株価(日経225)など、そのファンドが運用の指標とする基準のことです。

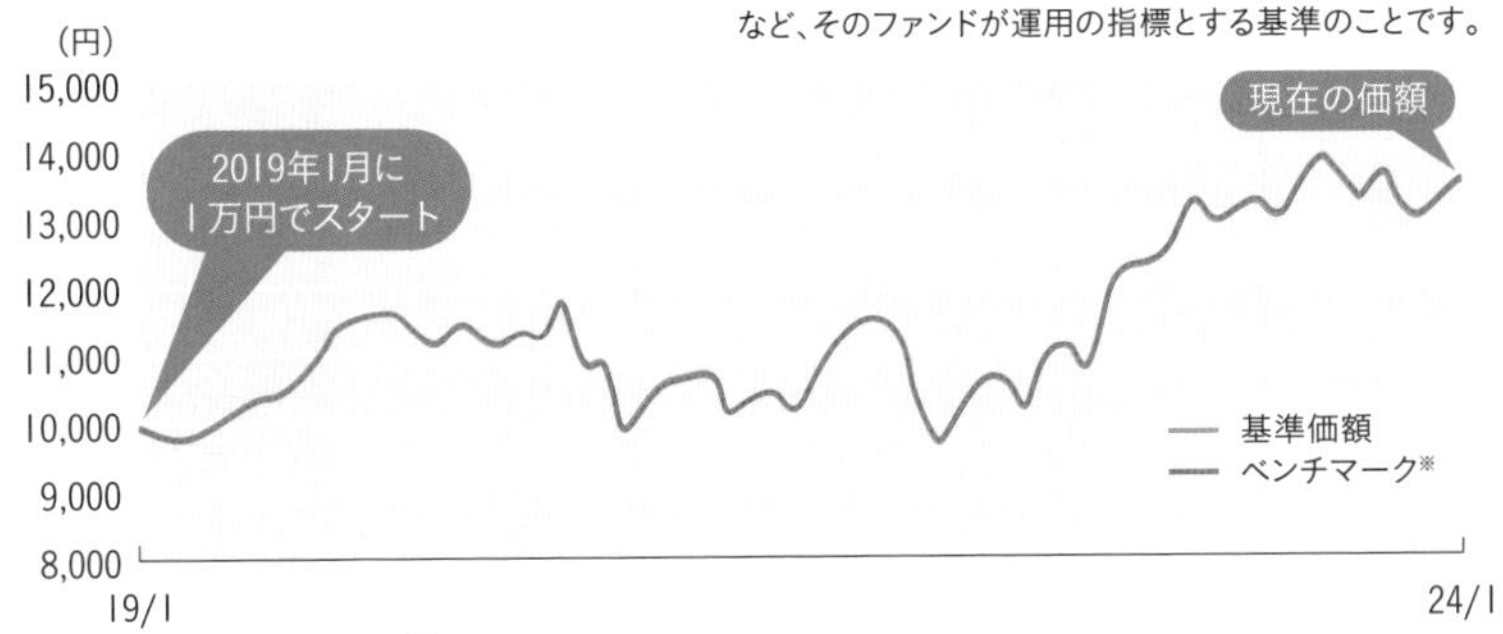

② ◆基準価額／純資産総額

基準価額	14,000円
純資産総額	485億円

③ ◆騰落率

	3か月	6か月	1年間	3年間	5年間
ファンド	-1.20%	-2,90%	1.85%	9.33%	7.46%
ベンチマーク	-1.17%	-2.85%	1.99%	9.47%	7.62%
差	-0.03%	-0.05%	-0.14%	-0.14%	-0.16%

①P.59で解説した基準価額の推移がわかる。始点となる運用開始時点から、現在どれだけ変化しているかを把握できる。

②上に示した「基準日(この場合2024年1月31日)」時点での、基準価額と純資産総額(そのファンドの大きさ)がわかる。

③ここが一番注目してほしいところ。上部に記載されている「基準日」までの期間にそのファンドの価額がどれだけ変動したかを示す。なお、1年以上の期間については、年率換算されている。短期的な騰落率だけではなく、長期的な騰落率もチェックしておこう。

先生からのアドバイス

投資信託のチェックは騰落率から

投資信託にはいろいろな専門用語がありますが、チェックをするならまず騰落率を見てみましょう。

いつでも換金できるけど長く持つべき
値下がりしても焦って売るのはNG

投資信託はいいときも悪いときもある

つみたて投資枠の**最悪なパターンは、値下がりに動揺してすぐに売ってしまうこと**。初心者は特に値動きを気にしがちですが、そこで慌てて行動するのは得策ではありません。投資信託は、いいときも悪いときもあるのが常。値上がりと値下がりを繰り返すことで、長い目で見れば成績の振れ幅が小さくなるのです。

かわいいお金には旅をさせよう

左図は、資産や地域を分散して積立運用した成績のグラフです。保有期間が5年間だと運用成績の振れ幅が大きく、しばしば赤字（元本割れ）になっています。それに対して20年間保有した場合は運用成績の振れ幅が小さくなり、収益率は2％から8％の間に収まっています。いいほうの出現頻度も少ないですが、トータルで見れば長期の積立が合理的な運用方法であることを物語っているといえるでしょう。

これは過去の例で、将来もこうなるという保証にはなりません。しかし**20年間続ければ、赤字にはならない可能性が大きいことを示しています**。運用している商品は同じなのに、長く持っているとこれだけ大きな違いが出てくるわけです。

「かわいい子には旅をさせろ」というように、運用はお金に旅をさせてあげるようなもの。特につみたて投資枠は、じっと見守ってあげることも大切です。

用語解説

収益率

投じたお金に対して、どれだけ収益が出たかを示す割合。株式や投資信託などでは、年率で表した総合収益率が指標としてよく用いられ、利回りまたは総合利回りとも呼ばれます。収益率が高いことをパフォーマンスが高いともいいます。

積立運用の保有期間の違いによる比較(5年・20年)

保有期間 5年 の場合

保有期間が短いと運用成績にバラツキが生じる。

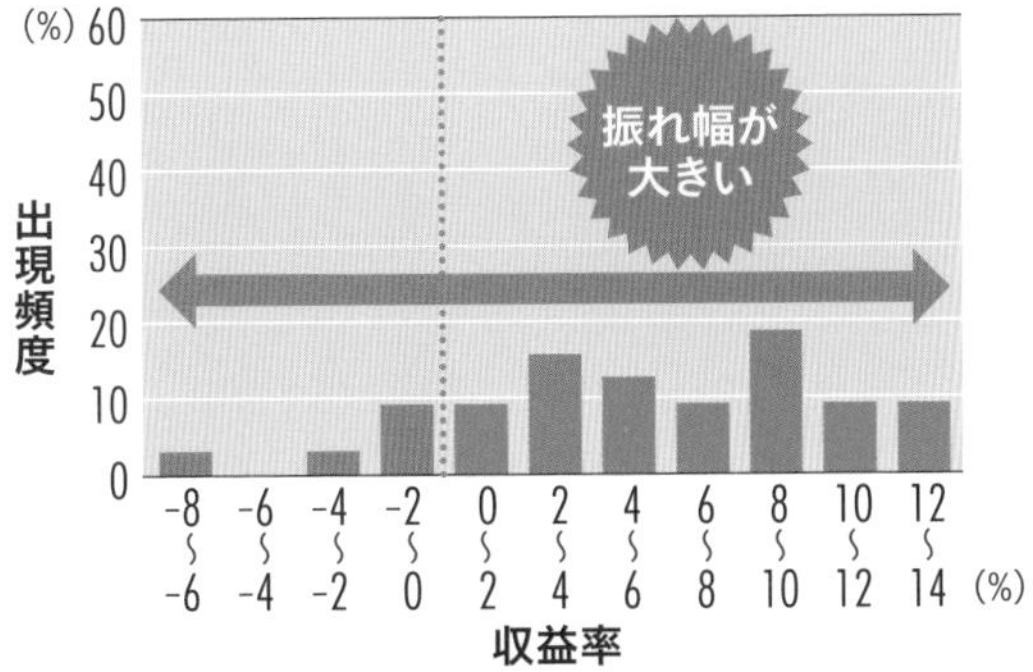

保有期間 20年 の場合

保有期間が長いと運用成績も平準化する。

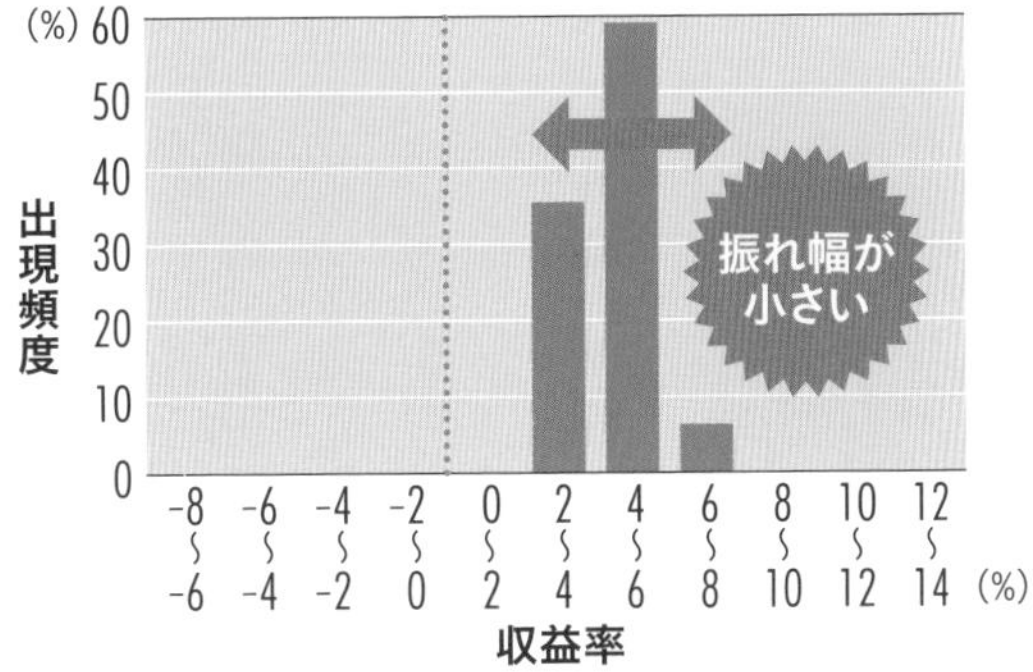

出典:金融庁

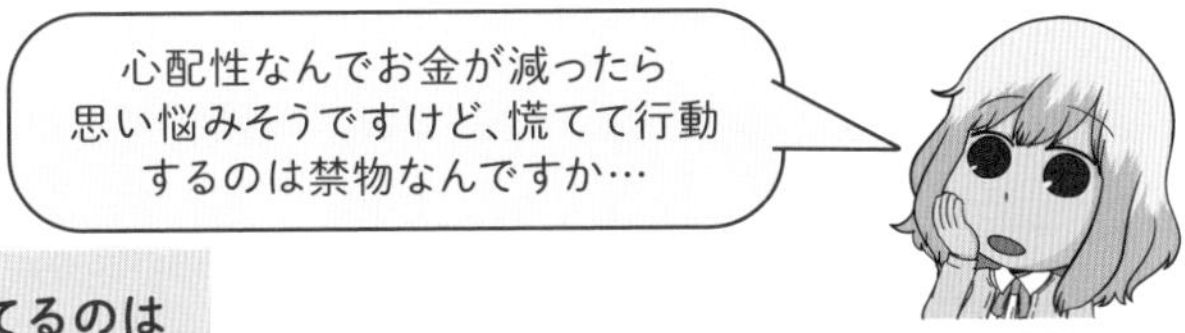

先生からのアドバイス

お金を育てるのは子育てと同じ!

私はお金全般の扱いについて、子育てをするようなものだと思っています。金融危機が訪れて値下がりするかもしれないけれど、それもしょうがないと割り切っています。自分の子どもが反抗しても、それを受け入れてちゃんと育てるのと同じこと。案外、将来大物になるかもしれませんよ。

NISAが無期限だからこそ考えたい 解約のタイミングはどうすればいいの？

解約のタイミングに注意！

NISAの非課税期間は無期限ですが、いつかは解約を考えなければなりません。原則60歳まで引き出せないiDeCoと違って、**必要に応じていつでも引き出せるのがNISAの魅力の1つ**。また、一部を解約して残りの運用を続けることも可能です。

そのときの年齢にもよりますが、もしも高齢で老後資金にしたいので、もう増えなくてもいいと考えたなら、そのタイミングでまとめて解約して預貯金に移す方法もあります。この場合、積み立てた投資元本と運用収益は税金を引かれることなく、そのまま手に入ります。またお金の余裕次第で、引き続き運用しながら必要に応じて解約することもできます。NISAの1800万円の生涯投資枠は再利用ができるので、解約した分は再度投資することもできます。

老後の生活資金として利用するには？

今後、年金の受給開始が後ろ倒しになったり受給額が減額されたりする可能性があるなど、老後の生活に不安を持つ人も多いと思います。

NISAは定期的な解約もできるので、定年退職から年金受給までのつなぎ年金や、少ない年金にプラスする上乗せ年金のように定期解約することもできます。また、年金は隔月の支給なので、支給されない月に現金化する方法も選べます。

NISAの解約パターンは？

パターン1
全額を解約して手持ち資金にする

パターン2
一部を解約して、残りは引き続き運用する

パターン3
複数回に分けて取り崩す

パターン4
つなぎ年金や上乗せ年金のように老後に解約する

解約のイメージの一例

NISAで運用する1,500万円の資産から、月に10万円ずつ解約した場合の、それぞれの利回りでの残高の様子（利回りが確定しているものとして算出）。
※あくまで概算です。

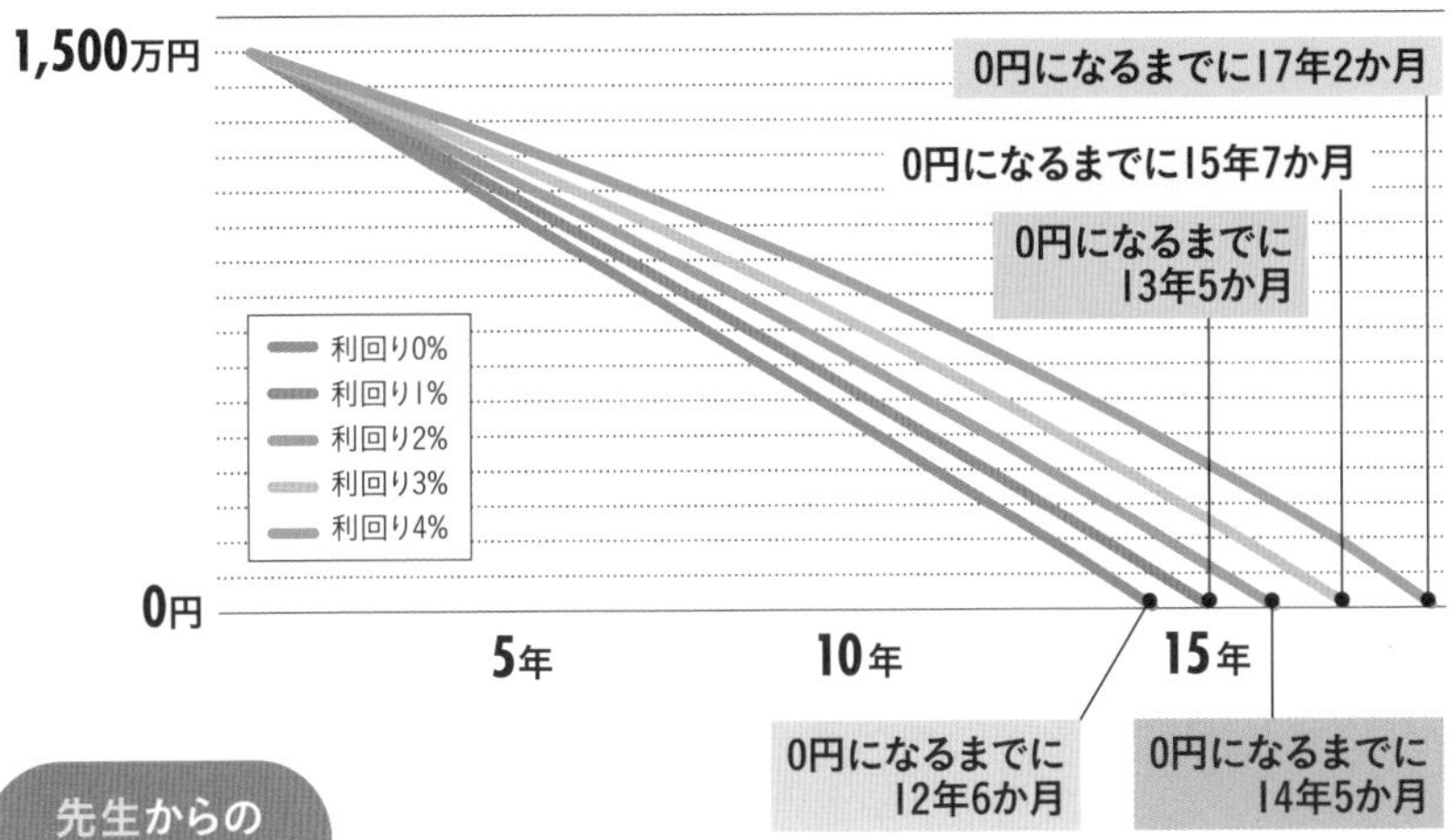

先生からのアドバイス

老後資金の引き出し方は？

老後資金として引き出す場合、一度にまとめて解約し、預貯金に移すのではなく、少しずつ取り崩すほうがおすすめ。残った額で運用を続けることで新たな収益が期待できるからです。老後は予想以上に長い可能性があります。

COLUMN

インデックス型、アクティブ型を選ぶときのポイントは?

投資信託は、インデックス型とアクティブ型の２種類に大きく分けられます。

インデックス型はアクティブ型に対して運用会社の手間がかからず、そのぶんコストが低めです。また指標との連動を目指すので、初心者でも運用状況の確認が容易。市場の平均から大きく外れた結果にもなりにくいといえます。ただしその裏返しで、指標を上回る大きな収益は望めません。

反対に、アクティブ型は、市場の平均を上回る大きな収益が期待できます。ただしインデックス型より手間を要するため、購入手数料や信託報酬が高め。また運用成績は商品によって差が激しく、市場の平均を大きく下回る可能性も否めません。そのため商品選びが結果を左右しがちといえるでしょう。

インデックス型を選ぶポイントは、まず投資対象。なかでも外国株、特に米国株式や全世界株式のインデックス型は、経済の成長に合わせて資産の増加が望めることから人気です。

それに対しアクティブ型を選ぶポイントは、なんといってもまずはコスト。それと同時に、同じ対象のインデックスファンドよりも成績が上回っているかはチェックしたいところです。また、投資信託を運用する資産運用会社やファンドマネージャーの考え方に共感できるかどうか、組入れ銘柄も確認したいですね。

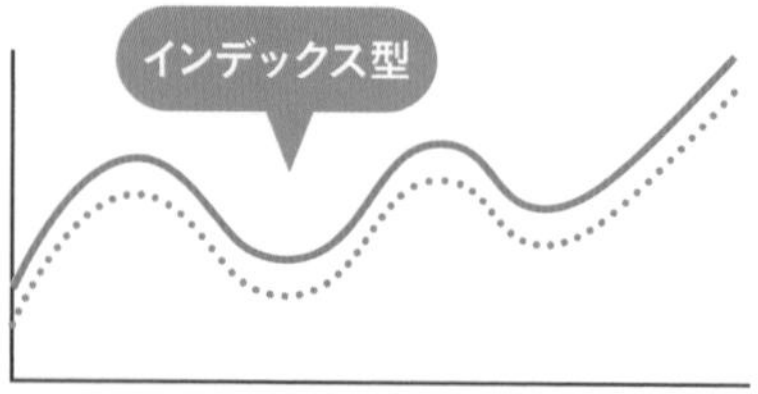

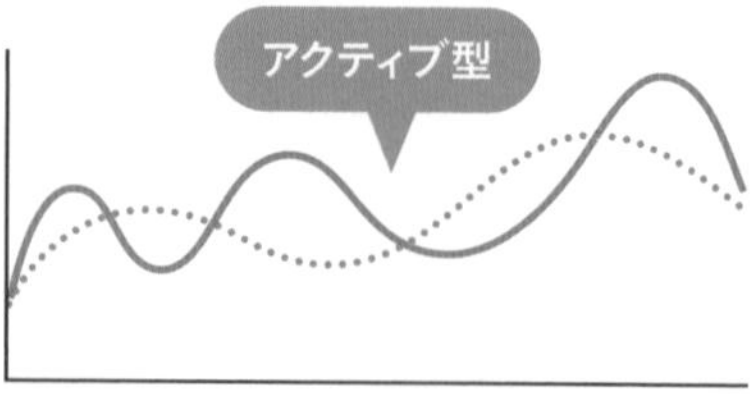

PART

2

老後の資金を賢く貯める!

iDeCoを始めよう

リターンもない守りばかりでは成功を手に入れることはできない…
それじゃどんどん説明していくで!
はいっ!
ハイリスクのすご〜い値上がりのバランスがするよね
25万円ずつ
100万円
←3倍に!
150万円
A B C D
A B C D
うれしい!
iDeCoのお金は取られない!
ガチャン
家財をぜんぶ出さんかい
バッ

もっとゆとりのある老後を迎えたい!

iDeCo

01 iDeCoってどんな制度?

3人が無事NISAの口座を開設できたことを祝って
カャーン
カンパーイ!
無事みんな始められてよかった～
よかったよかった
私ニュースよく見るようになった商品の値段と世界って連動してるんだなって勉強になるよー
……
何か大事なこと忘れている気がするんだけど…
iDeCoやーー!
みんなお久しぶりー
バッ
そうだiDeCoだ!

……で iDeCoってなんでしたっけ
ひたいッ。
それはオデコな
自分なあ…
老後に向けて毎月少しずつお金を積み立てていく制度のことです
よいしょ
NISAと同じじゃないですか!
似てるけど全然違うんですよー
NISAとiDeCoの違いは節税の内容と引き出せるタイミング!

	節税の内容	引き出せる時期
NISA	運用収益が非課税	いつでも
iDeCo	運用収益が非課税 ＆掛金が控除	60歳以上

NISAと同じく運用収益に税金がかからないうえに掛金が全額控除されるので2重におトクなんです
でも60歳まで下ろせないんですか!?
自分のお金なのに
そのかわり老後受け取るときも税金の優遇があるんやで
ぐーんとお得。
①受け取るときは一定額まで非課税
②一定額を超えると課税されるが大きな優遇あり
あー…そういえば国の年金って税金かかるんでしたっけ…
なんか変だよ、なあ
※詳細は126ページ

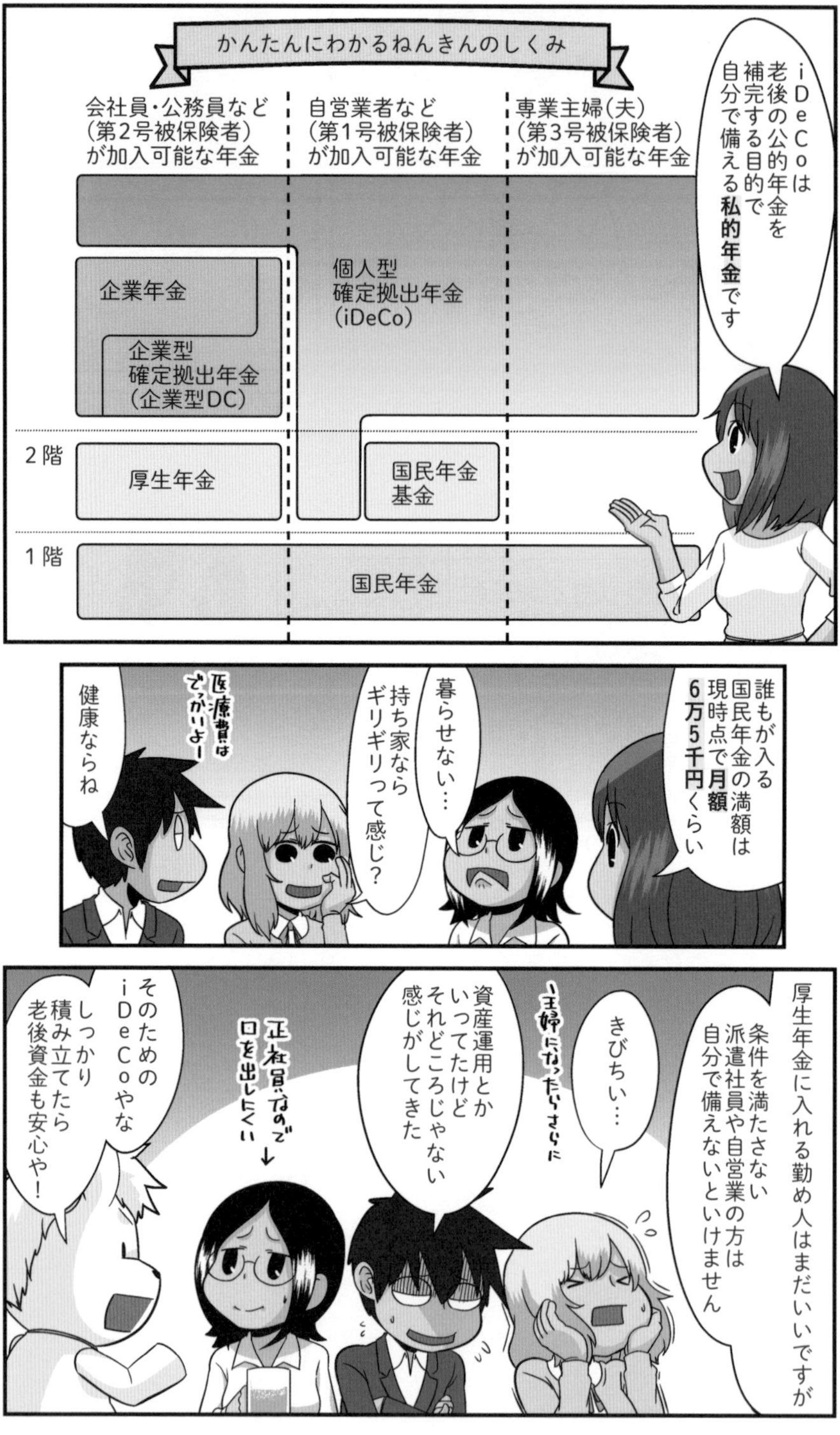
かんたんにわかるねんきんのしくみ
iDeCoは老後の公的年金を補完する目的で自分で備える**私的年金**です
会社員・公務員など（第2号被保険者）が加入可能な年金
自営業者など（第1号被保険者）が加入可能な年金
専業主婦（夫）（第3号被保険者）が加入可能な年金
企業年金
企業型確定拠出年金（企業型DC）
個人型確定拠出年金（iDeCo）
2階
厚生年金
国民年金基金
1階
国民年金
誰もが入る国民年金の満額は現時点で**月額6万5千円**くらい
暮らせない…
持ち家ならギリギリって感じ?
医療費はでっかいよー
健康ならね
厚生年金に入れる勤め人はまだいいですが
条件を満たさない派遣社員や自営業の方は自分で備えないといけません
きびちい…
〜主婦になったらさらに
資産運用とかいってたけどそれどころじゃない感じがしてきた
正社員なので口を出しにくい↓
そのためのiDeCoやなしっかり積み立てたら老後資金も安心や!

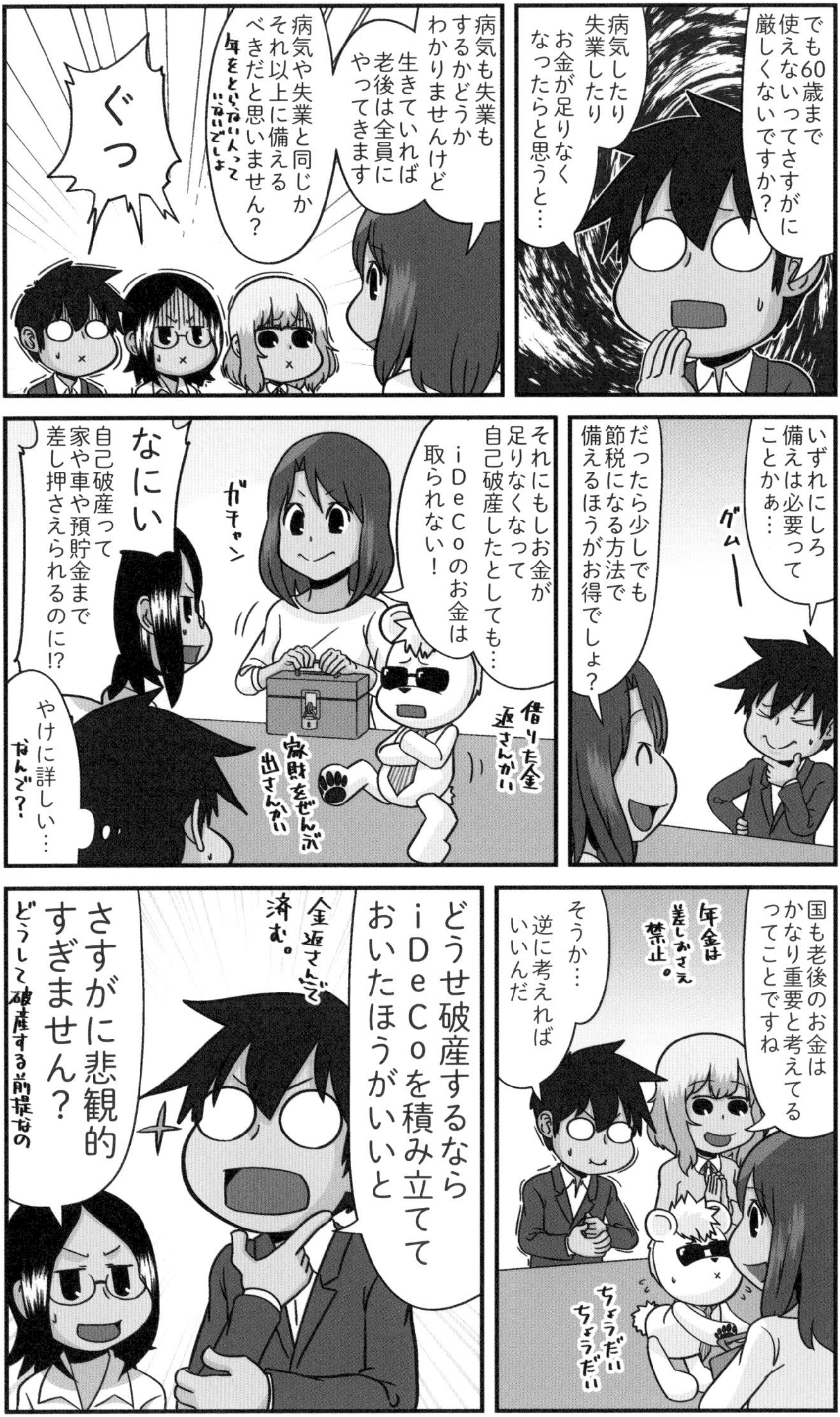

でも60歳まで使えないってさすがに厳しくないですか？
病気したり失業したりお金が足りなくなったらと思うと…
病気も失業もするかどうかわかりませんけど生きていれば老後は全員にやってきます
病気や失業と同じかそれ以上に備えるべきだと思いませんか？
年をとらない人っていないでしょ
ぐっ
いずれにしろ備えは必要ってことかぁ…
グムー
だったら少しでも節税になる方法で備えるほうがお得でしょ？
それにもしお金が足りなくなって自己破産したとしても…iDeCoのお金は取られない！
ガチャン
借りた金返さんかい
家財をぜんぶ出さんかい
なにい
自己破産って家や車や預貯金まで差し押さえられるのに!?
やけに詳しい…なんで？
国も老後のお金はかなり重要と考えてるってことですね
年金は差しおさえ禁止。
そうか…逆に考えればいいんだ
ちょうだいちょうだい
どうせ破産するならiDeCoを積み立てておいたほうがいいと
金返さんで済む。
さすがに悲観的すぎません？
どうして破産する前提なの

なんといってもiDeCoの魅力は毎年の節税！

積み立てた額がそのまま所得控除されるんです！

所得控除？

毎月1万円積み立てたらその年の所得から12万円差し引いて計算してくれるってこと！

毎月1万円積み立てた場合
12万円 × 20%

（一般的な所得税＋住民税）

＝ 2万4千円おトク！
※所得によって税率は変わります。
所得税…
所得税って所得によって税率が変わりますよね？
ん？ ええまあ そうね
ということは所得が高い人ほどiDeCoの節税効果は高いってことなんじゃ…
そうなりますね
お金持ちがますます得する制度なんて…
富める者がますます富む制度なんて…
そんなのずるいじゃないかあ
お金持ち税金いっぱい払っとるんやから勘弁したり！
つまり所得全部iDeCoに積み立てたら税金はゼロ…？
ブニッ
それでどう暮らすつもりや
さすがに年間の上限はありますけどね※
まとめるとiDeCoの税優遇のポイントはこの3つ！
①働いている人の税金が控除される
②運用で資産が増えても税金で引かれない
③受け取り時一定額を超えると課税されるが大きな税優遇がある

※詳細は134ページに。

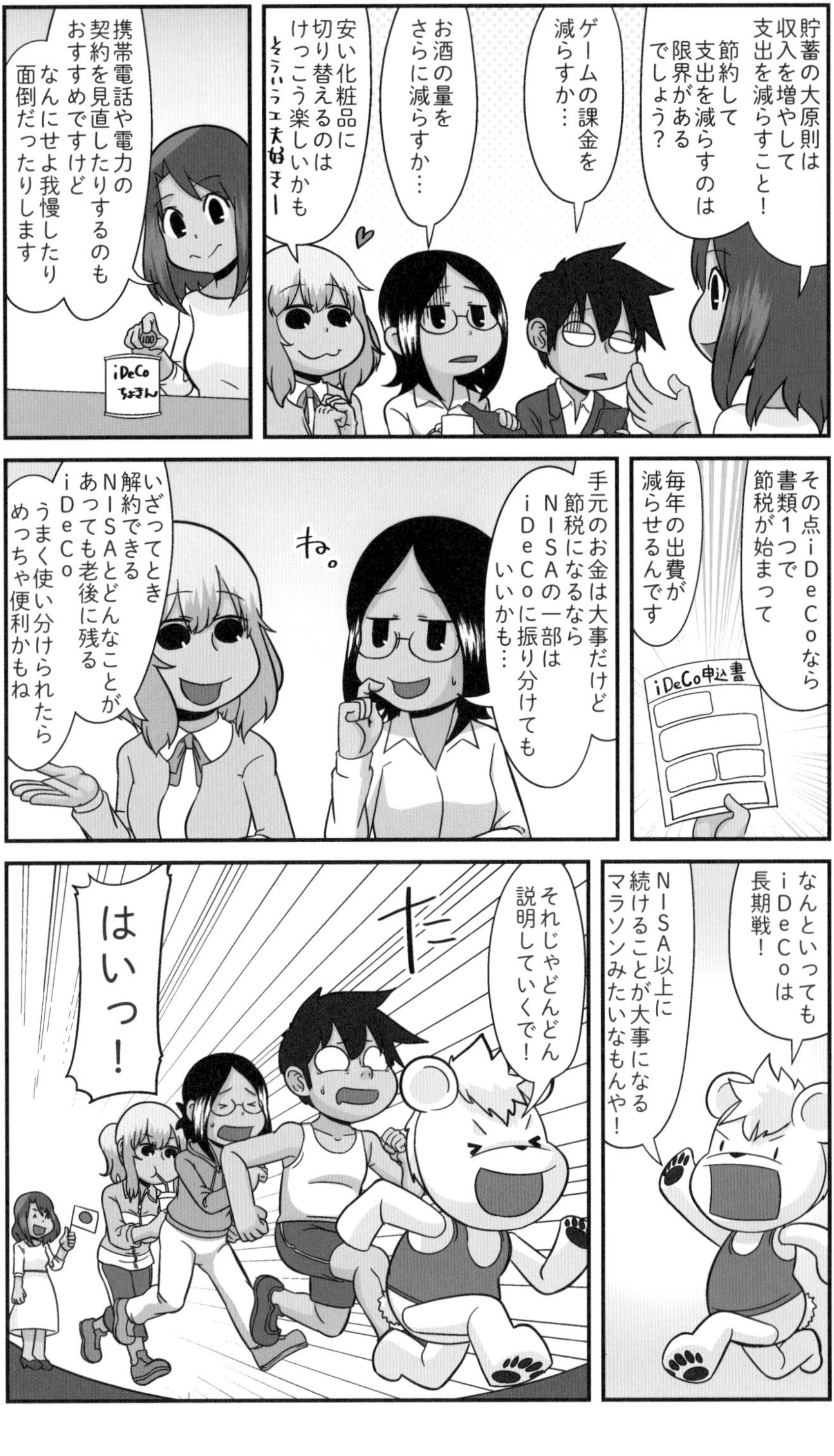
貯蓄の大原則は収入を増やして支出を減らすこと！
節約して支出を減らすのは限界があるでしょう？
ゲームの課金を減らすか…
お酒の量をさらに減らすか…
安い化粧品に切り替えるのはけっこう楽しいかも
そういう工夫好きー
携帯電話や電力の契約を見直したりするのもおすすめですけど
なんにせよ我慢したり面倒だったりします
iDeCo ちょきん
その点iDeCoなら書類1つで節税が始まって
毎年の出費が減らせるんです
iDeCo申込書
手元のお金は大事だけど節税になるならNISAの一部はiDeCoに振り分けてもいいかも…
ね。
いざってとき解約できるNISAとどんなことがあっても老後に残るiDeCo うまく使い分けられたらめっちゃ便利かもね
なんといってもiDeCoは長期戦！
NISA以上に続けることが大事になるマラソンみたいなもんや！
それじゃどんどん説明していくで！
はいっ！

公的年金制度は2階建て

サラッとおさらい 私たちの年金制度①

日本は国民皆年金制度

国が運営する年金のことを公的年金といい、障害年金、遺族年金、老齢年金があります。国民年金には20歳以上60歳未満のすべての国民が加入することになっていて（国民皆年金）、老後に「老齢基礎年金」として受け取ることができます。**生きている限り、一定の金額をずっと継続的に受け取れることが特徴**です。

公的年金制度は2階建て

公的年金制度は、左図のように2階建ての仕組みになっています。

1階部分は、20歳以上の全国民が加入する「国民年金」。2階部分は、会社員や公務員などが加入する「厚生年金」です。

厚生年金は、国民年金に上乗せされる形。厚生年金に加入している場合は、国民年金と合わせて2つの年金に加入していることになります。

私的年金でプラスを目指す

公的年金制度は2階建てですが、さらに老後資金の充実につながる制度がいくつかあります。

たとえば「確定給付企業年金（DB）」などの企業年金、企業や個人が拠出して運用する「企業型・個人型確定拠出年金」などがそれにあたります。**iDeCoはこのうち、個人型確定拠出年金の愛称です。**

用語解説

老齢基礎年金

老齢基礎年金は、国民年金や厚生年金保険などに加入して保険料を納めた人が受け取る年金。年金額は、加入期間に応じて年計算されます。これに上乗せして、厚生年金保険に加入していた会社員などが受け取る年金を、老齢厚生年金といいます。

年金制度の仕組み

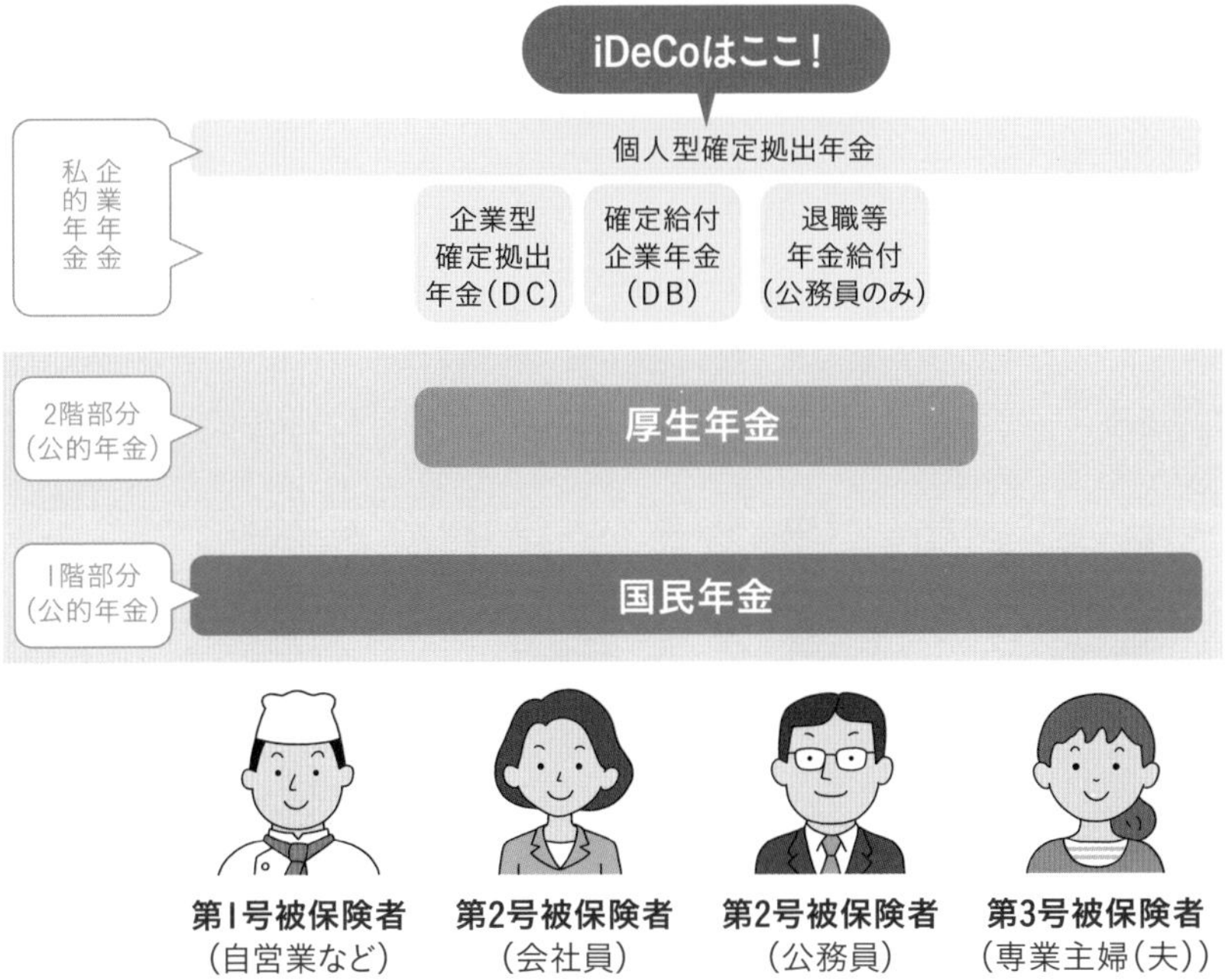

先生からのアドバイス

自分が入っている年金を確認しましょう

国民年金にしか加入していない人と、2階部分の上乗せがある厚生年金に加入している人とでは、将来受け取る年金額には大きな差があります。老後の資金計画を立てるには、まず自分がどの年金制度に加入しているかを把握しなくてはいけません。

「ゆとりある老後」には全然足りない!? サラッとおさらい 私たちの年金制度②

年金はいくらもらえる?

老後に受け取る年金は、国民年金に加入していた期間、また厚生年金の場合は加入していた期間と払った金額などに応じて変わります。**厚生年金に加入したことのない自営業者などは、国民年金のみの加入となるので、厚生年金にも加入している人に比べて受け取る年金額が少なくなります。**

現在の月平均受給額※は、厚生年金にも加入している会社員夫婦（配偶者が専業主婦（夫））は2人分で約22万円、国民年金のみに加入している自営業者等は1人約6・6万円(夫婦2人で約13万円)。自身の年金額は「ねんきん定期便」で確認することができます。

老後にどれくらい足りなくなる?

それに対して、老後に支出するお金はどれくらいでしょうか。**高齢者夫婦が一般的な生活を送るのに必要な生活費は、月額約29万円とされています。**年金しか収入がないとすると、厚生年金受給者でも月に約7万円、国民年金受給者では月約16万円も不足することに。この老後生活が20年間続くと想定すると、厚生年金受給者でも約1680万円足りません。

さらに趣味や旅行などを楽しみながらゆとりある生活を過ごすためには、月約30万円以上は必要という調査結果も。**ゆとりある老後を送るには、いっそう多くのお金が必要になってきます。**

※厚生労働省プレスリリース「令和5年1月20日」より。

用語解説

ねんきん定期便

日本年金機構が公的年金の加入者に、毎年1回、誕生月に郵送する書類。50歳未満は過去の年金加入記録、50歳以上は年金の見込額などが確認できます。通常はハガキですが、35歳、45歳、59歳のときには封書で送られてきます。ネット閲覧も可能。

夫婦が使う老後の生活費と年金

60歳代2人以上世帯（勤労・無職）の1か月の支出例

消費総支出　288,312円

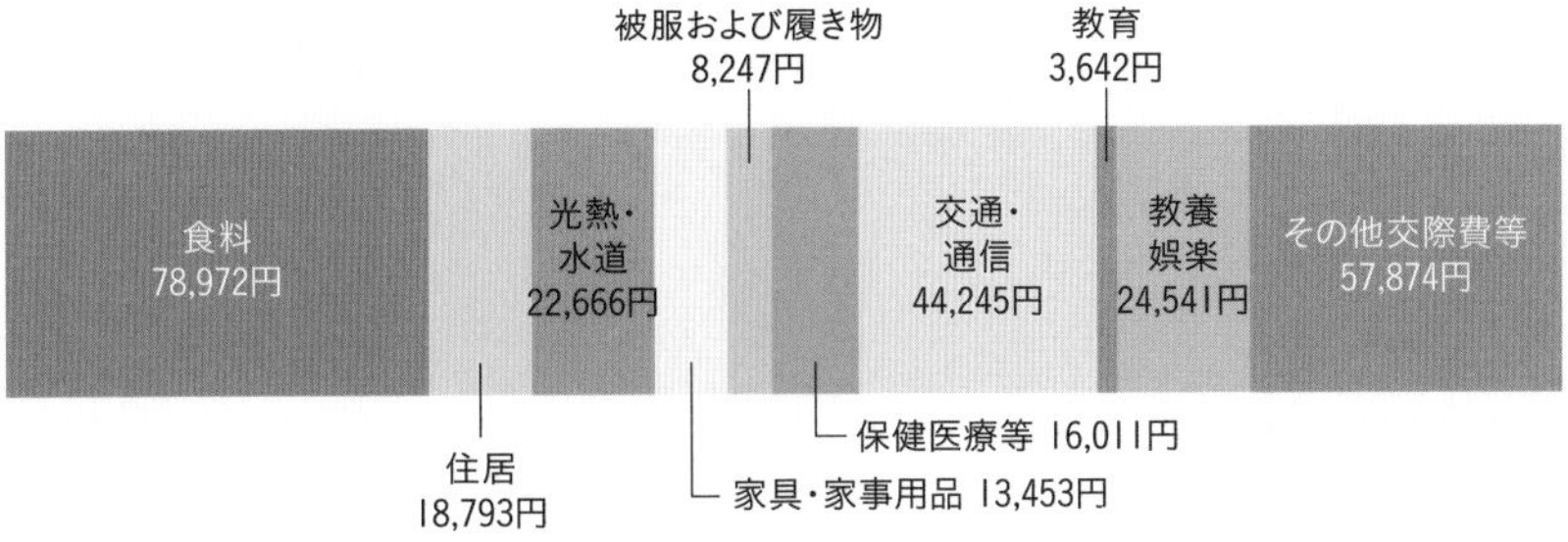

平均的な老後の生活費　月額約29万円

	受け取れる公的年金の月額	不足想定額
会社員など	約22万円（配偶者が専業主婦（夫））	約7万円
自営業者など	約13万円（夫婦2人）	約16万円

出典：総務省「家計調査（令和3年）」より

先生からのアドバイス

早めに準備を始めることが大切！

人生100年時代ともいわれている現代、定年を迎えた後も20～35年間ほど生活するお金が必要になります。ゆとりある老後生活を送るためには、収入と支出の目安を知り、まずは老後も働ける環境を作ること、そして早めにコツコツと備えておくことが賢明です。

先輩の体験談

夫は個人事業主で、私はずっと専業主婦でした。売上が低迷した数年間は年金の未納が続いたので、今の年金受給額は夫婦２人で月10万円ほど。毎月十数万円足りず、貯金もあと数年で底をつきそうで心配です。（専業主婦・70歳）

一般的な老後生活を送るためでさえ、会社員でも1年で90万円近く不足することになるんですね。自営業者はもっと大変だ

自営業の人は公的年金額が低いぶん、できるだけ早い時期から自分に合った自衛方法を考えておいたほうがいいですね

メリット1

掛金が全額控除！
掛金1年分が所得控除に含まれる

iDeCoは老後資金作りの王様!?

iDeCoは、掛金の全額が所得控除の対象。そのため所得税と住民税が軽減されます。つまり**将来のために積み立てたお金を所得から差し引くことができて、税金はかからないという仕組み**。受け取り時に課税されたとしても、現役時の効果の大きさから、「老後資金作りの王様」という評判さえあります。

毎月の掛金の全額は「小規模企業共済等掛金控除」の対象となり、**その年の所得税と翌年の住民税の負担を軽減できます**。会社員であれば年末調整で、自営業であれば確定申告で手続きします。働き方や収入によって変わりますが、その効果は絶大。年間数万～数十万円ほどの節税になることもあります。

掛金の20%が軽減される！

たとえば、課税所得が300万円の会社員がiDeCoに加入し、掛金を毎月1万円とした場合、年間の掛金の合計は12万円。この12万円はその年の課税所得から減額できるので、**所得税率の10%の1万2000円が軽減されます**。さらにその翌年には、**住民税（一律10%）分にあたる1万2000円が軽減される**ため、合わせると2万4000円もの節税になります。ただしこれは課税所得があること、つまり所得税・住民税を払っていることが前提。専業主婦（夫）には、この節税メリットはありません。

用語解説

課税所得

課税対象となる所得。所得税と住民税の場合、収入から経費や給与所得控除額を除いた「所得」から、基礎控除や配偶者控除など各種所得控除の合計を引いて求めます。これに税率をかけて税額が算出されます。

節税効果の一例

Aさん（会社員　企業年金なし）
42歳
年収：650万円
掛金：2万3000円
利回り3%

→ **積立期間18年**
積立元金：4,968,000円
運用収益：1,608,628円
合計金額（積立元金+運用収益）：6,576,628円
節税額：1,490,400円

Bさん（自営業）
35歳
年収：600万円
掛金：5万円
利回り3%

→ **積立期間25年**
積立元金：15,000,000円
運用収益：7,300,391円
合計金額（積立元金+運用収益）：22,300,391円
節税額：4,500,000円

Cさん（公務員）
28歳
年収：500万円
掛金：1万2000円
利回り3%

→ **積立期間32年**
積立元金：4,608,000円
運用収益：3,113,134円
合計金額（積立元金+運用収益）：7,721,134円
節税額：622,627円

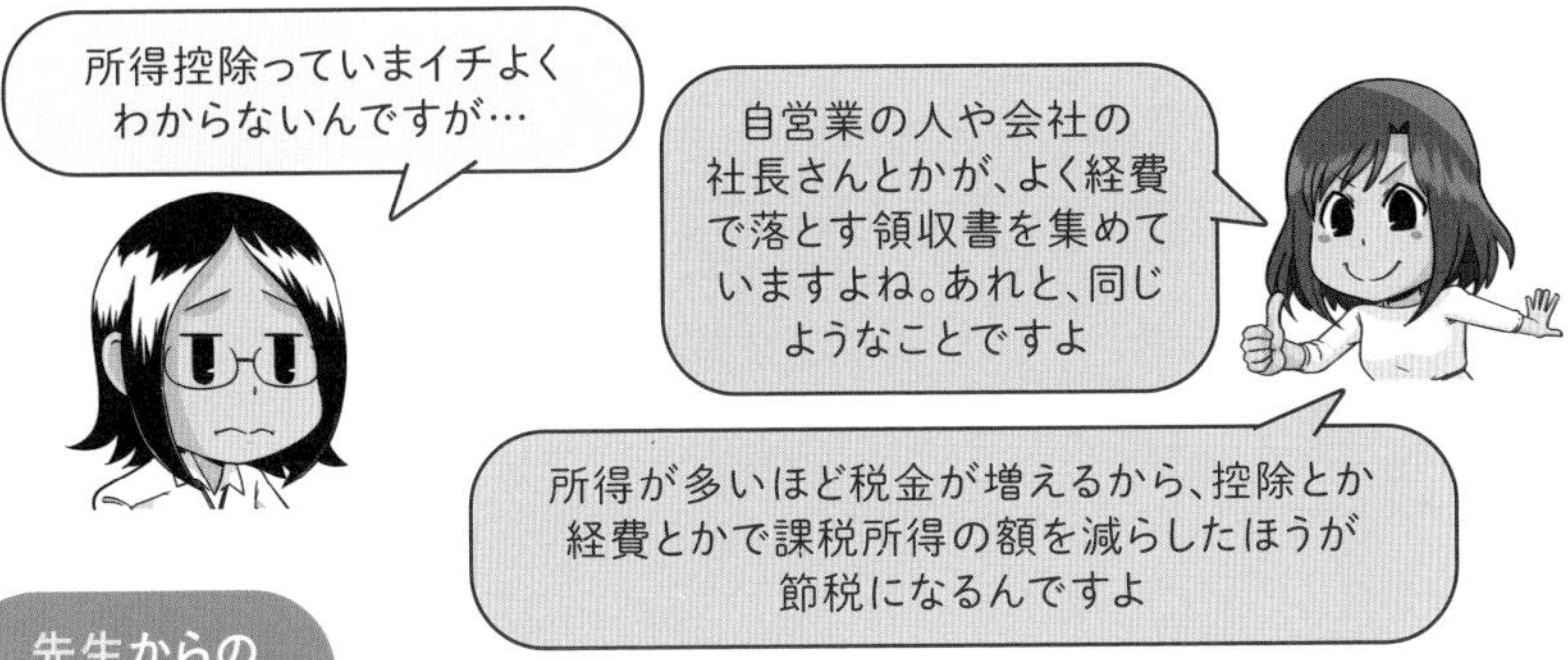
所得控除っていまイチよくわからないんですが…
自営業の人や会社の社長さんとかが、よく経費で落とす領収書を集めていますよね。あれと、同じようなことですよ
所得が多いほど税金が増えるから、控除とか経費とかで課税所得の額を減らしたほうが節税になるんですよ

先生からのアドバイス

やらない理由がない！　絶大な節税効果

一般的な所得控除に生命保険料控除がありますが、全額控除とはいきません。しかし iDeCo は全額控除ですから、月に 1 万円積み立てれば年間 12 万円、月に 2 万円積み立てれば年間 24 万円がまるまる控除になる仕組み。受け取り時に課税の対象になったとしても、今後 20 年、30 年と考えたら絶大な節税効果になるので、1 か月でも早く始めるべきです。

メリット②

複利効果で利益が雪だるま式に！
最長で75歳まで、トクした分が非課税になる

用語解説

再投資

投資信託の運用期間中に発生した収益の分配金を、再び同じ投資信託に投資すること。これにより、複利効果（P.32）を期待できるようになります。通常は再投資の場合も分配金に課税されますが、NISAとiDeCoは非課税です。

どんなに利益が出ても非課税！

銀行に定期預金を預けたら、利息に税金がかかります。ＮＩＳＡの説明で触れた通り、これは株式や投資信託なども同様で、税率は約20％です。

ｉＤｅＣｏも投資信託や定期預金などを積み立てていきますが、積立期間中はどんなに利益が出ても税金はかかりません。ｉＤｅＣｏで定期預金を選んでも、その利息に対する税金はナシ。また投資信託などの運用商品についても、各種利益は非課税になります。しかも**この恩恵は、受給開始の最高年齢となる75歳までの運用に適用されます。**

複利効果で雪だるま式に増やせる！

利益に対して非課税なので、課税されなかった分は再投資され、さらに大きな利益が望めます。

たとえば現在の積立金が１００万円として２％の利回りで運用した場合、２万円の利益は元本に組み入れられ、次の年は１０２万円で運用することに。これを「複利」といい、繰り返せば元本はどんどん大きくなり、得られる利益も雪だるま式に増えていきます。

当初は小さな利益だとしても、時間をかけて積み重ねていくことで、利益が利益を生むことが期待できるのです。

長期運用で威力を発揮する複利効果

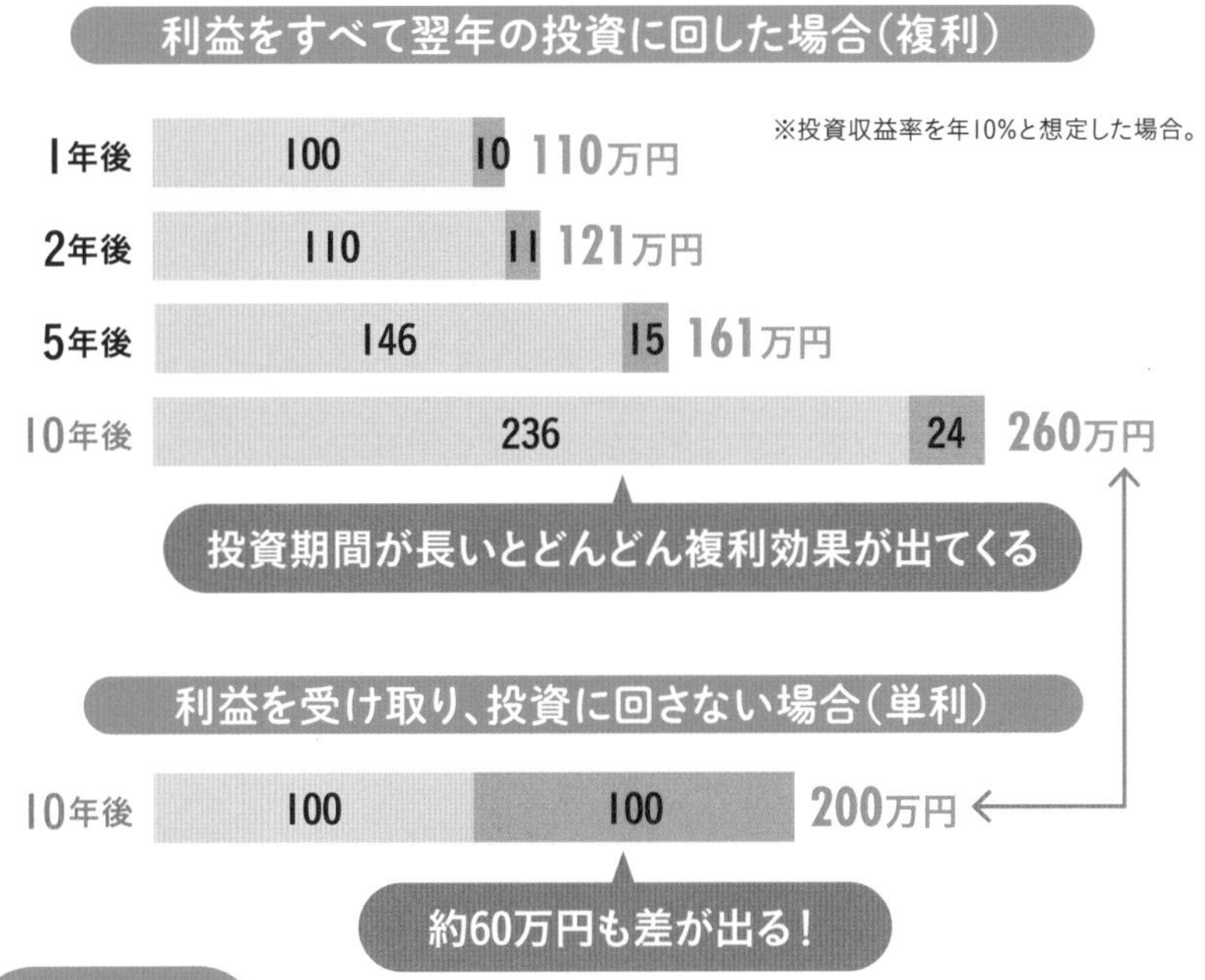

先生からのアドバイス

iDeCoは複利効果がバツグン！

これを利用しない手はありません。本来税金として差し引かれるはずのお金までそのまま再投資ができるので、効率的に資産が増やせます。利益がさらに利益を生んで増えていく仕組みになっていて、その効果は運用する期間が長くなるほど高まります。

先輩の体験談

iDeCoを始めて2年ほど経ちました。きっかけは定期預金をするよりも複利効果があり、お得だと知ったからです。毎月2万円積み立てていて合計の積立額は48万円ですが、現在の時価評価額は52万4,902円。これからも楽しみです。（翻訳業・32歳）

控除の適用を受けてさらに節税！
受け取るときも一定額までは税制優遇がある！

退職所得控除の枠内ならば税金はかからない

iDeCoは受け取り時にも税制優遇が適用されます。iDeCoの受け取り方法は、金融機関により**一時金として一括で受け取る方法と、年金として分割して受け取る方法、その両方を併用する方法の3パターン。**一括で受け取る場合には退職所得扱いとなり、**積み立てた期間に応じて、収入から一定の金額を差し引くことができます。これを「退職所得控除」といいます。**加入期間が長いほどその枠は大きくなり、加入20年までは1年ごとに40万円ずつ、20年を超えると70万円ずつ増加。30年間加入したとすると、退職金と合算して1500万円までが非課税になります。

公的年金等控除の枠内なら税金はかからない

iDeCoを年金で受け取る場合、公的年金や企業年金と同じ「雑所得」という扱いになり、**その年の公的年金や企業年金と合算したうえで、「公的年金等控除」の適用を受けることができます。**

公的年金等控除は、年齢と年金の収入金額に応じて控除される金額が異なります。65歳未満の場合は公的年金等の収入が年間60万円、65歳以上の場合は公的年金等の収入が年間110万円までなら、税金はかかりません（P.183）。

また、両方を併用した場合には、両方の控除が適用されます。

用語解説

公的年金等控除

老齢年金の受給は課税対象ですが、公的年金や一部の企業年金には公的年金等控除という税制優遇措置があります。公的年金やiDeCo、企業型DCなど、1年間に受け取った年金を合算した金額と、年齢に応じた一定額が所得から差し引かれます。

受け取り方法と税制優遇の仕組み

「一時金」（一括）で受け取る場合の例

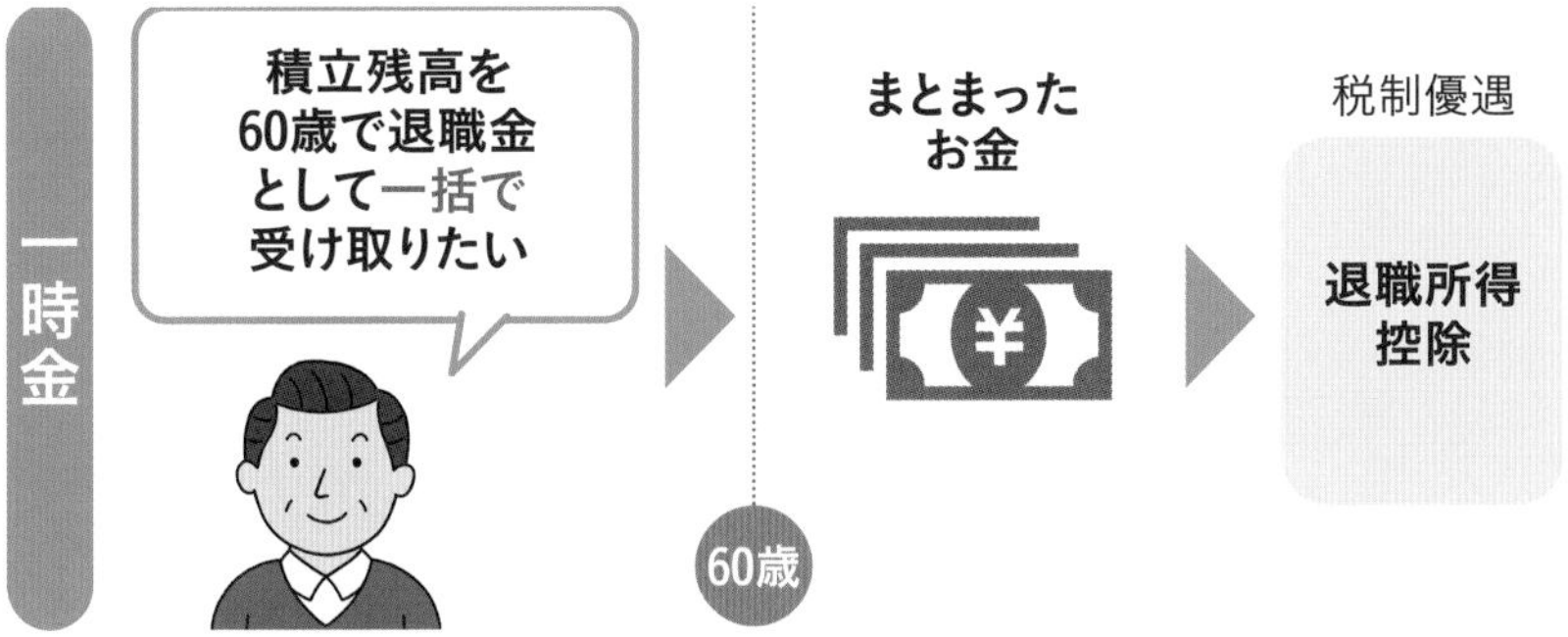

「年金」（分割）で受け取る場合の例

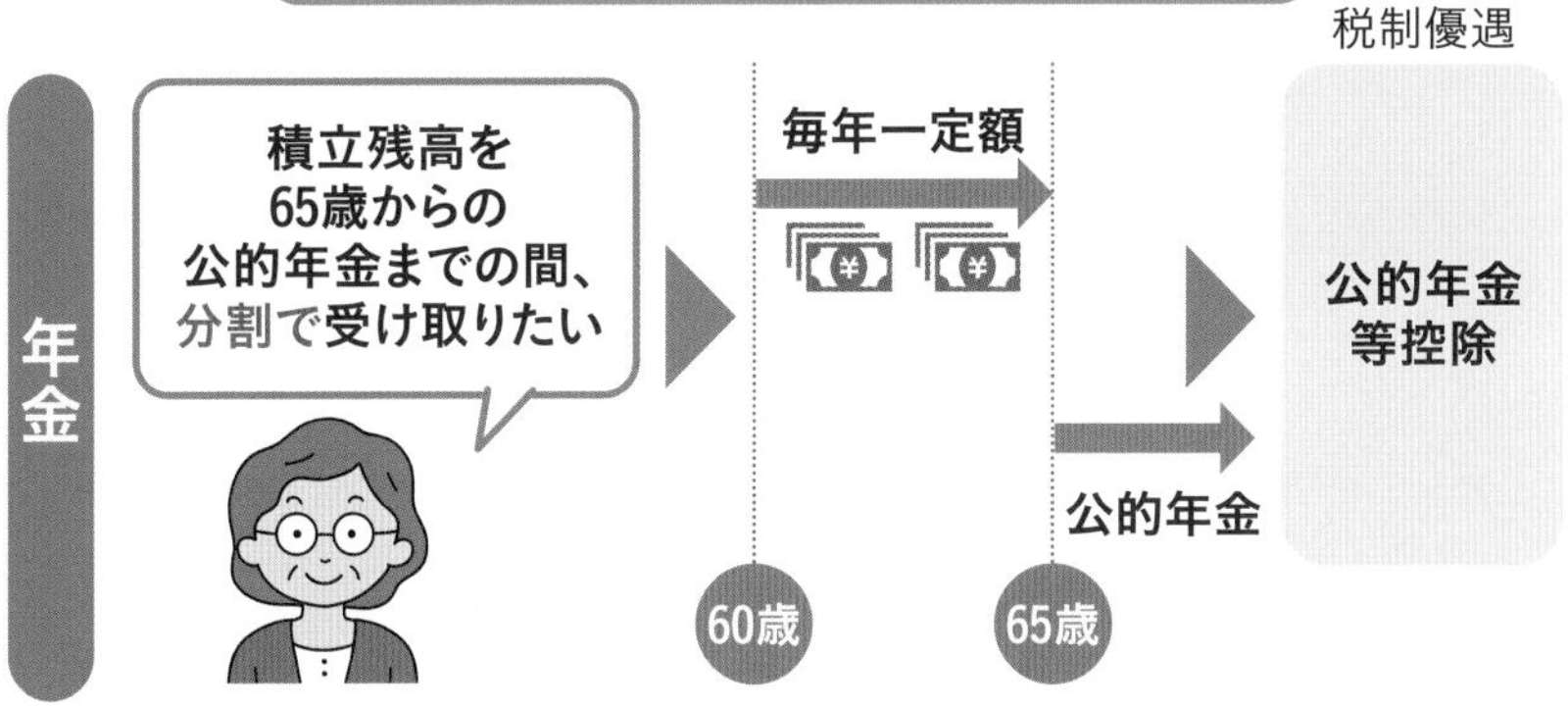

一時金で受け取るときに一定額まで
税金がかからないというのは、
額が大きいだけにうれしいですね

そうなんです。ただし、ほかに
退職金を受け取る予定がある場合、
合算になるので注意してくださいね

先生からの
アドバイス

退職金が多額な場合は併給も検討

一時金で受け取る場合の「退職所得控除」は手厚いので、税金を一切支払わなくてすむケースも少なくありません。また、退職金が多額で一時金だと税金がかかる場合は、年金との「併給」もアリ。でも、年金受け取り型は国民健康保険料が高くなる可能性もあることをお忘れなく※。

※国保の保険料は前年の所得で決まります。一時金はその対象から外れますが、分割で受け取ると前年の所得に含まれてしまいます。

メリット④

老後資金が確実に貯められる！
意志の弱い人でもOK 60歳まで引き出せない

60歳までに引き出すのはほぼ不可能

国の老齢年金は、一定の年齢にならないと受給できません。それと同じように、iDeCoで積み立てた資産は原則として60歳まで引き出せない決まりです。**受け取り開始は60歳から75歳になるまでの間で、自分で自由に決めることができます。**

iDeCoの加入者が死亡したり、一定の重度障がい者になったりした場合は、「死亡一時金」や「障害給付金」の受給となります。しかし、それ以外の理由でiDeCoのお金を60歳までに引き出すのはほぼ不可能といえます。これをiDeCoのデメリットと捉えるか、メリットと捉えるかはその人次第です。

引き出せないことが最大の魅力

しかし老後資金に不安を感じてはいるものの、こまめな貯蓄をするのが苦手な人もいるのではないでしょうか。

すぐに引き出せるお金だと、ついつい使ってしまうという人も多いはず。そんな人にとって原則「**60歳までお金を自由に引き出せない**」という制約は、大きなメリットでもあります。

生きてさえいれば「老後」は誰しも必ずやってきます。iDeCoのように強制力のある制度なら、意志の弱い人でも将来の自分のために確実に積み立てていくことができ、将来に備えやすいといえるでしょう。

用語解説

死亡一時金・障害給付金

死亡一時金は、亡くなった人の収入で生計を維持していた配偶者、子、父母などが受け取ります。障害給付金は、障害基礎年金の受給者または一定の身体障害者手帳の交付を受けた人が対象。いずれも受け取りには裁定請求が必要です。

iDeCoの加入&受給開始年齢

iDeCo に加入できるのは 65 歳未満まで。ただし、60 歳からは国民年金被保険者（会社員等で厚生年金に加入している、または、国民年金に任意加入している）である必要があります。

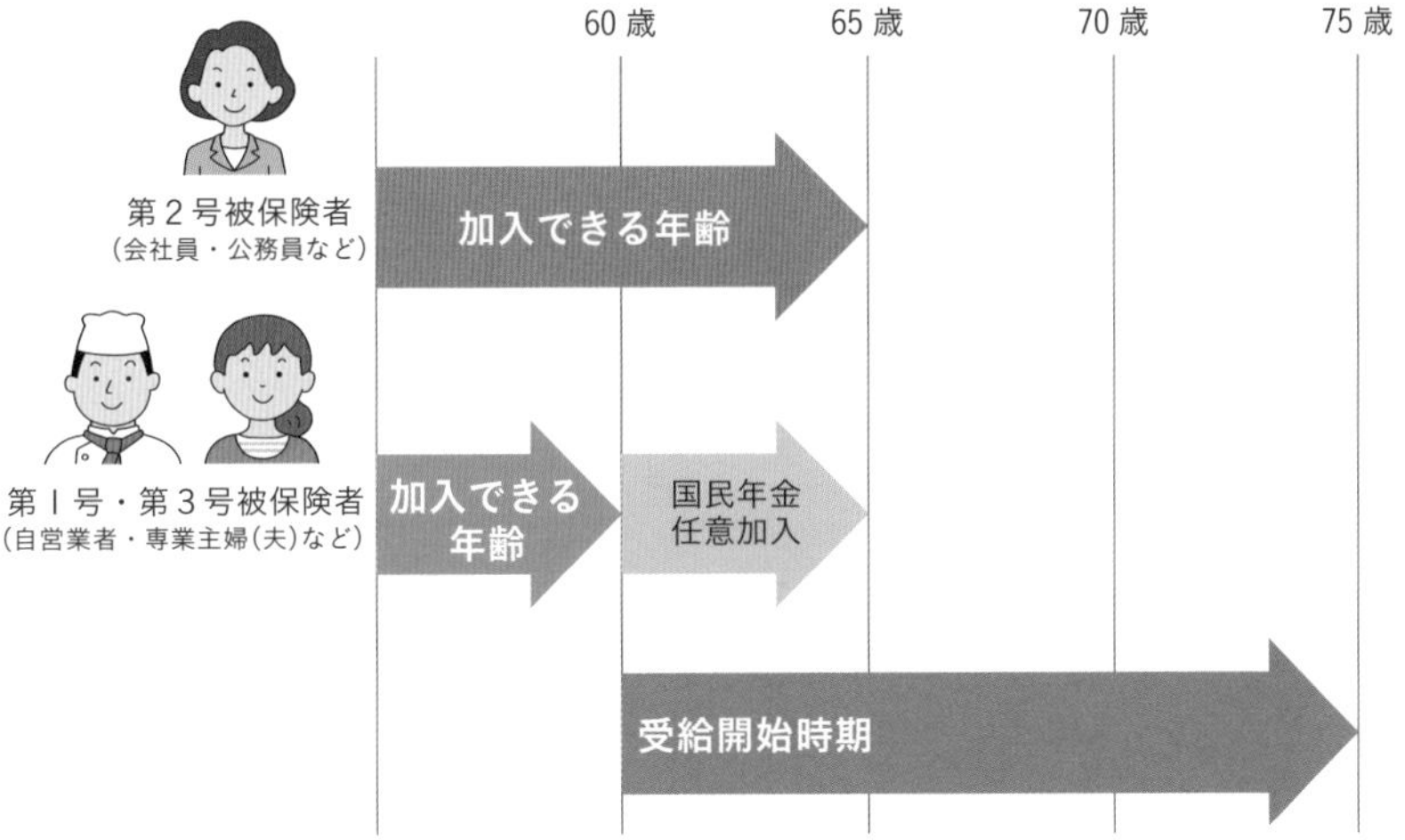

iDeCo給付の仕組み

給付の種類	給付開始時期	受取方法
老齢給付金	60歳以降75歳まで	一時金 / 年金
障害給付金	障がい者となった場合	一時金 / 年金
死亡一時金	亡くなった場合	一時金

先輩の体験談

子どもがいないので、老後は介護型ホームに入居することも考えています。そうなるとしっかりとした備えが必要ですよね。iDeCo は 60 歳まで引き出せませんが、私にとっては逆にそれがメリットかなと思っています。（メーカー勤務・43 歳）

増やすためには元本変動型が必須
100%増える保証はない！

リターンが期待できる投資信託

iDeCoの運用を始める前に、**「元本割れ」の可能性についても知っておく必要があります。** iDeCoでは積み立てたお金が減らない「元本確保型」（P.168）での運用もできますが、超低金利の日本では十分なリターンは望めません。老後のためのお金を増やすには、「元本変動型」（P.168）、つまり**値動きに応じて資産が増えたり減ったりする投資信託の運用を考える必要があります。**

「元本割れ」してしまったら？

投資信託は、株価の暴落などがあると積み立てた額を下回る「元本割れ」も起こり得ます。しかし相場が下がったからといって、慌てて預け替え＝スイッチング（P.176）するのは早計です。

長期運用が前提のiDeCoは、短期の売り買いには向きません。**逆に損をする可能性が高いともいえるでしょう。**

これまでも、リーマンショックのような金融危機で相場が大きく値下がりしたことがありました。しかし、その後は回復しています。**預け替えた人はその時点で損失が確定しましたが、そのまま待った人は後の株価上昇で結果的にプラスとなりました。** このように長期保有を前提にしつつ、場合によって変更も考慮に入れてみましょう。

用語解説

投資信託

1人ひとりが出し合ったお金をとりまとめ、運用会社の「ファンドマネージャー」「ポートフォリオマネージャー」とよばれる担当者が、株式や債券、REITなどを売ったり買ったりする仕組みです。単に「ファンド」ともいいます。

iDeCoが元本割れしたときの心構え

iDeCoが元本割れしたら？

同じ商品の積立を続けて市況の好転を待つ

60歳まで引き出せないiDeCoは、長期運用が原則。一時の下落もいずれ回復に向かうことを見越して、腰を据えた運用を続けます。下落時にドルコスト平均法（p.94）で安く購入することで、受け取り時までには含み損を解消することが期待できます。

先生からのアドバイス

iDeCo は長期運用が大前提

投資信託はいいときもあれば悪いときもあるので、長い目で見ることが大事。投資信託を長期にわたって積立・分散運用する iDeCo は、60 歳～ 70 歳のどこかで結果を出せばいいと考えてじっくり構えましょう。

先輩の体験談

これまで 15 年間、iDeCo で老後資金を積み立ててきました。あと 3 年で退職というときに、コロナ・ショックで株価が大きく下落。退職時に一括で受け取る予定だった資金は、ピークから大きく目減りしてしまいました。これ以上下がったら困ると思い、投資信託を全部解約し定期預金にしました。ところが、運の悪いことに、結果的に世界の株式市場のほぼ最安値の時期に解約してしまったのです。あのとき、解約せずに我慢していれば…と後悔しています。（建設業・63 歳）

今の定期預金の金利は、iDeCoの手数料にも満たないんですよね？

iDeCoの手数料は金融機関によって異なりますが、30年だと高ければ約22万円、安くても約6万円くらいになってしまうんです

この体験談で紹介したタイプのような人にひとこと。全額控除の効果はあるにせよ、iDeCoの醍醐味、「運用益非課税」を放棄することになるのでもったいないと思います

注意点①

どんな人でも始められるわけじゃない!? 知っておきたいiDeCoの加入条件

国民年金保険料納付が加入条件

iDeCoは、公的年金を補完するための制度。その加入を希望するには、まず**国民年金の保険料を納めていることが条件**となります。

国民年金保険料を滞納していたり、納付免除や納付猶予を受けていたりする人は利用できません。きちんと国民年金保険料を納めていれば、20歳以上の学生や無職の人でも加入できます。

過去に国民年金保険料の未納期間があったとしても、加入の時点で納付していればOKです。ただし、加入した後に納付ができない月が出てしまうと、その月の掛金は受け取ってもらえません。

2022年5月より対象年齢が拡大

2022年5月の改正により、加入できる年齢の上限が65※歳未満に拡大されました。自営業者や無職の人は、60歳以上でも国民年金の保険料を納付した期間が40年に満たない場合に任意で国民年金に加入できますが、この**任意で加入している期間にiDeCoにも加入できるようになっています。**また、厚生年金に加入している会社員もOKです。

会社員の場合、勤め先に企業型確定拠出年金（企業型DC）が導入されていると、その規約によっては加入できませんでした。2022年10月からは、すべての人が原則として加入できるようになりました。

※ただし60歳からは厚生年金に加入しているか、国民年金に任意加入している必要があります。

用語解説

確定拠出年金（DC）

Defined Contribution Plan。加入者ごとに掛金を自分で運用し、その結果に応じて給付額が決定される年金制度。企業型と個人型（iDeCo）があります。企業型DCは会社が掛金を支払い、従業員が運用します。各DC間で年金資産の持ち運びができます。

加入条件と加入可能年齢

2022 年 5 月の改正により「60 歳まで」という制限が延長され、「国民年金被保険者である」ことが加入の条件となりました。これにより 65 歳になるまで加入できるので、50 歳代でこれから始めようと思っている人でも積み立てやすくなります。

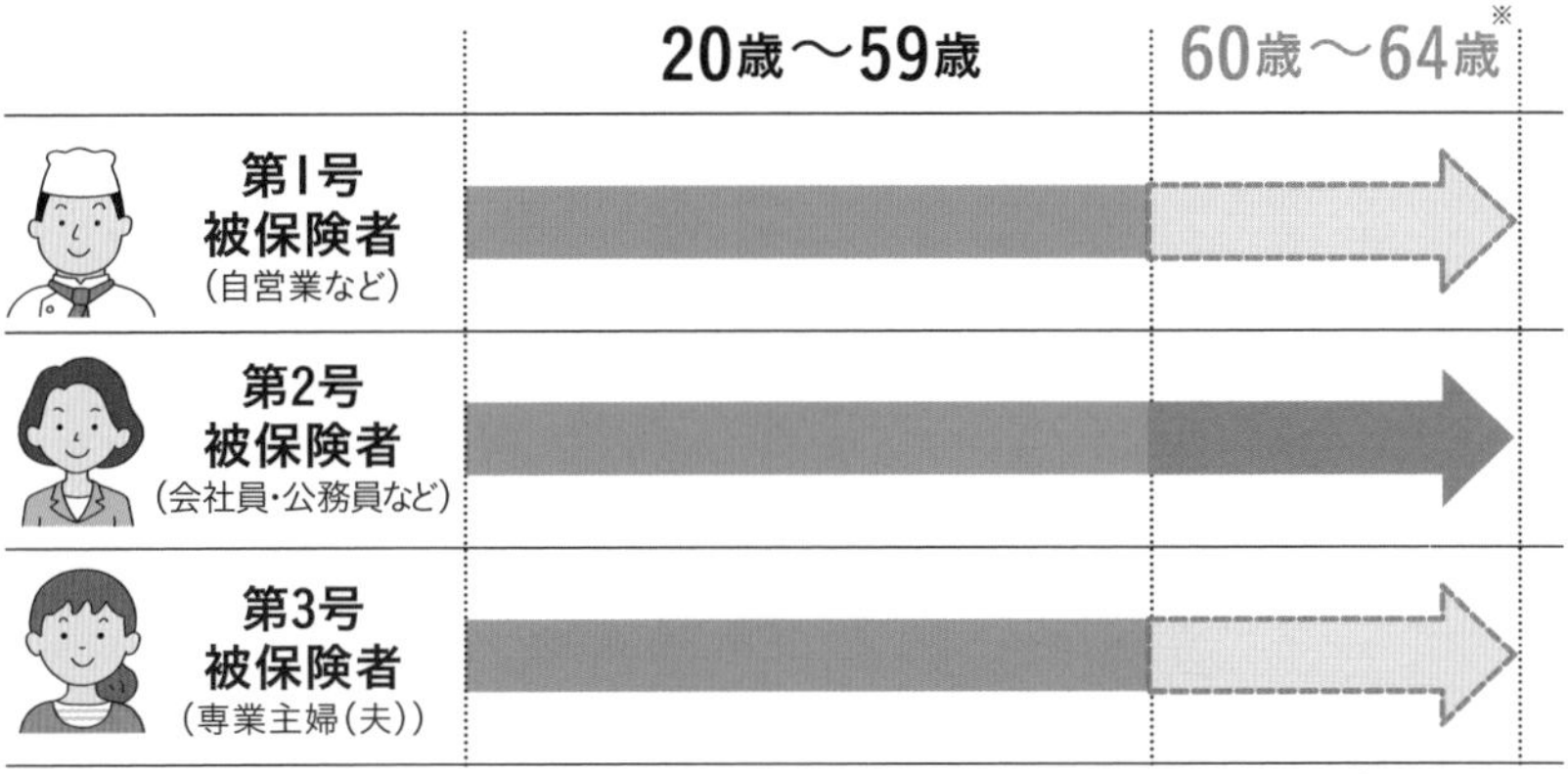

※国民年金の被保険者であることが条件になります。

いずれは退職して専業主婦を考えてるんですが、私でもiDeCoに加入できるんですね

加入は可能ですが、専業主婦が長くなりそうならおすすめしません。iDeCoは所得控除で所得税・住民税を節税できるのが、何よりのメリット。残念ながら専業主婦（夫）、また扶養家族の範囲内で働いている人はその恩恵が受けられません。それならNISAのほうを検討してほしいですね

先輩の体験談

私は国民年金が未納だった時期があります。調べたところ 60 歳以上になってもその期間分は加入を続けられることを知り、結果的に積立金が増えることになりました。（雑貨店経営・45 歳）

先生からのアドバイス

60 歳以降も厚生年金に加入すると 65 歳まで継続可能

会社員や公務員の場合、60 歳以降に再雇用制度の利用などで厚生年金に加入して働くと、自動的に国民年金にも加入することになります。そのため 60 歳以上 65 歳未満で厚生年金に加入している期間は、継続して iDeCo に加入することができます。

注意点②

自営業にはより手厚く設定 掛金の上限が職業によって異なる

もっとも多く積立できるのは自営業者

ｉＤｅＣｏは、**月額５０００円から１０００円単位で自由に掛金を積み立てることが可能。**最低金額はいずれも同じですが、上限額は左図の❶〜❼のように、働き方や企業年金制度によって異なります。

もっともたくさん積立できるのは、❶の自営業者やフリーランスなど。月額６万８０００円まで（付加保険料や国民年金基金の掛金と合算した額）です。これらの人は会社員の厚生年金にあたる部分がないため、その分、将来の保障が手厚くなるよう上限額が高く設定されている仕組みです。

反対に退職給付が手厚い公務員などは、最低の1万２０００円におさえられています。ただし、２０２４年12月以降は２万円に改正される予定です。

多くの会社員は月２万３０００円が上限

会社員の上限は、確定給付企業年金（ＤＢ）などの企業年金の有無と種類によってさまざま。また２０２２年10月から企業型ＤＣの加入者は原則誰でもｉＤｅＣｏに加入できるようになりましたが、「企業型ＤＣの事業主掛金とｉＤｅＣｏの掛金の合計が一定額まで」という条件があります。

したがって図の❸と❹の人は、事業主掛金によって上限額が減る場合もあるので、事前に確かめておきましょう。

用語解説

確定給付企業年金（DB）

Defined Benefit Plan。勤務期間や給与額などに基づいて、従業員が受け取る給付額があらかじめ約束されている企業年金制度。運用の責任を負うのは会社。運用結果が悪ければ、会社が不足分を穴埋めします。

加入者別の掛金上限額

加入者		掛金上限額
❶ 第1号被保険者（自営業など）		月額 6.8万円（ただし、国民年金基金や付加保険料との合算額）
第2号被保険者（会社員・公務員など）	❷ 会社に企業年金がない会社員	月額 2.3万円
	❸ 企業型DCに加入している会社員	月額 2万円
	❹ 確定給付企業年金（DB）と企業型DCに加入している会社員	月額 1.2万円
	❺ 確定給付企業年金（DB）に加入している会社員	月額 1.2万円
	❻ 公務員	月額 1.2万円
❼ 第3号被保険者（専業主婦（夫））		月額 2.3万円

※ 2024年12月の法改正により❹❺❻の人の限度額が引き上げられる予定です。

先生からのアドバイス

会社員はまず会社に確認を！

会社員の人が真っ先にやるべきことは、自分の会社に確定給付企業年金（DB）や企業型DCの制度があるかどうかを確認することです。あるのであれば、自分の掛金はいくらなのかを確認します。それによって、上乗せできる金額がわかります。「記憶にないけど、自分もいつの間にか加入していた」という人も多くいらっしゃるので必ず確認しましょう。

注意点③

制度が新しくなっていっそうおトクに！

企業型DCと併用している人の賢い考え方

多くの会社員が企業型DCと併用可能に

企業型DCとiDeCoの同時加入は可能。ですが会社が企業型DCとiDeCoの併用を認めていることが前提条件なので、実際に併用できる人は一部でした。しかし**2022年10月1日以降は、会社に企業型DCがある人でも、次の制約を除き無条件でiDeCoに加入できる**ようになりました。

改正後も同時加入ができないのは、会社の掛金が企業型DCの上限金額※＝5万5000円（確定給付企業年金がない場合）、または2万7500円（確定給付企業年金がある場合）に達している人と、企業型DCのマッチング拠出を行っている人です。

企業型DCのフル活用が基本だが…

企業型DCが自分の勤める会社に導入されており、掛金としても申し分ない場合は、迷うことなくそのまま続けてください。iDeCoは手数料が自腹なので、**その負担なく積立ができるのはかなりの強み**。しかも**管理が1本化するのでそのシンプルさも魅力**です。

さらにメリット1、2で示したようにその運用収益は、税金がかかりません。加えて所得税・住民税の負担を減らすことが可能です。

ただし、事業主掛金が極端に少ない場合はマッチングできる・できないにかかわらず検討の価値あり。やはり掛金の額はその後の資産作りに直結します。

用語解説

マッチング拠出

企業型DCで会社が出す掛金に対して、加入者が一定の範囲内で掛金の上乗せ拠出ができる制度のこと。利用できるかは会社により、申し込みは加入者の意思で決定します。なおマッチング拠出を利用している場合は、iDeCoへの加入はできません。

※2024年の改正で限度額が引き上げられる予定です。

マッチング拠出とiDeCoとの比較

企業型DCと同時加入する際のiDeCoの拠出限度額は、次の2つのルールを満たす範囲までとなります。

①企業年金に応じたiDeCoの限度額以内

②企業型DCの会社掛金とiDeCoの掛金の合計が、企業型DCの限度額以内

	マッチング拠出のパターン	iDeCoのパターン
掛金	●会社の掛金以下 ●会社掛金とマッチング掛金の合計が5.5万円（2.75万円）以下※1	●iDeCoの限度額2万円（1.2万円）以下 ●会社掛金とiDeCoの合計が5.5万円（2.75万円）以下※1
口座管理料	会社負担	本人負担
口座管理	1つ	企業型DCとiDeCoの2つ
商品	会社側で提示する商品	本人が自由に選んだ金融機関が提示する商品

※（　　）はDB併用型の場合。 ※1：合計金額は2024年の改正で限度額が引き上げられる予定です。

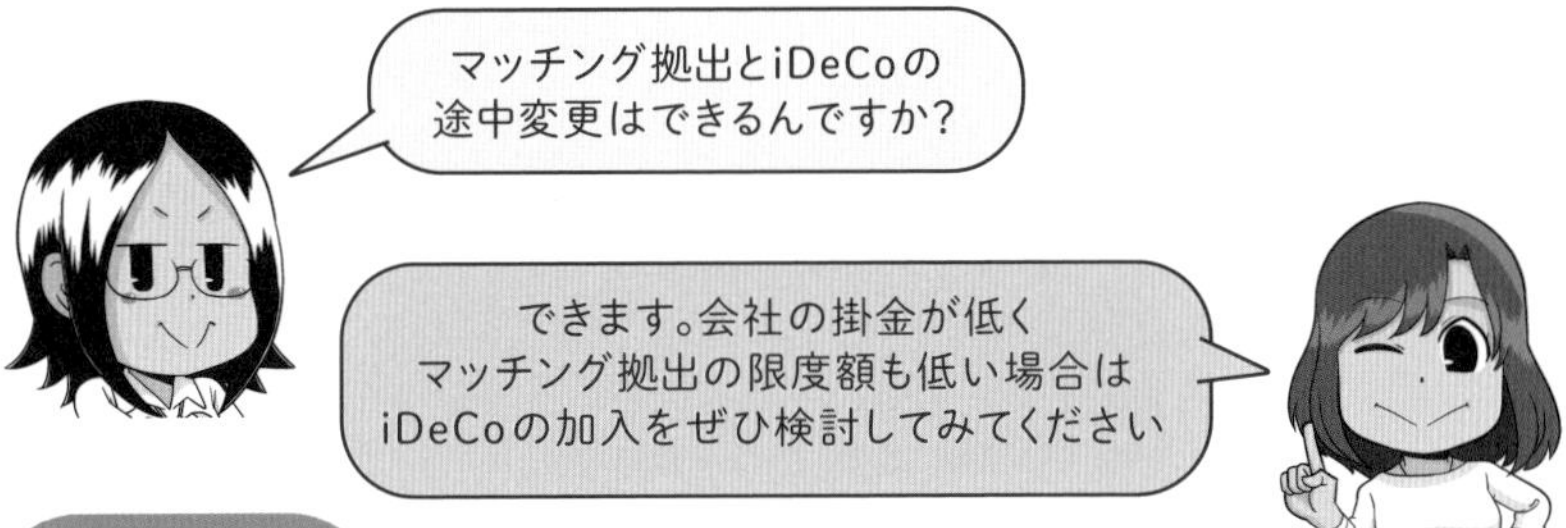
マッチング拠出とiDeCoの途中変更はできるんですか？
できます。会社の掛金が低くマッチング拠出の限度額も低い場合はiDeCoの加入をぜひ検討してみてください

先生からのアドバイス

マッチング拠出とiDeCoのどちらを選ぶ？

企業型DCを導入している会社では、従業員が自分で掛金を上乗せするマッチング拠出が可能な会社もあります。ただしマッチング拠出とiDeCoは、同時に利用できません。そこでまず優先順位として、マッチング拠出のほうから検討してみましょう。企業型DCの口座1つでDC資産を運用できるので口座管理がラクですし、口座管理料もかかりません。マッチング拠出の限度額が少ない人や、提供される商品の品揃えがいまイチという場合は、iDeCoへの加入を検討しましょう。

NISAとどう違うの?

iDeCo 02

iDeCoの上手な始め方って?

ではさっそく iDeCoの申し込み方を 教えてください!
おっ やる気やな
NISAと違うとこあるから 耳の穴かっぽじって よ～く聞きや
iDeCoの始め方 ステップ1
金融機関選び
いきなり NISAと同じだ
テキトーでいいんでしょ
そんなこと ないですよ～ NISAと違って iDeCoは口座開設と 毎月の**手数料**がかかるんです
えっなんで? NISAは だいたい タダなのに!
なんで!?
かかるもんは かかるんやから しゃあないやろ
わかんない
わかんない
NISAは証券会社で 完結するからタダでも できるんですけど iDeCoは どうしてもかかる月額が あるんですよ 月々最低171円。
むー…
掛金以外に お金かかるのかー
無料サービスに慣れた クレーマー日本人だ みぐるしい

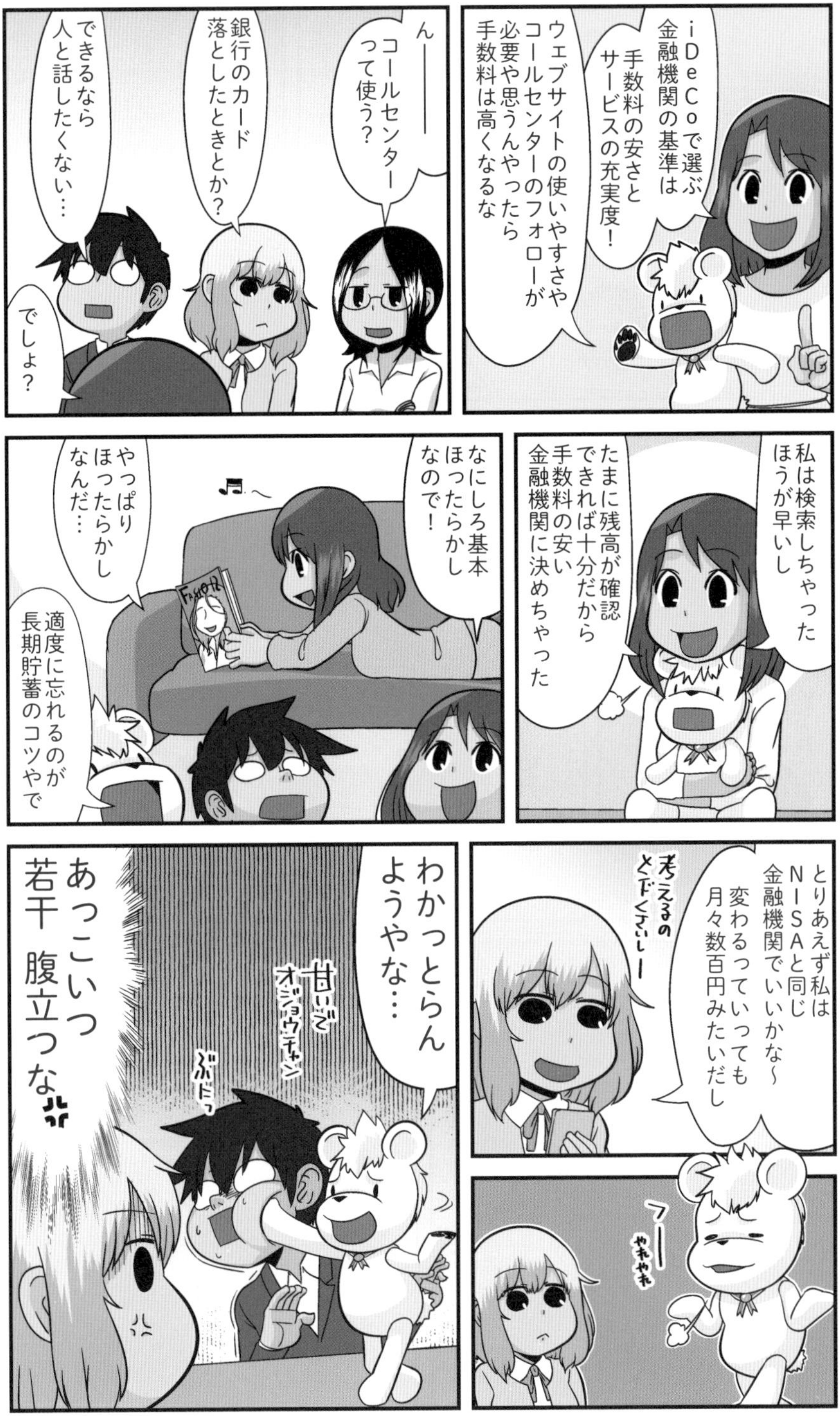
iDeCoで選ぶ金融機関の基準は
手数料の安さとサービスの充実度!
ウェブサイトの使いやすさやコールセンターのフォローが必要や思うんやったら手数料は高くなるな
ん――――
コールセンターって使う?
銀行のカード落としたときとか?
できるなら人と話したくない…
でしょ?
私は検索しちゃったほうが早いし
たまに残高が確認できれば十分だから手数料の安い金融機関に決めちゃった
なにしろ基本ほったらかしなので!
やっぱりほったらかしなんだ…
適度に忘れるのが長期貯蓄のコツやで
とりあえず私は金融機関でいいかな~
NISAと同じ
変わるっていっても月々数百円みたいだし
考えるのとドくさいしー
フーー
やれやれ
わかっとらんようやな…
甘いでオジョウチャン
ぶにっ
あっこいつ若干腹立つな

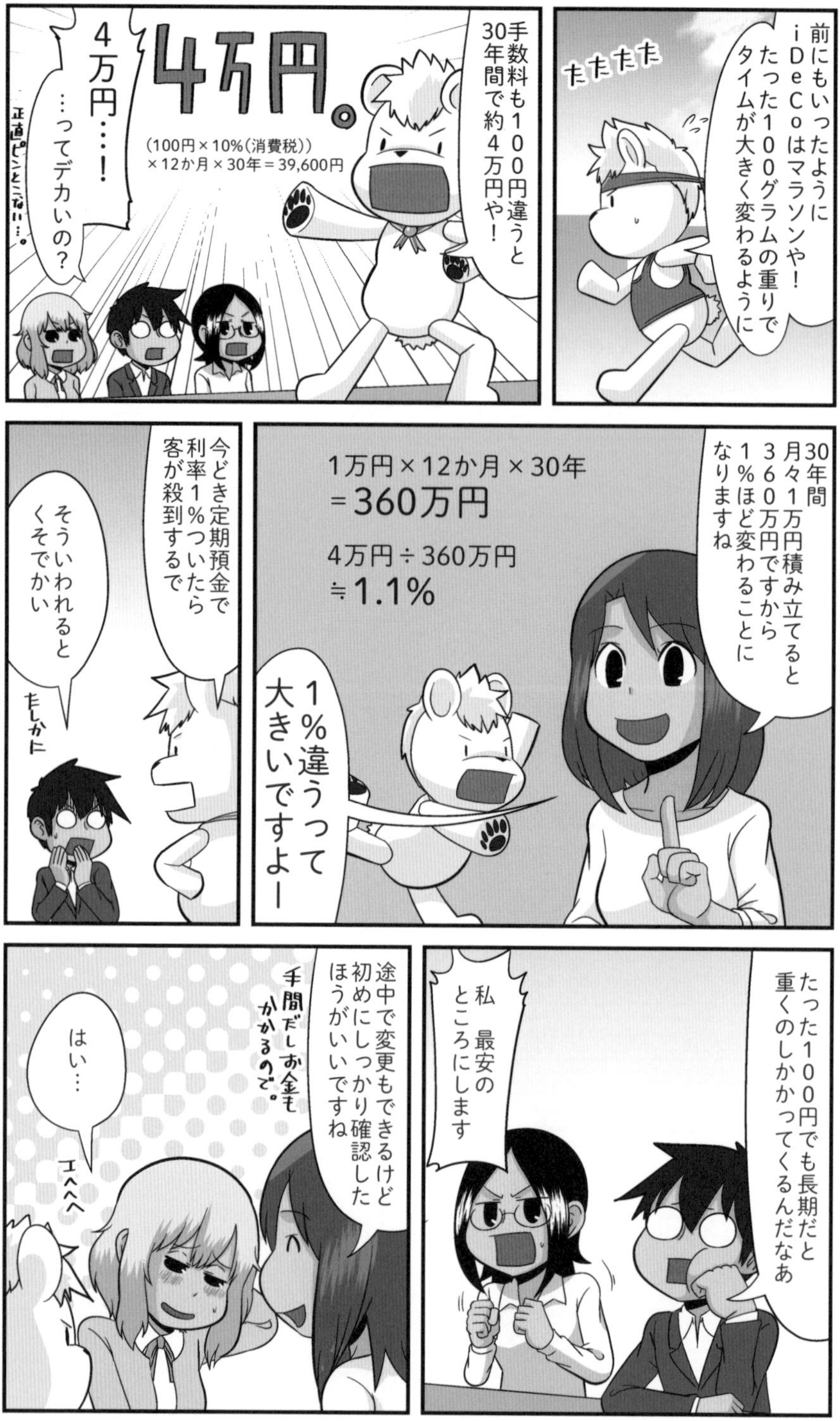

前にもいったように iDeCoはマラソンや！ たった100グラムの重りで タイムが大きく変わるように
たたたた
手数料も100円違うと 30年間で約4万円や！
4万円。
(100円×10%(消費税)) ×12か月×30年＝39,600円
4万円…！
…ってデカいの？
正直ピンとこない…。
30年間 月々1万円積み立てると 360万円ですから 1%ほど変わることになりますね
1万円×12か月×30年 ＝360万円
4万円÷360万円 ≒1.1%
1%違うって大きいですよー
今どき定期預金で 利率1%ついたら 客が殺到するで
そういわれると くそでかい
たしかに
たった100円でも長期だと 重くのしかかってくるんだなあ
私 最安の ところにします
途中で変更もできるけど 初めにしっかり確認した ほうがいいですね
手間だしお金も かかるので。
はい…
エヘヘヘ

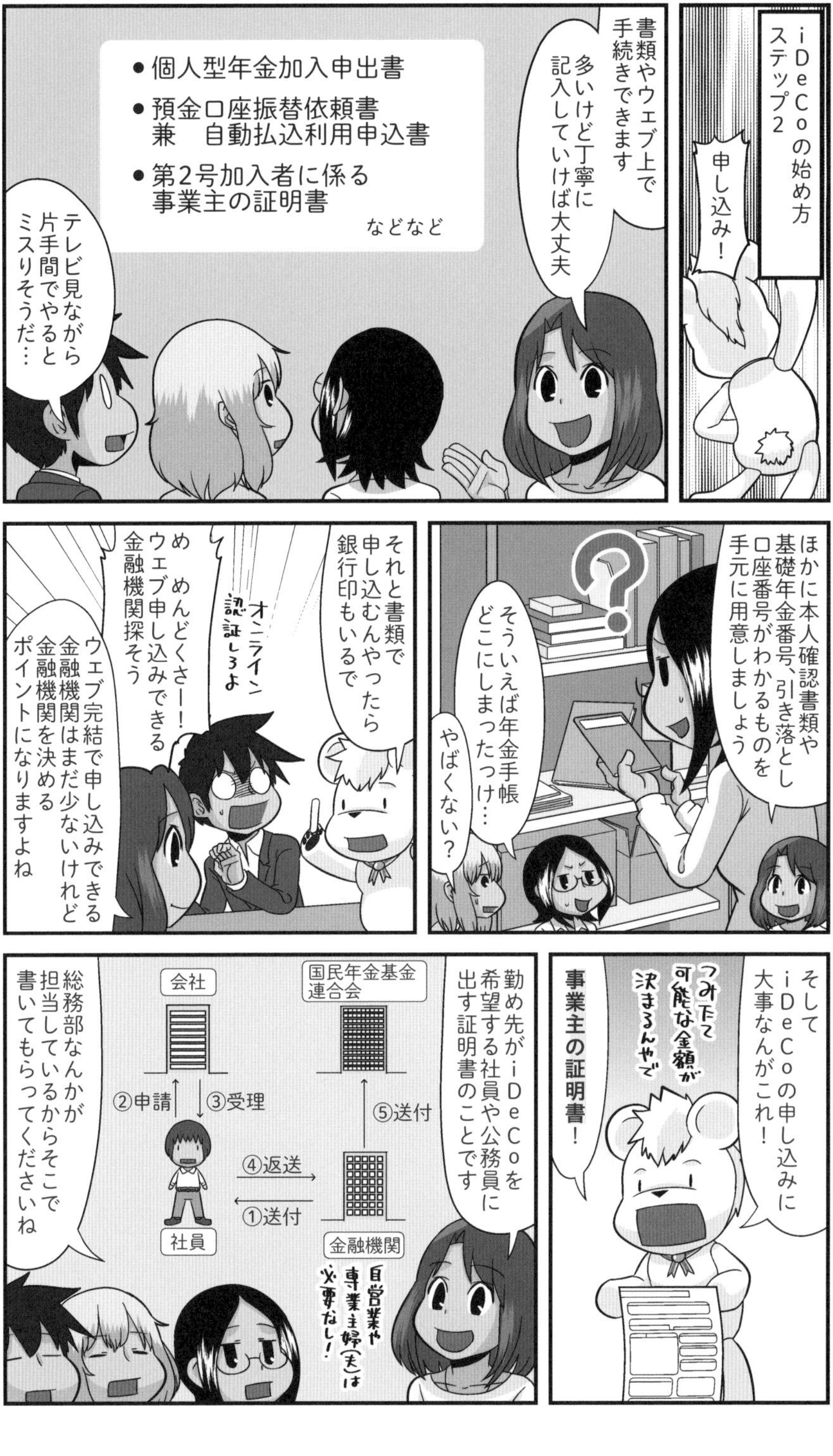
iDeCoの始め方
ステップ2
申し込み！
書類やウェブ上で手続きできます
多いけど丁寧に記入していけば大丈夫
●個人型年金加入申出書
●預金口座振替依頼書 兼　自動払込利用申込書
●第2号加入者に係る事業主の証明書
などなど
テレビ見ながら片手間でやるとミスりそうだ…
ほかに本人確認書類や基礎年金番号、引き落とし口座番号がわかるものを手元に用意しましょう
そういえば年金手帳どこにしまったっけ…
やばくない？
それと書類で申し込むんやったら銀行印もいるで
オンライン認証しろよ
めめんどくさー！ ウェブ申し込みできる金融機関探そう
ウェブ完結で申し込みできる金融機関はまだ少ないけれど金融機関を決めるポイントになりますよね
そしてiDeCoの申し込みに大事なんがこれ！
つみたて可能な金額が決まるんやで
事業主の証明書！
勤め先がiDeCoを希望する社員や公務員に出す証明書のことです
国民年金基金連合会
会社
②申請
③受理
⑤送付
④返送
①送付
社員
金融機関
自営業や専業主婦(夫)は必要なし！
総務部なんかが担当しているからそこで書いてもらってくださいね

派遣社員が総務にお願いしに行くの気が引けるんですけど…
派遣先じゃなくて必ず派遣元(自社)の総務にお願いしてください
派遣先にいっても「え?」っていわれちゃうので…
ぴゃあああぁ
こわー! 聞いといてよかった
iDeCoの始め方 ステップ3
ジジジ
チビホタルイカ
ジ———。
待つ!
ためたな!
バッ
申し込んで2か月くらいかかるんです
これも年金がらみで
NISAは1、2週間だったのに
おお… NISAと全然違うんですね…
いうたやろ? マラソンやって
ゴールはまだまだ先にある
こうして一休み入れるんも必要ってこっちゃ

※2024年12月より事業主の証明書は不要になる予定です。

申し込みに時間がかかるということはや
早いとこ申し込まんと今年の節税に間に合わん可能性が出てくるっちゅーこっちゃ!
スパッ
あー なるほど帰ったらさっそく金融機関を調べてみよう
NISAと同じところが安いといいな
2か月待つんだしちょっと急いでも変わらなくない?
そもそも長期だしぃ
マラソンでもスタートダッシュは大事やで!
大手ネット証券の手数料はだいたい横並びや!
資料請求だけでも今のうちにしとき! ハリー! ハリー!
ポコポコ
急がせるのか待たせるのかどっちかにしてくださいよ!
なんかマラソンで全部押し通そうとしてない!?

加入にあたって何を準備すればいいの？

必要書類もシンプルなものばかり

すべての人に共通して必要なもの

すべての人が共通して事前に準備しなければならないのは次の5つ。**「申込書類」「本人確認書類の写し」「基礎年金番号」「掛金の引き落としに使う口座の番号」「金融機関届出印」です。**「本人確認書類」には、運転免許証、マイナンバーカードなどが挙げられます。

申込み方法は、申込書類を取り寄せて提出する場合とウェブ完結で申し込む場合の2通り。申込書類はウェブサイトやコールセンターから取り寄せ、または金融機関の窓口でもらうことができます。まだ一部の機関のみですがウェブ完結の申込みなら、申込書類を取り寄せる必要がありません。

会社員・公務員は別に証明書が必要

会社員・公務員は、そのほかに勤務先に記入・押印してもらう※「事業主の証明書」を用意しなくてはいけません。これは、個人型年金の加入資格やほかの年金制度の加入状況を確認するための書類。用紙は申込書類と併せて金融機関から入手できます。ウェブ完結で申し込んだ場合はダウンロードが可能です。

ｉＤｅＣｏの掛金は、**「個人払込」または給与から天引きされる「事業主払込」のいずれかを選択すること**になります。このうち事業主払込を希望する場合、勤め先に給与天引きが可能かどうか、あらかじめ確認しておきましょう。

※2024年12月以降は不要になる予定です。

用語解説

基礎年金番号

すべての公的年金制度で共通して使用する番号のこと。10桁の数字で表され、年金手帳、ねんきん定期便、ねんきんネットなどに記載されています。勤務先に年金手帳を預けている場合、事前に基礎年金番号を担当部署に確認しておきましょう。

iDeCoの加入に必要なもの

すべての人

- iDeCoの申込書類
- 本人確認書類の写し

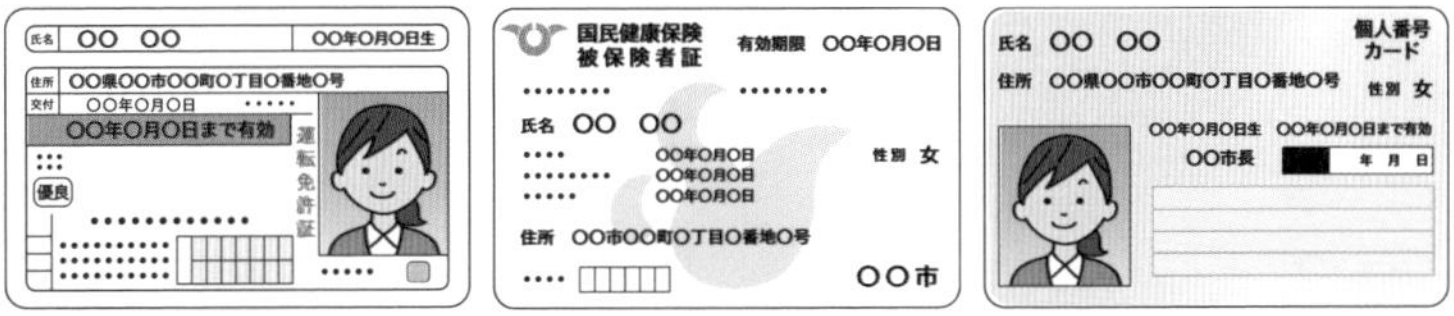

- 基礎年金番号
- 引き落とし口座番号
- 金融機関届出印

＋

会社員・公務員

- 事業主の証明書

※法令により、加入の資格要件に関する事業主の証明が必要とされているため。また、加入者が勤める先の事業所情報を登録するものとしても必要。

先生からのアドバイス

ウェブ申込みは SBI 証券など

ウェブ完結の申込みの場合、申込みから加入まで、すべてインターネット上で手続きが可能。書類を取り寄せたり、窓口まで出向く手間をかけずに iDeCo に加入できます。ウェブ完結の申込みを行っている金融機関は、SBI 証券、楽天証券、みずほ銀行などがあります。

後で変えるのはいろいろ大変…
選べる金融機関は1つだけ！

専用口座の開設のため金融機関を選ぶ

iＤeＣoを利用するには、**金融機関（運営管理機関）に加入を申し込み、専用の口座を開設する必要があります**。金融機関は加入者に代わって、左図のようにiＤeＣoの運用主体である国民年金基金連合会や事務委託先金融機関など、さまざまな機関とやりとりを行う仕組みです。

口座は１人につき１つしか持てません。そのため自分に合った金融機関を選びましょう。iＤeＣoを扱う金融機関は、大手証券会社やネット証券のほか、都市銀行や地方銀行、ゆうちょ銀行、信用金庫、労働金庫など、２００社以上あります。どの金融機関を選ぶかで、**iＤeＣoの口座を開設してから継続的にかかる費用（運営管理手数料）や取り扱う商品、利便性・サービスなどが異なります**。

金融機関の変更も可能。ただし手間も大変

口座を開設した後、金融機関を変更して資産を移すこと（移換）も可能。ただし金融機関によっては４０００円程度の移換手数料がかかることもあります。

また**移換する場合、運用していた投資信託をそのまま持ち運ぶことはできません**。その時点での評価額で一度現金化され、移換が完了するまで運用が停止することになります。そのためなるべく金融機関を変えずにすむよう、慎重に選んだほうがいいでしょう。

用語解説

運営管理機関

iDeCoなど確定拠出年金（DC）の制度の運用関連業務を担う金融機関のこと。厚生労働省と金融庁の承認を受けた銀行、証券会社、生損保会社などがそうです。資産運用の専門家として、加入者に対して運用商品の選定や情報提供を行います。

iDeCoにおける金融機関（運営管理機関）の働き

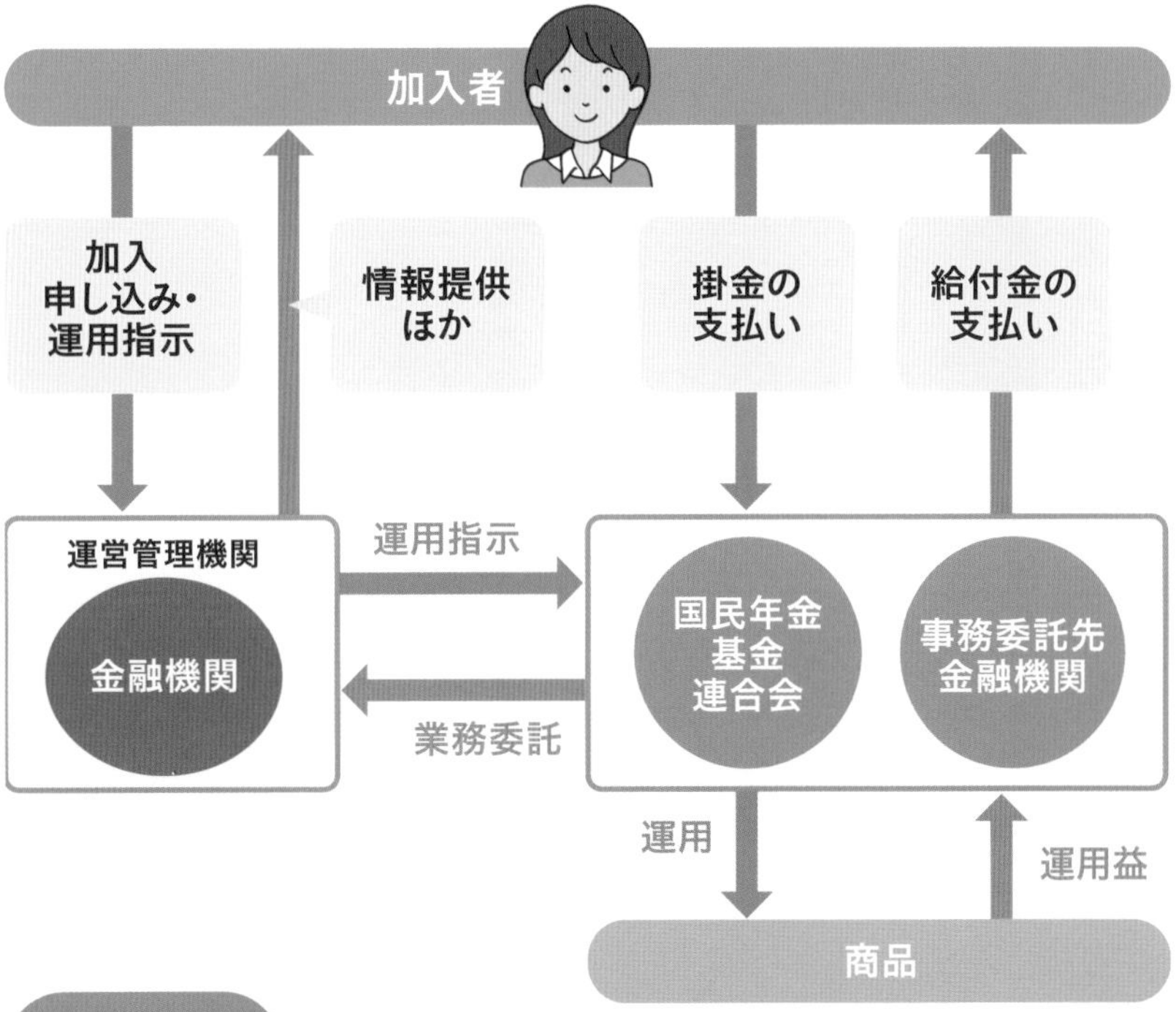

先生からのアドバイス

金融機関選びは慎重に

金融機関は、iDeCoのいわば窓口のような働きをしています。金融機関選びで失敗しないポイントは、①運営管理手数料、②商品の品揃え、③利便性・サービス。それぞれP.148～151で詳しく説明していますので、それをもとに自分に合った金融機関を慎重に選びましょう。

先輩の体験談

最初に利用した金融機関は運営管理手数料が割高なうえ、魅力的な商品もなかったので、思い切って変更。しかし面倒な手続きに加え、通算での運用利回りがわからなくなるなど、煩わしいことが多くて閉口しました。（調理師・45歳）

会社ごとに異なる運営管理手数料をチェック！

金融機関の選び方①

iDeCo加入後にかかる手数料

iDeCoの加入から運用には、さまざまな手数料が必要です。まず新規に加入する際、国民年金基金連合会に口座開設の手数料2829円を支払います。金額は、どの金融機関でも同じ。これは初回の掛金から差し引かれます。

そして運用期間中、ずっと払い続けることになるのが、次の2つ。**国民年金基金連合会に支払う収納手数料（月額105円）と、事務委託先金融機関（信託銀行）に支払う事務委託手数料（月額66円）の計171円です。**この金額も、どの金融機関に加入しても違いはありません。

運営管理手数料の安さがポイント

一方、口座を開いた金融機関に支払う運営管理手数料が発生する場合もあります。運営管理手数料の金額は、一律ではありません。**金融機関によって、無料から数百円程度（月額）まで差があります。**

iDeCoは長期間の運用が前提。そのため毎月の手数料のわずかな差も、将来受け取る資産に影響を与えます。たとえば運営管理手数料が0円の金融機関と月額160円の金融機関を比較すると、差額は1年間で約2000円、10年間で約2万円、30年間では約6万円。**なるべく運営管理手数料の安い金融機関を選ぶよう心がけたい**ところです。

用語解説

国民年金基金連合会

1991年設立。国民年金基金を中途で止めた人などへの年金や遺族一時金の支給、国民年金基金の資産の運用などを行う公益法人。2002年からは確定拠出年金（DC）の個人型年金の実施主体として、各種業務を行っています。

iDeCoにかかる手数料

	加入時	運用期間中		
		収納手数料	事務委託手数料	運営管理手数料
支払先	国民年金基金連合会	国民年金基金連合会	事務委託先金融機関	加入する金融機関（運営管理機関）
金額	2,829円	月額105円	月額66円	月額0円～数百円程度

運営管理手数料が無料の主な金融機関 （順不同）

◉楽天証券 ◉松井証券 ◉SBI証券 ◉マネックス証券 ◉大和証券
◉auカブコム証券 ◉野村証券 ◉イオン銀行

運営管理手数料が有料の主な金融機関 （順不同）

◉みずほ銀行（0～260円） ◉第一生命保険・Vプランα（0円～321円）
◉三井住友銀行・SMBC個人型プラン（260円）
◉ゆうちょ銀行・Aプラン（259円）

（2023年10月時点）

月々だとわずかな額だけど、数十年単位で考えたら大きな差になるんですね

先生からのアドバイス

安さの面ではネット証券がおすすめ

運営管理手数料の安さという点では、ネット証券が断然有利。銀行や店舗型の証券会社では、基本的に月数百円の運営管理手数料が発生しますが、SBI証券や楽天証券など大手ネット証券は運営管理手数料が軒並み0円とお得になっています。さらに商品ラインナップも充実していますから、第一に検討してみるべきですね。

長期的に見ると無視できないコスト差なんですよ

運用商品とサポート体制をチェック！

金融機関の選び方②

運用商品のラインナップも重要

金融機関を選ぶ際に運営管理手数料と並んで重要となるのが商品のラインナップです。iDeCoでは、**「どの金融商品」を「どのような割合」で購入していくかを加入者本人が指定する**必要があります。金融機関によって、商品のラインナップや本数は異なります。

iDeCoで取り扱われる商品には、定期預金や保険などの「元本確保型」と投資信託の「元本変動型」があります。前者であれば金利の高いもの、後者であれば信託報酬などの運用コストが低いものを取り揃えているかどうかが、金融機関を選ぶうえでの大きなポイントになります。

相談しやすいのは銀行や店舗型証券会社

いくら運用コストが低く、商品ラインナップが充実していても、サポート体制が充実していないと、いざというときにすぐに対応してもらえません。その点、**窓口で対面での相談ができるのが銀行や店舗型証券会社の強み**といえます。また、いずれの金融機関もコールセンターを開設していますが、コールセンターを積極的に使いたい人は自分が利用しやすい時間帯に受付時間が設定されているかを確認することも大切です。

そのほか、**加入後のメインサービスとなる加入者サイトが使いやすいか、ウェブサイトなどサービスが充実しているかなども判断材料**となります。

用語解説

信託報酬

投資信託の運用や管理にかかる費用として、金融機関に支払う手数料のこと。商品ごとに、残高（純資産総額）に対して何%と割合が決められています。割合は金融機関ごとに異なりますが、年0.1〜2.0%程度の幅があります。

おすすめ金融機関の一例

（2023年10月時点）

	金融機関名	対象商品数	運営管理手数料	コールセンター	特徴
ネット証券	SBI証券	38（セレクトプラン）	無料	平日・土日 8:00〜17:00 年末年始・祝日を除く	ネット証券最大手。iDeCoでは10年を超える運用管理実績あり。
ネット証券	楽天証券	32	無料	平日10:00〜19:00 土日祝9:00〜17:00	楽天銀行との口座連携サービス登録で、楽天ポイントが付与される。
ネット証券	マネックス証券	27	無料	平日9:00〜20:00 土日9:00〜17:00 祝日除く	投資ツールの使いやすさに定評がある。コスト（信託報酬）が安い商品が多い。
ネット証券	松井証券	40	無料	平日8:30〜17:00 年末年始など除く	創業100年の歴史ある証券会社。コスト（信託報酬）が安い商品が多い。
銀行	イオン銀行	24	無料	平日9:00〜21:00 土日9:00〜17:00 年末年始など除く	ショッピングセンターにある店舗で、原則365日対面で相談することができる。
銀行	りそな銀行	29	無料	平日9:00〜21:00 土日9:00〜17:00 年末年始・祝日除く	直接相談できる「つみたてプラザ」などサポート体制が充実。

※参考まで。詳細は各金融機関に直接問い合わせてください。

先輩の体験談

私はネット証券と迷いましたが、りそな銀行にしました。窓口で加入方法や運用方法について質問したとき、丁寧に対応してもらえたからです。初心者の私にとっては安心感のほうが重要なので、運営管理手数料が無料なのは最初の２年間だけでも特に気になりませんでした。（メーカー営業・45歳）

先生からのアドバイス

代表的な金融機関は？

上の表に挙げた６つは、運営管理手数料と商品ラインナップの両方の点で人気です。私は当初から運営管理手数料無料のSBI証券を使っていて、セレクトプランが登場した際に変更しました。ウェブサイトはシンプルだけど見たい情報は確保されているので満足しています。

加入手続きの第一歩は書類記入！
「個人型年金加入申出書」書き方のポイント

各欄の記入方法

iDeCoの申し込み用紙は、「個人型年金加入申出書」と呼ばれます。金融機関で入手し、誤りや漏れのないよう記入して提出します。

左図の❶の「基礎年金番号」の欄には、**年金手帳やねんきん定期便などに記載されている10桁の番号**を記入します。❷の「掛金の納付方法」の欄は、会社員や公務員で**給与から天引きして納付する場合は「事業主払込」にチェック**。自営業者、また会社員・公務員の場合でも**個人で払い込む場合には「個人払込」をチェック**し、❸の「掛金引落口座情報」の欄にiDeCoの掛金を拠出する口座の情報を記入します。

❹の「掛金額区分」の欄では、**毎月定額拠出を希望するか否かを選択**します。希望する場合には「掛金を下記の毎月定額で納付します」にチェックを入れ、毎月の掛金額を記入。年単位で納付する場合は「納付月と金額を指定して納付します」にチェックを入れます。

このほか、**会社員・公務員は❺の「現在のお勤め先（事業所情報）」の欄への記入も必要**。また、自営業者など第1号被保険者は、年金の加入状況や受給状況などを記入する欄（❻❼）があるので、これも忘れずに記入しましょう。

特に不備が多いのは、2枚目にある「預金口座振替依頼書」の押印漏れ。**必ず金融機関届出印を押印しましょう**。

用語解説

個人型年金

個人型確定拠出年金＝iDeCoのこと。確定拠出年金法に基づいて、国民年金基金連合会が、2001年から実施しています。2017年から、専業主婦（夫）などの第3号被保険者、企業年金の加入者なども加入対象となっています。

「個人型年金加入申出書」の記入例

※書式はiDeCo公式サイト（https://www.ideco-koushiki.jp/）より。

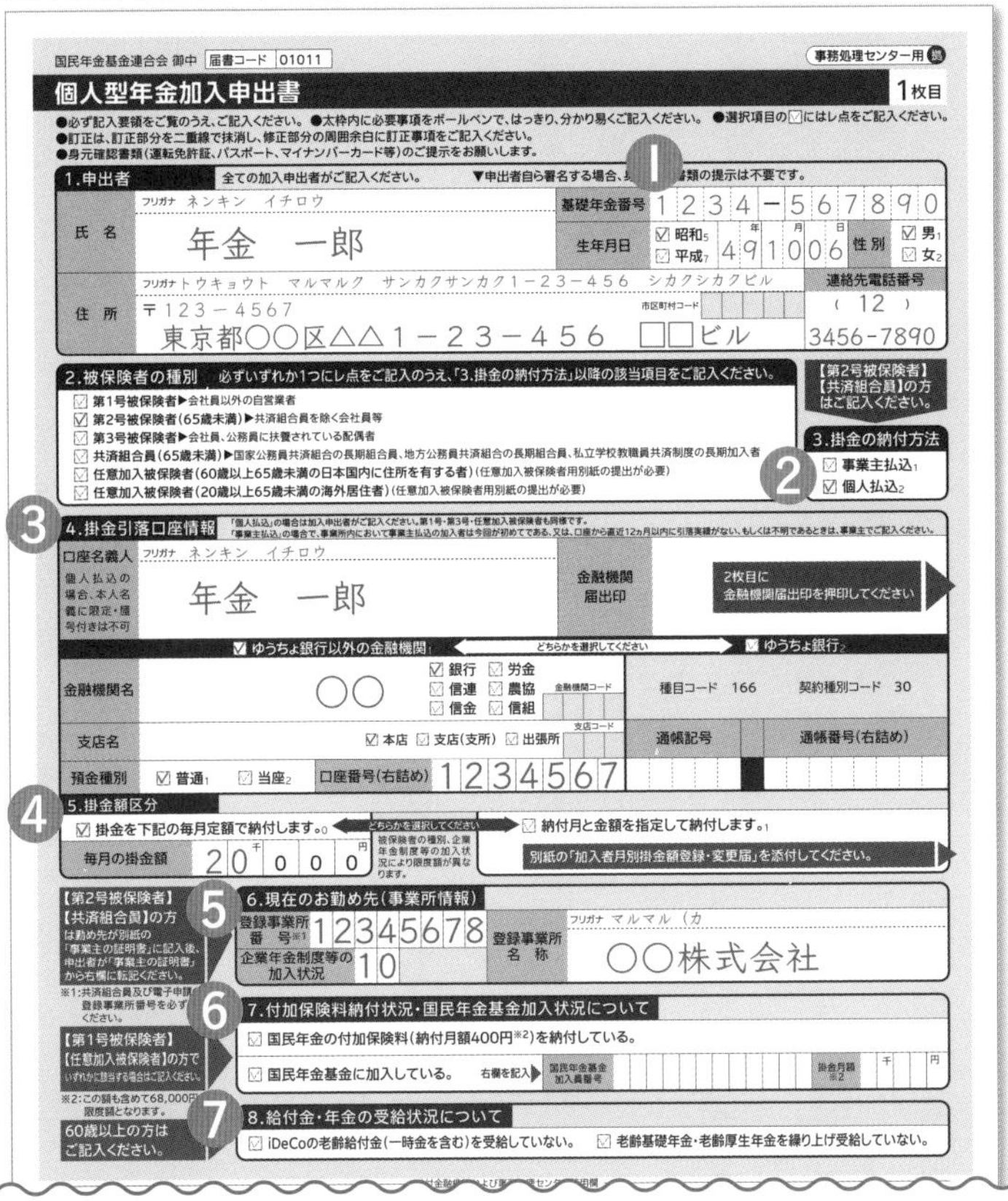
国民年金基金連合会 御中　届書コード 01011　事務処理センター用

個人型年金加入申出書　1枚目

●必ず記入要領をご覧のうえ、ご記入ください。●太枠内に必要事項をボールペンで、はっきり、分かり易くご記入ください。●選択項目の☑にはレ点をご記入ください。
●訂正は、訂正部分を二重線で抹消し、修正部分の周囲余白に訂正事項をご記入ください。
●身元確認書類（運転免許証、パスポート、マイナンバーカード等）のご提示をお願いします。

1.申出者　全ての加入申出者がご記入ください。　▼申出者自ら署名する場合、身元確認書類の提示は不要です。

氏名　フリガナ ネンキン　イチロウ　年金　一郎
基礎年金番号 1234－567890
生年月日 ☑昭和5 ☐平成7 49年10月06日　性別 ☑男1 ☐女2
住所　フリガナ トウキョウト　マルマルク　サンカクサンカク1－23－456　シカクシカクビル
〒123－4567　東京都○○区△△1－23－456　□□ビル　市区町村コード
連絡先電話番号 （12）3456-7890

2.被保険者の種別　必ずいずれか1つにレ点をご記入のうえ、「3.掛金の納付方法」以降の該当項目をご記入ください。
☐ 第1号被保険者▶会社員以外の自営業者
☑ 第2号被保険者（65歳未満）▶共済組合員を除く会社員等
☐ 第3号被保険者▶会社員、公務員に扶養されている配偶者
☐ 共済組合員（65歳未満）▶国家公務員共済組合の長期組合員、地方公務員共済組合の長期組合員、私立学校教職員共済制度の長期加入者
☐ 任意加入被保険者（60歳以上65歳未満の日本国内に住所を有する者）（任意加入被保険者用別紙の提出が必要）
☐ 任意加入被保険者（20歳以上65歳未満の海外居住者）（任意加入被保険者用別紙の提出が必要）

【第2号被保険者】【共済組合員】の方はご記入ください。
3.掛金の納付方法　☐ 事業主払込1　☑ 個人払込2

4.掛金引落口座情報　「個人払込」の場合は加入申出者がご記入ください。第1号・第3号・任意加入被保険者も同様です。「事業主払込」の場合で、事業所内において事業主払込の加入者は今回が初めてである、又は、口座から直近12ヵ月以内に引落実績がない、もしくは不明であるときは、事業主でご記入ください。
口座名義人（個人払込の場合、本人名義に限定・屋号付きは不可）　フリガナ ネンキン　イチロウ　年金　一郎
金融機関届出印　2枚目に金融機関届出印を押印してください
☑ ゆうちょ銀行以外の金融機関1　どちらかを選択してください　☐ ゆうちょ銀行2
金融機関名 ○○　☑銀行 ☐労金 ☐信連 ☐農協 ☐信金 ☐信組　金融機関コード
種目コード 166　契約種別コード 30
支店名　☑本店 ☐支店（支所） ☐出張所　支店コード
通帳記号　通帳番号（右詰め）
預金種別 ☑普通1 ☐当座2　口座番号（右詰め）1234567

5.掛金額区分
☑ 掛金を下記の毎月定額で納付します。0　どちらかを選択してください　☐ 納付月と金額を指定して納付します。1
毎月の掛金額 20千000円　被保険者の種別、企業年金制度等の加入状況により限度額が異なります。
別紙の「加入者月別掛金額登録・変更届」を添付してください。

【第2号被保険者】【共済組合員】の方は勤め先が別紙の「事業主の証明書」に記入後、申出者が「事業主の証明書」から右欄に転記ください。
※1:共済組合員及び電子申請…登録事業所番号を必ず…ください。
6.現在のお勤め先（事業所情報）
登録事業所番号※1 12345678　企業年金制度等の加入状況 10
登録事業所名称　フリガナ マルマル（カ　○○株式会社

【第1号被保険者】【任意加入被保険者】の方でいずれかに該当する場合はご記入ください。
7.付加保険料納付状況・国民年金基金加入状況について
☐ 国民年金の付加保険料（納付月額400円※2）を納付している。
☐ 国民年金基金に加入している。　右欄を記入▶　国民年金基金加入員番号　掛金月額※2 千 円
※2:この額も含めて68,000円…限度額となります。

60歳以上の方はご記入ください。
8.給付金・年金の受給状況について
☐ iDeCoの老齢給付金（一時金を含む）を受給していない。　☐ 老齢基礎年金・老齢厚生年金を繰り上げ受給していない。

❶年金手帳などから転記します。

❷「事業主払込」は、「事業主の証明書」の「『事業主払込』とする」にチェックがある場合のみ選択できます。

❸ ❷で「個人払込」にチェックを入れた場合、記入します。2枚目に金融機関届出印の押印を忘れずに。

❹「掛金を下記の毎月定額～」にチェックを入れた場合、「毎月の掛金額」は最低5,000円から拠出限度額の範囲内で、1,000円単位で指定します。

❺会社員・公務員の場合に記入します。「登録事業所番号」は、勤め先に記入してもらった「事業主の証明書」（P.155）から転記しましょう。不明な場合は空欄のままでOKです。

❻自営業者の場合、現在の年金加入状況を記入します。

❼60歳以上の場合、現在の年金受給状況をチェックします。

勤務先の担当者に記入をお願いする「事業主の証明書」チェックポイント

「事業主の証明書」も忘れずに！

会社員・公務員、つまり**第2号被保険者の場合、「個人型年金加入申出書」のほかに**※**「事業主の証明書」の提出が必要です**。これは厚生年金への加入、また企業年金制度の実施状況について勤務先が証明するための書類。事業主に記入してもらうことが、法律で定められています。勤務先によっても異なりますが、記入には一定の時間を要することが一般的。申込書類が届いたら、まずは勤め先の担当部署（総務部や人事部など）に記入を依頼しましょう。

「事業主の証明書」には、申込者自身で記入する箇所もあります。左図を参考にしながら❶・❷を記入したうえで、勤め先の担当部署に提出しましょう。記入例は会社員の場合ですが、公務員もほぼ同様の様式になっています。用紙は左図に示したほか「個人型年金への加入資格と他の企業年金制度等の加入状況の確認」があり、「はい」「いいえ」をチェックしていくフローチャート式です（すべて事業主側で記入）。

必ず自分でも確認を

勤務先に記入してもらった部分も、不備がないとは言い切れません。そのため**誤りや漏れがないか、申込者自身で確認することも必要です**。特に不備が多い項目としては、左図の❸の事業所名称のフリガナの記入漏れ、❻の年月日の記入漏れなどです。

※2024年12月以降は不要になる予定です。

用語解説

厚生年金適用事業所

事業主のみの場合を含む法人の事業所と、一部の業種を除いて常時５人以上の従業員がいる個人事業所は、強制適用事業所として厚生年金保険への加入が定められています。またそれ以外の事業所でも、半数以上の従業員の同意と事業主の申請を経て任意適用事業所となることができます。

会社員の「事業主の証明書」の記入例およびチェック

※書式はiDeCo公式サイト（https://www.ideco-koushiki.jp/）より。

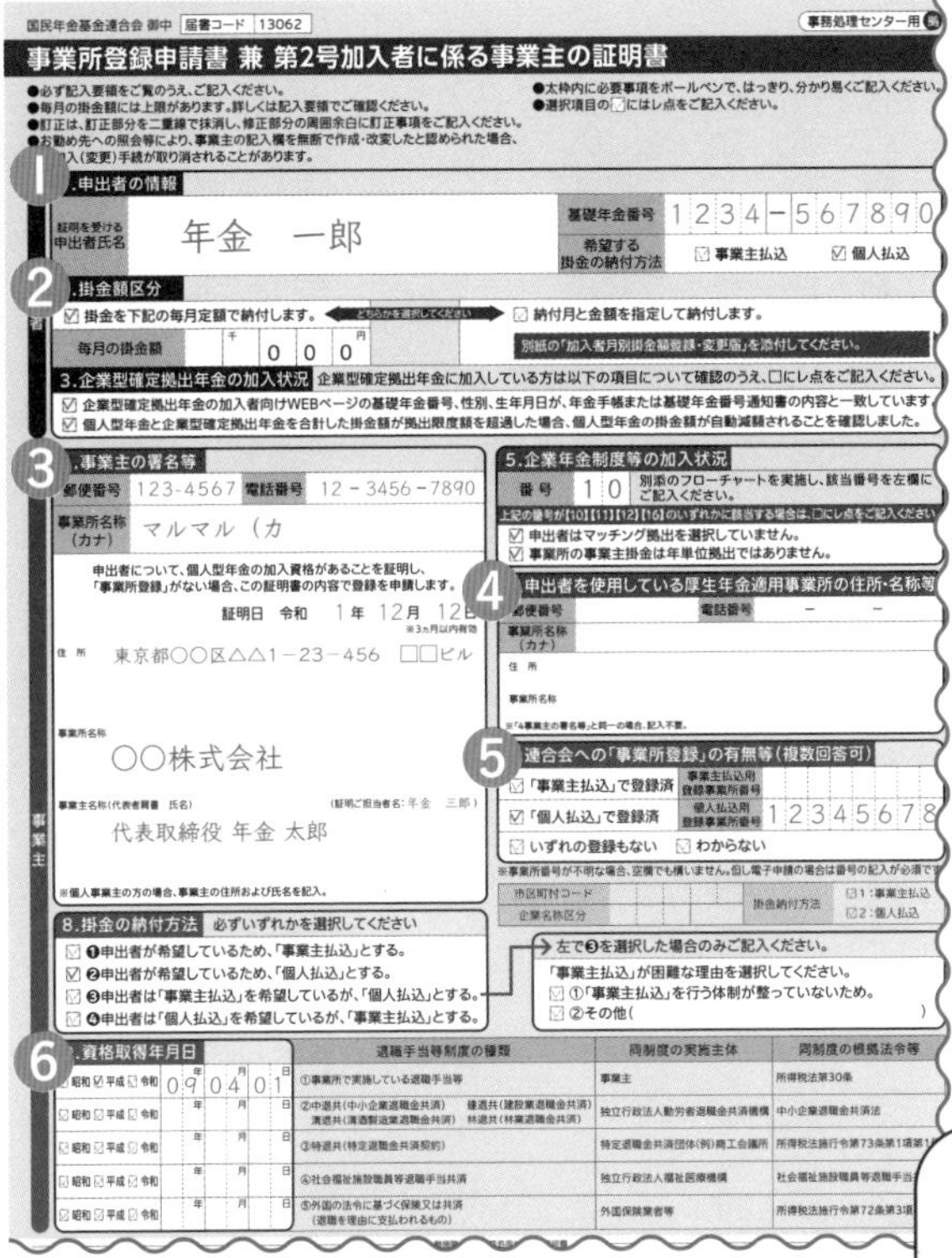

国民年金基金連合会 御中 届書コード 13062 事務処理センター用

事業所登録申請書 兼 第2号加入者に係る事業主の証明書

●必ず記入要領をご覧のうえ、ご記入ください。
●毎月の掛金額には上限があります。詳しくは記入要領でご確認ください。
●訂正は、訂正部分を二重線で抹消し、修正部分の周囲余白に訂正事項をご記入ください。
●お勤め先への照会等により、事業主の記入欄を無断で作成・改変したと認められた場合、加入（変更）手続が取り消されることがあります。
●太枠内に必要事項をボールペンで、はっきり、分かり易くご記入ください。
●選択項目の☐にはレ点をご記入ください。

1 .申出者の情報

証明を受ける申出者氏名：年金 一郎
基礎年金番号：1234−567890
希望する掛金の納付方法：☐ 事業主払込 ☑ 個人払込

2 .掛金額区分

☑ 掛金を下記の毎月定額で納付します。 ⟷ どちらかを選択してください ⟷ ☐ 納付月と金額を指定して納付します。
毎月の掛金額 千 000 円
別紙の「加入者月別掛金額登録・変更届」を添付してください。

3.企業型確定拠出年金の加入状況 企業型確定拠出年金に加入している方は以下の項目について確認のうえ、☐にレ点をご記入ください。
☑ 企業型確定拠出年金の加入者向けWEBページの基礎年金番号、性別、生年月日が、年金手帳または基礎年金番号通知書の内容と一致しています
☑ 個人型年金と企業型確定拠出年金を合計した掛金額が拠出限度額を超過した場合、個人型年金の掛金額が自動減額されることを確認しました。

3 .事業主の署名等

郵便番号 123-4567 電話番号 12−3456−7890
事業所名称（カナ） マルマル（カ
申出者について、個人型年金の加入資格があることを証明し、「事業所登録」がない場合、この証明書の内容で登録を申請します。
証明日 令和 1年 12月 12日 ※3ヵ月以内有効
住所 東京都○○区△△1−23−456 □□ビル
事業所名称 ○○株式会社
事業主名称（代表者肩書 氏名） （証明ご担当者名：年金 三郎）
代表取締役 年金 太郎
※個人事業主の方の場合、事業主の住所および氏名を記入。

5.企業年金制度等の加入状況

番号 10 別添のフローチャートを実施し、該当番号を左欄にご記入ください。
上記の番号が【10】【11】【12】【16】のいずれかに該当する場合は、☐にレ点をご記入ください
☑ 申出者はマッチング拠出を選択していません。
☑ 事業所の事業主掛金は年単位拠出ではありません。

4 申出者を使用している厚生年金適用事業所の住所・名称等

郵便番号 電話番号 − −
事業所名称（カナ）
住所
事業所名称
※「4事業主の署名等」と同一の場合、記入不要。

5 連合会への「事業所登録」の有無等（複数回答可）

☐「事業主払込」で登録済 事業主払込用登録事業所番号
☑「個人払込」で登録済 個人払込用登録事業所番号 12345678
☐ いずれの登録もない ☐ わからない
※事業所番号が不明な場合、空欄でも構いません。但し電子申請の場合は番号の記入が必須です
市区町村コード 企業名称区分 掛金納付方法 ☐1：事業主払込 ☐2：個人払込

8.掛金の納付方法 必ずいずれかを選択してください
☐ ❶申出者が希望しているため、「事業主払込」とする。
☑ ❷申出者が希望しているため、「個人払込」とする。
☐ ❸申出者は「事業主払込」を希望しているが、「個人払込」とする。
☐ ❹申出者は「個人払込」を希望しているが、「事業主払込」とする。

→左で❸を選択した場合のみご記入ください。
「事業主払込」が困難な理由を選択してください。
☐ ①「事業主払込」を行う体制が整っていないため。
☐ ②その他（ ）

6 .資格取得年月日

資格取得年月日	年月日	退職手当等制度の種類	同制度の実施主体	同制度の根拠法令等
☐昭和 ☑平成 ☐令和	09年04月01日	①事業所で実施している退職手当等	事業主	所得税法第30条
☐昭和 ☐平成 ☐令和	年 月 日	②中退共（中小企業退職金共済） 建退共（建設業退職金共済） 清退共（清酒製造業退職金共済） 林退共（林業退職金共済）	独立行政法人勤労者退職金共済機構	中小企業退職金共済法
☐昭和 ☐平成 ☐令和	年 月 日	③特退共（特定退職金共済契約）	特定退職金共済団体（例）商工会議所	所得税法施行令第73条第1項第1
☐昭和 ☐平成 ☐令和	年 月 日	④社会福祉施設職員等退職手当共済	独立行政法人福祉医療機構	社会福祉施設職員等退職手当
☐昭和 ☐平成 ☐令和	年 月 日	⑤外国の法令に基づく保険又は共済（退職を理由に支払われるもの）	外国保険業者等	所得税法施行令第72条第3項

❶❷ ❶と❷を記入したうえで、勤め先に提出します。
❸「証明ご担当者名」欄には、証明書を記入した担当者名を記入してもらいます。
❹「事業主」と「厚生年金適用事業所」が同一の場合は記入されていなくてもOK。
❺該当する項目がチェックされているか確認。登録済の場合、登録事業所番号を記入してもらいます。登録事業所番号が不明な場合は、空欄でもOK。
❻申込者が現時点で用紙右側に示された退職手当等制度の資格を有する場合のみ、「資格取得年月日」を記入してもらいます。

「なんで個人型年金なのに、会社が記入しなきゃいけないんだ？」なんていわれたらどうしよう…
iDeCo公式サイト（https://www.ideco-koushiki.jp/owner/）にある「事業主の方へ」という文面を見せるなどして、お願いしてみましょう。きちんと対応してくれるはずです

先生からのアドバイス

記入のお願いが意外と難関

この「事業主の証明書」の記入を「勤め先の人に頼みにくい」という理由で、加入を断念してしまう方もいます。この証明書は法令で会社の協力が義務づけられているので、きちんと説明して記入してもらうようにしましょう。少々面倒ですが、このハードルを乗り越える価値は十分ありますので、何とか乗り越えてください。

キャリアアップや独立も目指したい！ 転職、退職する場合に必要なこと

別の会社に転職する際の手続き

個人で加入するiDeCoは、退職や転職とあまり関係ないと思うかもしれません。しかし実際は勤め先の年金制度などと深く関わっているため、**退職や転職の際にはそれぞれの状況に応じた手続きが必要**です。

別の会社に**転職した後もiDeCoを続ける場合、加入時の窓口の金融機関（運営管理機関）に所定の届け出を行わなくてはいけません。**あるいは転職先の企業型DCに資産を移す場合も、運営管理機関に対して資産の移換など、一定の手続きが必要です。移換の具体的な方法は、まずコールセンター、その後転職先の人事または労務の担当者に相談するといいでしょう。

退職〜独立などにあたっての手続き

それまで**会社員だった人（第2号被保険者）が退職して独立する、つまり自営業者や個人事業主など（第1号被保険者）になる場合も、iDeCoを続けていくことができます。**ただしその場合も、運営管理機関に対して国民年金の被保険者の種別を変更する手続きが必要。これは退職して専業主婦（夫）（第3号被保険者）になる場合、また反対に個人事業主や専業主婦（夫）が会社に就職する場合も同様です。

転職や退職に際して年金資産を持ち運べることも、iDeCoのメリットの1つ。ただし手続きを正しく行う必要があることも、意識しておきましょう。

用語解説

自営業者や個人事業主

「自営業者」というと、会社員以外のことを指していうことが一般的で、法人を営んでいる人にも使われることがあります。ただし、年金制度の第１号被保険者にあたる自営業者は、厚生年金保険に加入していない人です。また「個人事業主」とは、法人を設立せずに個人で事業を営む人のことを指します。

転職・退職に際して必要な手続き

会社員

転職	転職	独立	退職
別会社の従業員（第2号被保険者）になる		自営業者（第1号被保険者）になる	専業主婦（夫）（第3号被保険者）になる
iDeCoに引き続き加入	iDeCoの資産を転職先の企業型DCに移換	iDeCoに引き続き加入	iDeCoに引き続き加入
手続き 国民年金の被保険者種別または登録事業所の変更の手続き	**手続き** 加入者資格の喪失および資産の移換の手続き	**手続き** 国民年金の被保険者種別の変更の手続き	**手続き** 国民年金の被保険者種別の変更の手続き
必要な書類 「加入者登録事業所変更届」（転職先が記入した「事業所登録申請書兼第2号加入者に係る事業主の証明書」を添付※）▶運営管理機関へ	**必要な書類** 「加入者資格喪失届」▶運営管理機関へ	**必要な書類** 「加入者被保険者種別変更届（第1号被保険者用）」▶運営管理機関へ	**必要な書類** 「加入者被保険者種別変更届（第3号被保険者用）」▶運営管理機関へ

※ 2024 年 12 月以降は不要になる予定。

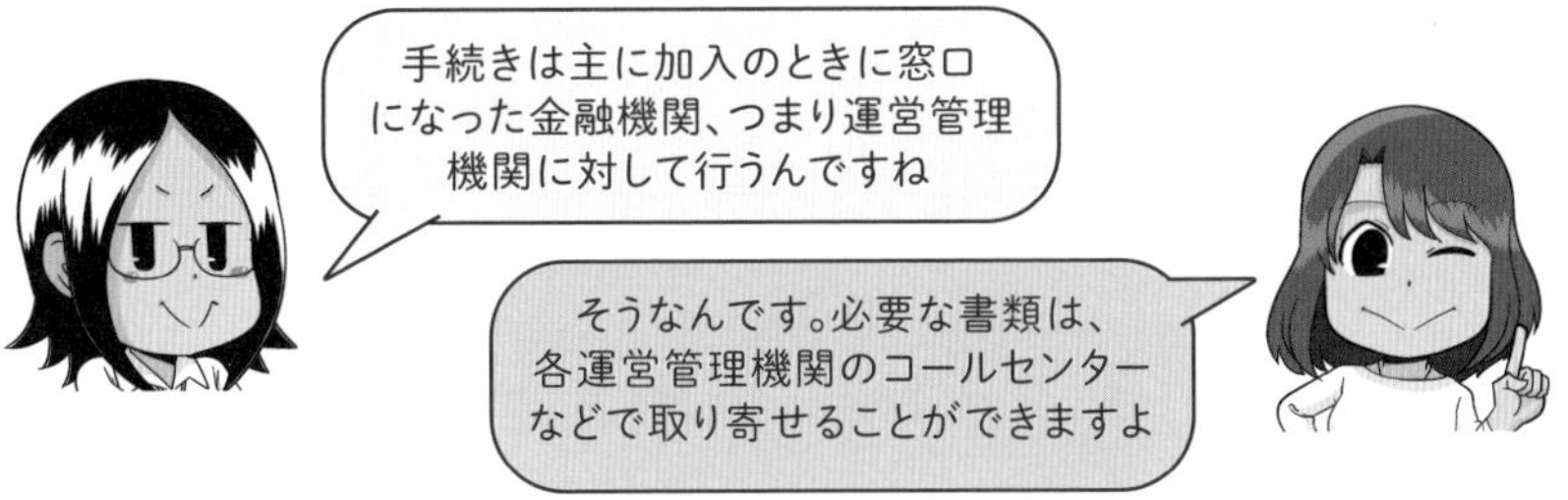
手続きは主に加入のときに窓口になった金融機関、つまり運営管理機関に対して行うんですね
そうなんです。必要な書類は、各運営管理機関のコールセンターなどで取り寄せることができますよ

先生からのアドバイス

会社員にうれしい緩和措置

転職先に企業型 DC がある場合、会社の規約で併用を認めていなければ、iDeCo を続けることはできません。ただし 2022 年 10 月 1 日以降はこの決まりが緩和され、一定の条件（P.136）を満たせば自分の意思で iDeCo を続けられるようになりました。また個人事業主や専業主婦（夫）が会社に就職する場合にも就職先の事業主の証明書が求められますが、これも 2024 年 12 月以降は必要なくなる予定です。

iDeCo加入までのプロセスはこれ
口座開設までの流れとその期間

申し込み書類の審査

iDeCoへの加入プロセスをまとめてみましょう。まず申込書類を受付窓口となる金融機関（運営管理機関）のウェブサイトやコールセンター、店舗窓口から取り寄せます。書類が届いたら、申し込みに必要な書類に記入。本人確認書類とともに返送します。

郵送した書類は、金融機関からiDeCoを統括する国民年金基金連合会に送付され、加入者資格の審査にかけられます。この**審査に要する日数は、1～2か月ほど。希望者1人ひとりの年金の加入状況、またiDeCoの加入資格について、国民年金基金連合会の確認が行われます。**

審査完了後はどうなる？

審査が完了して加入資格があると認められると、**国民年金基金連合会から「個人型年金加入確認通知書」が郵送で届きます。**引き落とし開始日や引き落とし金額などが記載されている重要な書類なので、内容をよく確認しておきましょう。

またそれとは別に、**記録関連運営管理機関もしくは金融機関から口座にログインする際のIDとパスワードが記載されたお知らせが届きます。**金融機関のウェブサイトでIDとパスワードを入力すると、初期設定が完了。書類提出時に運用商品の選択などを行っていない場合、サイト上で指定することができます。

用語解説

記録関連運営管理機関

iDeCoの記録関連業務を行う機関。レコードキーパー（RK）とも。加入者の資産額などの個人情報を記録・管理し、加入者から出された運用指図を取りまとめて資産管理機関に通知したり、加入者に残高を報告する業務を担っています。

iDeCo加入までの流れの例

❶ 加入資格があるかどうか確認する

原則20～65歳未満の人が加入可能。国民年金の保険料を払っていない人、勤め先の企業型DCがiDeCoとの同時加入を認めていない人は、加入不可（ただし規制緩和により、2022年10月以降は一定要件を満たせば加入が可能）。

❷ 金融機関（運営管理機関）を選ぶ

❸ 掛金の額を決める

❹ 運用する商品と配分を決める

❺ 事業主の証明書を用意

会社員と公務員の場合（2024 年 12 月以降は不要になる予定）。

❻ 個人型年金加入申出書を金融機関に提出

❼ 国民年金基金連合会による審査

❽ 口座開設の完了

記録関連運営管理機関などから「口座開設のお知らせ」、国民年金基金連合会から「個人型年金加入確認通知書」が送付される。

❾ 初回掛金の引き落とし

※参考まで。運用商品を決めるタイミングなど、順番は必ずしもこのかぎりではありません。

先輩の体験談

年末の休日にSBI証券にオンラインで加入手続きをし、2月中旬に国民年金基金連合会から「個人型年金加入確認通知書」が郵送で届きました。2月26日に前年の12月分と今年の1月分の2か月分が引き落とされましたが、前年の12月分～今年の11月分が今年の掛金になるそうです。たまたま年末に申し込みましたが、1年分まるっと節税できてラッキーでした。

（配送業・43歳）

先生からのアドバイス

申込みが早いほど節税効果が高まる

国民年金基金連合会での審査には、通常1～2か月ほどかかります。たとえば6月に加入の申込みをすると、審査結果が通知されるのは7月以降。その年は約半年間の積立となります。半年分でも節税効果は十分ありますので、加入すると決めたらなるべく早く申込みするのが賢明ですよ。

節税しながら老後に備えるために！

iDeCo

03 iDeCoの運用方法を教えてください！

iDeCoもNISAのつみたて投資枠と同じように商品を選ぶんですよね
組みあげる
せやで
積立金額を100として1%単位でいろんな商品を選んで運用できるんや
国外債券
13
国内債券
12
国内株式
50
海外株式
25
100
お！これいいかも「元本確保型」
絶対損しないって安心感ある…
アカーン！
ア゛オ゛ッ
うわ怖なんで!?
そんな顔できたの
わずかとはいえ金利がつくんだし絶対元はとれるんでしょ!?
その金利の低さがネックやねん
今の金利だと100万円積み立てても年に100円も増えません
iDeCoの年間運用コストが5～6千円かかるとすると…
20円－5~6千円
≒－5~6千円
年間5～6千円の損！
節税効果があるから厳密にはマイナスではないけどあんまりおトクじゃないですよね～
月1万円で年2万4千円節税できるので。
維持費ってほんとにiDeCoのキーになるんですねぇ…

※所得によって節税額は異なります。

そんなおトクじゃないなら貯金のほうがいいかってなる…
ねー。
損しないようにガチガチにすると逆に損するってどうしたらいいんだ…
リスクをとりたくないなら毎年2％成長くらいを目標にするといいかも
2％
個人的には30代ならもっとリスクをとってもいいと思うけどね
っていわれてもどんな商品がいいか素人にはわかりませんよ～！
うふふ相談料高いわよ～といいたいところだけど…
チャラララッラララ～ン
リスク許容度診断ツール～
診断スタート
リスク許容度？
ガガガ アナタ トウシ ムイテナイ
あ？
どんな商品をどんくらいの配分で買えばええか診断してくれる金融機関のサービスやな
年齢は？
31歳
株式投資の知識はある？
いいえ
リスクをとってでも利益を得るべきだと思う？
ややはい
アナタニオススメノ商品構成ハコチラ！
診断結果
30代前半　中程度リスク
推奨バランス
株式　：65.5％
債券　：28.8％
不動産：5.7％
うわ簡単！
ものの数秒で答えてくれる
将来の資産シミュレーション
4千万円
3千万円
2千万円
1千万円
0
5
10
15
20
25
30
35
40
45
（毎月2万3千円ずつ積み立てた場合の想定）

こんなに細かく分けて
投資するんだ
国内株式 32.1%
先進国株式 27.6%
新興国株式 5.8%
債券 28.8%
不動産 5.7%
例。
たしかにこれは自分１人じゃ無理だわ…
本当にこんなに値上がりするんですか？
4千万円
3千万円
2千万円
1千万円
0 5 10 15 20 25 30 35 40 45
夢のようなすうじ。
この配分の期待リターンが単純にずーっと続いたらこうなるでってグラフや
あくまで参考やね。
素人が考えるよりAIに配分を考えてもらった方が手っとり早いですもんね
ピッ
ピッ
年齢を若くするとハイリスク商品を多めにすすめられる
やっぱり年齢によって商品変えたほうがいいのか…
あーー。
たまの見直しは必要やね
iDeCoのすごいところは
この組み替えが自由なところ！
たとえばハイリスクのA商品がすごーい値上がりして全体のバランスが崩れたとするよね
D A C B
25万円ずつ
A B C D
100万円
D A C B
←3倍に！
A B C D
150万円
うれしい！

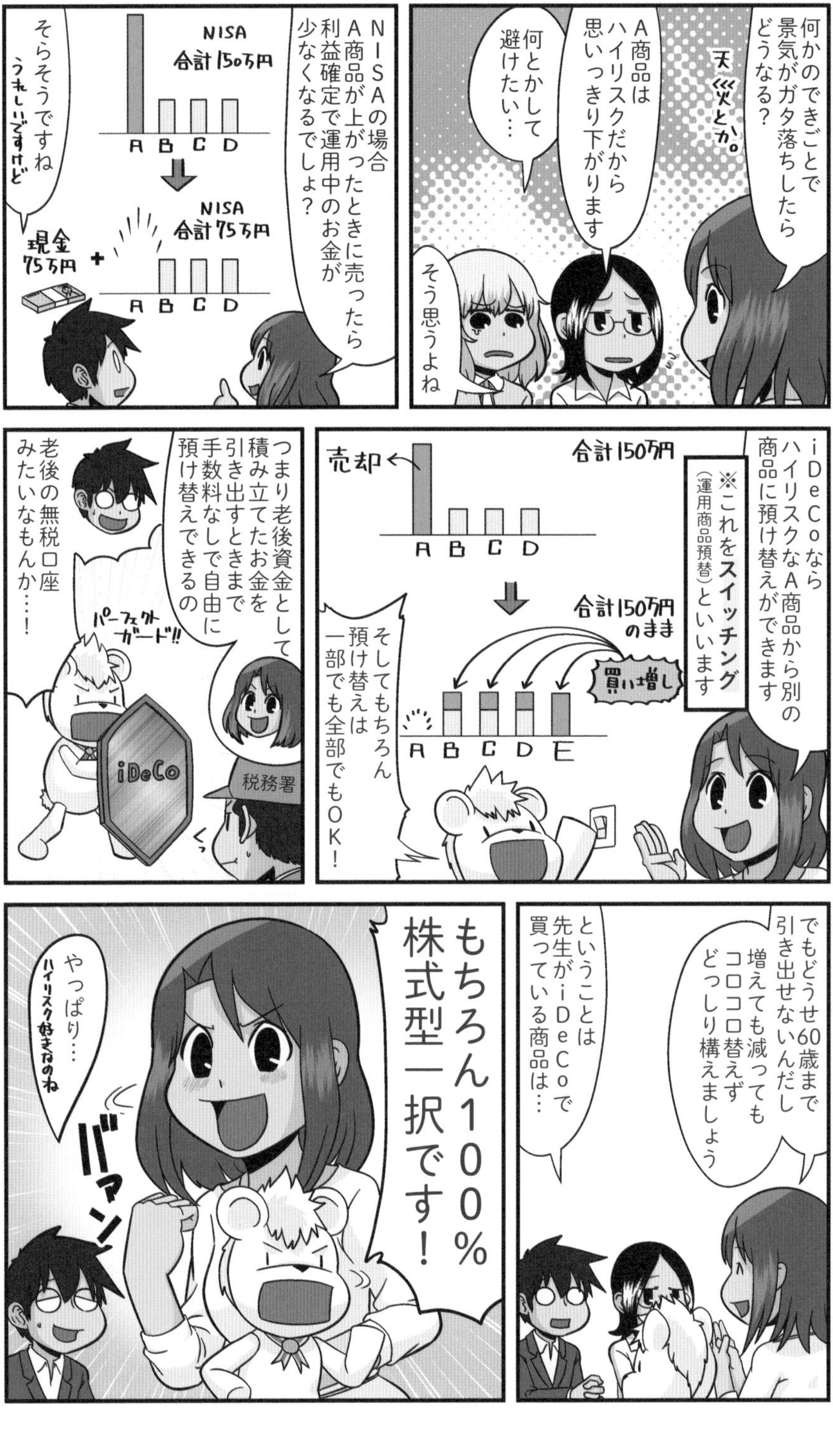
何かのできごとで景気がガタ落ちしたらどうなる？
天災とか。
A商品はハイリスクだから思いっきり下がります
何とかして避けたい…
そう思うよね
NISAの場合A商品が上がったときに売ったら利益確定で運用中のお金が少なくなるでしょ？
NISA
合計150万円
A B C D
NISA
合計75万円
現金75万円
A B C D
そらそうですね
うれしいですけど
iDeCoならハイリスクなA商品から別の商品に預け替えができます
※これをスイッチング（運用商品預替）といいます
売却
合計150万円
A B C D
合計150万円のまま
買い増し
A B C D E
そして預け替えは一部でも全部でもOK！
つまり老後資金として積み立てたお金を引き出すときまで手数料なしで自由に預け替えできるの
老後の無税口座みたいなもんか…！
パーフェクトガード!!
iDeCo
税務署
くっ
でもどうせ60歳まで引き出せないんだし
増えても減ってもコロコロ替えずどっしり構えましょう
ということは先生がiDeCoで買っている商品は…
もちろん100％株式型一択です！
やっぱり…
ハイリスク好きなのね
バァン

投資って普通増えた部分から税金が引かれる仕組みでしょ？
上昇時
税金で20%減る
下降時
損はまるかぶり
増えた分から税金が引かれないのがiDeCoだから…
基本的に不利な仕組となっております。
リスクをとって増やすならここでしょ！
ガッ
ああっ先生が見たことない顔をしている
リスク許容度ツールの結果はあくまで「AIが作ってくれた資産配分の目安」や
ローリスク商品別で持っとるなら
iDeCoはハイリスクがおすすめ！
NISAやiDeCo普通の口座にある商品を含めて資産全体で参考にすべきやな
ね。
NISAとiDeCo以外に手を出す余裕はまだないけど
ハイリスク商品もいくつか買ってみようかなあ
リスクを受け入れなきゃ
リターンもない守りばかりでは成功を手に入れることはできない…
僕が人生で失敗してきたエッセンスが詰まってる気がする…!!
ポン
↑全額定期預金マン
投資も人生も似たようなもんかもしれんなあ

つみたて投資枠もiDeCoも投資初心者でもコツコツ積み立てながら投資できる場です
コツコツ積み立てるのも
計画を立てて長い目で見て運用していくのも
目標100万円!
iDeCo
ここで練習のつもりで始めるのがいいと思いますよ
いきなりあり金全部投資するんもまた人生やけどな!
資産形成のことはまだまだ全然わからないけど…まず今年の節税目指してiDeCoマラソン駆け抜けます!
私はまず夫と話をしてみます!
よっしゃその心意気に乾杯や!
店員さん中生人数分…
iDeCoもマラソンもお酒もペースを守って楽しくね♡
ニコッ
長くたのしむコツですよ
……はい……
フッ

あなたはリターン追求型？安定型？中間型？
自分の投資に対する基本方針を決めよう

自分のリスク許容度をチェック

P.52で見た通り、リスクとは振れ幅のこと。これをどこまで受け入れることができるか、つまりリスク許容度についてもP.53で説明しました。ここではさらに、リスク・リターンに対して自分がどんなスタンスで運用していくか考えてみることにします。

まず左ページの3分類チェックで、自分の投資に対する基本方針を診断してみましょう。**「高い収益性を追求するため、積極的に投資したい」という方はリターン追求型。「収益性と安定性のバランスを考慮したい」方は中間型。そして「極力元本の安定を重視して堅実に運用したい」方は安定型**ということになります。

自分にとっての〝金額の重み〟も考慮

このように**リスク許容度は、年齢、資産・年収、家族構成などを基に考えるのが一般的。**ただしもう1つ、積み立てる金額が自分にとってどれほどの重みがあるかも大切なポイントです。たとえば57歳の会社員が月1万2000円を60歳まで3年間、堅実に利回り1％積み立てたとして、貯まるのはたかだか43万円ほどにしかなりません。その程度の額なら、むしろ高いリスクを受け入れ、大きなリターンを狙いたいという人もいるでしょう。年収・資産によって判断はそれぞれですが、自分にとっての金額の重みを基準に、リスク許容度を考える発想もあるのです。

用語解説

分散投資

投資するうえで、リスク＝振れ幅をおさえるための方法の1つ。投資対象やタイミングなどを1つ、1回と集中させずに、いくつかに分ける方法。「資産の分散」「地域の分散」「時間の分散」（P.33）などを基本とする。

投資の基本姿勢3タイプ

若くないので冒険したくない	老後資金を確実に確保したい	若いので多少冒険しても平気
資産が減らない運用がいい	多少値動きしてもかまわない	値動きの大きな運用がいい
資産・貯金があまり多くない	資産・貯金は普通	資産・貯金に余裕がある
収入はあまり余裕がない	収入に余裕はないが増やしたい	収入に余裕がある
生活に大きな変化を望まない	冒険はしたいが生活も心配	新しいことにチャレンジしたい
安定型	**中間型**	**リターン追求型**
リスク許容度⇒低い 目標利回り2%	リスク許容度⇒中間 目標利回り4%	リスク許容度⇒高い 目標利回り5%以上
値動きの少ない商品を選び、元本割れを極力避けて手堅い運用を目指す。	商品をバランスよく分散させ、資産のコア部分を守りながらリターンを追求。	高い利回りの商品の比率を高め、積極的に資産を増やしていくことを目指す。

先生からのアドバイス

資産はトータルで考える！

投資に対する基本方針を考えるうえでもう1つ大事なのが、自分が持っている資産をトータルで考えることです。たとえば私もiDeCoとNISAをやっていますが、実はいずれもすべて株式型でハイリスク・ハイリターンの運用。というのも運用益非課税を最大限活かしたいですし、それ以外にも定期預金などもあるので、トータルでは分散投資になっているんです。このようにiDeCoあるいはNISAだけで考えるのでなく、資産全体にまで目を配ることも忘れないでください。

先輩の体験談

下の子どもが小学校の高学年になり、今はフルタイムで働いています。老後資金を増やすためにiDeCoに加入しました。子どもの教育資金や生活資金はすでに積立預金で確保しているので、iDeCoでは積極的な運用をしています。（事務員・38歳）

投資への姿勢によって将来受け取れる金額が決まるわけですから、失敗したくないですよね

そうですね。そのためにも最初の段階で、運用に対する姿勢をしっかり検討しましょう

元本確保型と元本変動型の違いって？

iDeCoで選べる商品タイプは大きく2つ

2タイプの金融商品から選ぶ

iDeCoで運用できる金融商品には、大きく分けて**「元本確保型」と「元本変動型」の2タイプがあります**。これらのタイプに属する商品のなかから自分に合ったものを選び、掛金の限度額の範囲内で運用します。複数の商品を自由に組み合わせることもできます。

「元本確保型」とは？

元本確保型とは、**満期まで保有することにより元本と契約時に定められた金利が確保される商品**。具体的には、定期預金や保険商品などがあります。元本割れの恐れがほぼないため、絶対に損をしたくない人におすすめ。しかし運用によって得られる利益は非常に少ないです。さらに現在のような低金利では、元本が増えないのに加入時の手数料や月々の手数料は差し引かれ、結果的にお金が目減りしていく場合もあります。

「元本変動型」とは？

元本変動型は、iDeCoでは**運用によって元本が変動する投資信託**。複数の投資家から集めたお金を、運用会社が国内外の株式や債券などの資産に投資して運用する金融商品です。金融商品の価格は社会や経済の情勢によって日々変わるので、**運用がうまくいけば大きな利益が期待可能**。ただし、場合によっては元本割れしてしまう可能性もあります。

用語解説

元本確保型

iDeCoの元本確保型の商品は、定期預金と保険商品（生命保険・損害保険）があります。定期預金は１年定期、５年定期などがありますが、現在の水準で金利が固定される長期の預金は避けたほうが無難。保険は個人年金保険が主流です。

元本確保型と元本変動型

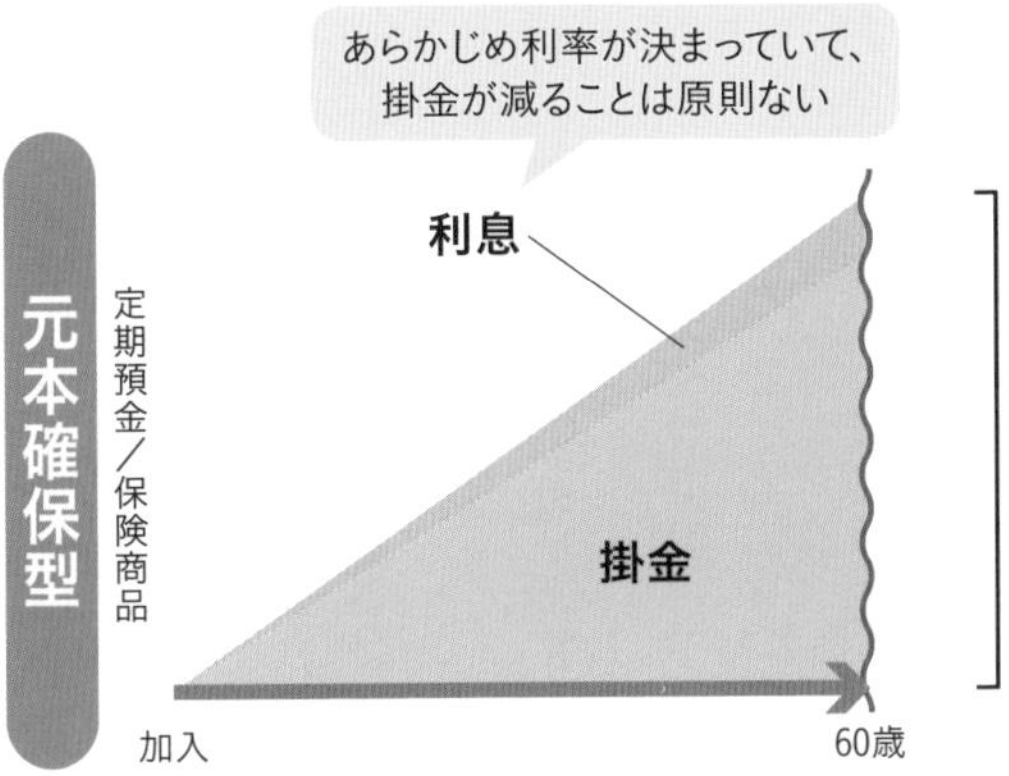

◉基本的に元本（運用のために預けたお金）が減ることのない堅実な商品。

◉金利が低いと運用資産はほとんど増えない。

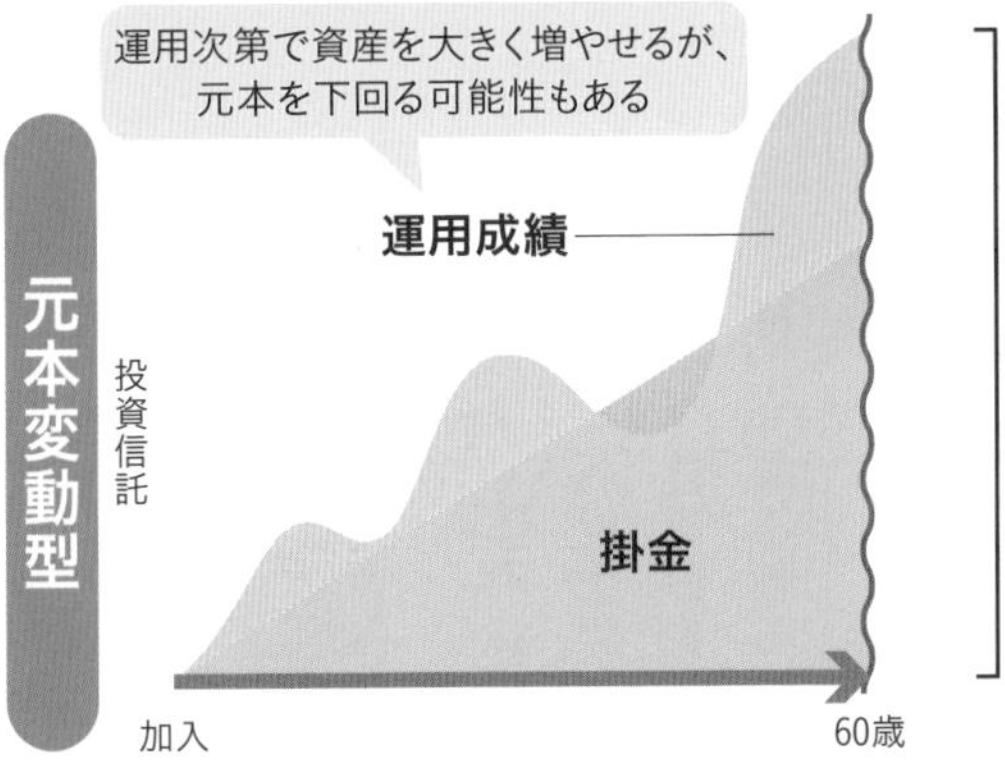

◉元本が保証されず、積み立てたお金が減ることもある商品。

◉運用次第で資産の額が変動する。

先輩の体験談

お金が減ってしまうかもと思うと不安で、元本確保型の定期預金だけで運用することにしました。節税効果だけで十分と思っていましたが、今思うともう少し積極的に決めてもよかったかも…という気がしています。（サービス業・47歳）

先生からのアドバイス

**元本確保型は
スイッチングにも注意**

元本確保型の定期預金と保険商品は、スイッチング（運用商品預替→P.176）＝運用商品の変更（預け替え）をする際に負担が生じる可能性にも注意が必要です。定期預金の場合、当初適用されていた利率よりも低い「中途解約利率」で利息が計算されてしまいます。また保険の場合、中途解約時の金利情勢などに応じて「解約控除金」が差し引かれることがあり、商品によっては元本割れすることもあります。

元本確保型では意味がない？
せっかくなら投資信託100%も検討しよう

運用益非課税のメリットがある**iDeCoでは、それ以上のリターンが期待できる元本変動型の投資信託こそおすすめ。**投資信託100%の配分も、検討してみる価値は大いにあります。

メリットを十分引き出す運用とは

iDeCoのメリットの1つは、運用で得た儲けに税金がかからないこと。なのに**わずかな儲けしか期待できず、手数料だけ支払う運用では、iDeCoを活用できているとはいえません。**また同じ意味で、株式やREITに比べて期待できるリターンが少ない債券型の投資信託も、あえてiDeCoで選ぶ意味がないという人もいます。

リスクが低く手堅い元本確保型ならiDeCoやNISAのつみたて投資枠以外でも運用可能。定期預金や保険のわずかな利息に約20%の税金がかかったところで、ほとんど大差ありません。

「分散」「積立」「長期」で安心運用

iDeCoで運用できる投資信託の金融商品は、P.51でも見たように国内債券型〜外国（新興国）株式型の順に値動きの幅が大きくなる仕組み。低リスクの運用がしたい人は、**債券を含んだ投資信託の割合を増やすといった形にするなどの選択肢があります**。「長期」「分散」「積立」の基本に立って運用すれば、投資信託を怖がる必要はありません。

用語解説

新興国

エマージングカントリーとも。先進国のような経済水準に達していないものの、高い成長性が期待できる国々のこと。中南米、東南アジア、中東、東欧などの国々が含まれます。経済や市場が成長途中なので、混乱が生じる可能性もあります。

世代別ポートフォリオの例

20代

株式の比率＝80%。リスク・リターンの最も大きな株式も積極運用。

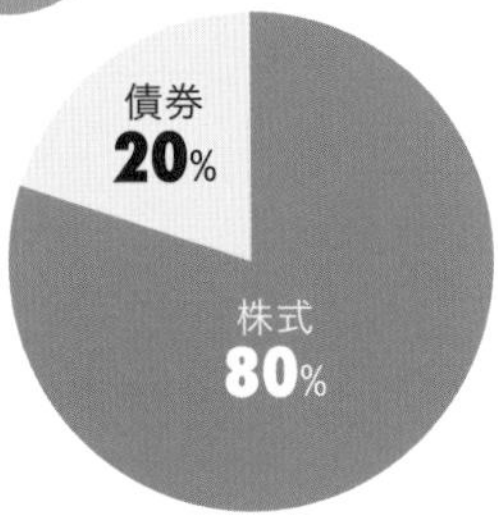

30代

株式の比率＝65%。株式に比重を置きながらも徐々に比率を下げ、債券を増やす。

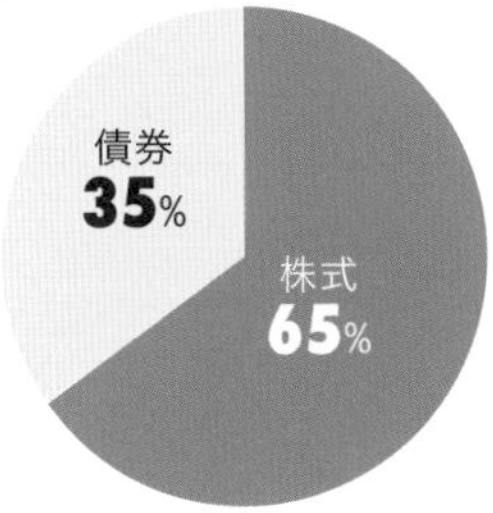

40代

株式の比率＝50%。そろそろゴールを視野に入れつつ、状況に応じて収益性と安全性のバランスを図る。

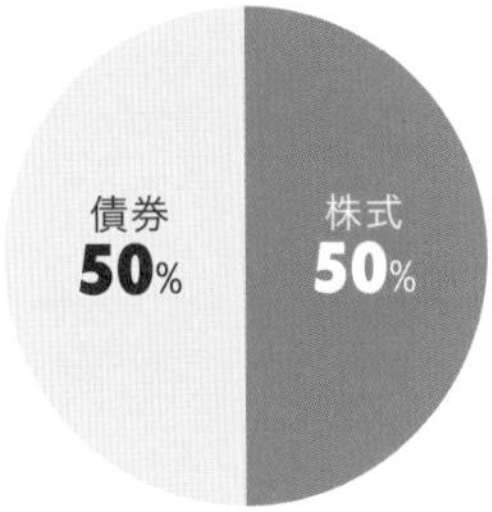

50代

株式の比率＝30%。終了時に値動きの影響を受けるとマイナスになりかねないので、慎重な運用を心がける。

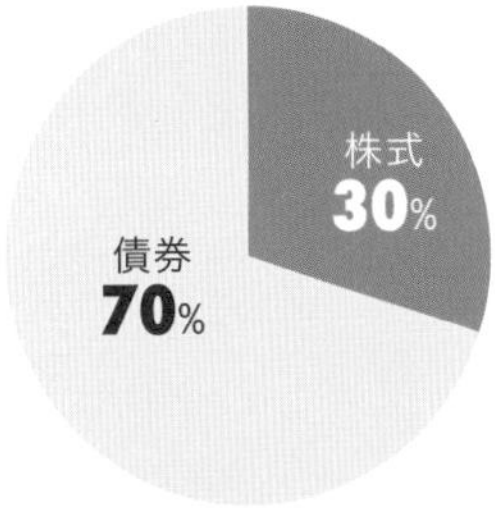

先輩の体験談

公務員なので老後保障は比較的安定しています。そのため、iDeCo では積極的な運用でリターンを狙おうと思い、国内外の株式を中心とした投資信託を選びました。コロナ・ショックで一時はどうなることかと思いましたが、今は比較的順調に年金が育っている感じです。（教職員・45 歳）

退職して独立した友人が、会社で積み立てていたDC（確定拠出年金）をiDeCoに移したそうなんです。その際、よくわからないから安全な定期預金にしたっていうんですが…

ありがちですが、運用益が出ずに手数料だけ減っていきますね。なかにはiDeCoにお金を移しただけで掛金を拠出しない運用指図者になっている人もいますが、もったいない。最悪なのはiDeCoに移す手続きすらせずに放置している人。会社を辞めたら6か月以内に必ず手続きしましょう

運用結果を左右する重要なプロセス

iDeCoの運用は金額ではなく、比率で指定

どの商品を何%にする?

投資に対する基本方針を決めたら、次に考えるのが**運用商品。投資信託の商品ラインアップのなかから、1つでも、複数の組み合わせでもいい**ので選ぶことになります。一度選んでもあとから変更はできますが、事前によく考えておくことは不可欠です。

資産配分は、投資に対する基本方針によってそれぞれ異なります。リスク許容度や運用期間などに応じて、株式や債券などの割合を検討しましょう。

たとえばP.167のリターン追求型の人は国内外の株式を組み入れた投資信託を中心とした配分、中間型は国内債券を組み入れた投資信託を中心とした配分、安定型は定期預金を中心とした配分にするといった考え方が一般的です。

商品は「%」で指定

商品が決まったら、申し込み時に送られてくる書類を作成します。用意されている商品一覧から選択し、配分割合の欄に、掛金のうち何%を購入するかを1%単位で記入。たとえば掛金が月額2万円の場合、ある商品に10%と記入すれば、それを毎月2000円分購入することになります。

同様に複数の商品を選ぶ場合は、合計が100%となるように指定します。なお、商品の選択を行わない場合、指定運用方法で運用されることになります。

用語解説

指定運用方法

運用商品の選択をしなかった場合、一定期間を経て自動的に購入される運用商品。商品は金融機関によって異なりますが、厚生労働省令で定める基準に適合する必要があります。指定運用方法からほかの運用商品への変更はいつでも可能。

商品を選択するための書類（配分指定書／運用指示書）の記入例

※ここでは「中央ろうきん」の配分指定書をもとに作成。

確定拠出年金　配分指定書　（個人型掛金用・和暦）

日本ｲﾝﾍﾞｽﾀｰ・ｿﾘｭｰｼｮﾝ・ｱﾝﾄﾞ・ﾃｸﾉﾛｼﾞｰ株式会社 御中
以下のとおり、掛金の配分割合を指定します。
なお、配分指定の内容および【本書ご提出に関する法令に基づくご留意事項】の指定運用方法の適用に関する注意事項について確認しました。

❶ 記入日　20XX年 1 月 10 日

※太枠線内は全て記入必須項目です。ボールペンではっきりと漏れなく正確にご記入ください（生年月日の元号は数字に〇印をご記入ください）。

❷ 基礎年金番号　1234-567890　　生年月日（和暦）　5：昭和　7：平成（〇印）　4 年　6 月 10 日

❸ 氏名（自署）　年金一郎　　契約番号　9 0 3 0000

運用商品名	商品番号	配分割合 ❹	
ろうきん確定拠出年金定期預金（1年）	0 0 1	%	1
ろうきん確定拠出年金定期預金（スーパー1型）（5年）	0 0 2	%	2
ろうきん確定拠出年金定期預金（10年）	0 0 3	%	3
ダイワつみたてインデックス日本債券	0 1 1	%	4
DCダイワ日本債券インデックス	0 0 4	%	5
ダイワつみたてインデックス日本株式	0 1 2	50 %	6
DCダイワ日本株式インデックス	0 0 5	30 %	7
ダイワつみたてインデックス外国債券	0 1 3	%	8
DCダイワ外国債券インデックス	0 0 6	%	9
野村DC外国株式インデックスファンド・MSCI−KOKUSAI	0 0 7	20 %	10
4資産分散投資・スタンダード＜DC年金＞	0 1 4	%	11
4資産分散投資・ミドルクラス＜DC年金＞	0 1 5	%	12
4資産分散投資・ハイクラス＜DC年金＞	0 1 6	%	13
DIAMバランス・ファンド＜DC年金＞1安定型	0 0 8	%	14
DIAMバランス・ファンド＜DC年金＞2安定・成長型	0 0 9	%	15
DIAMバランス・ファンド＜DC年金＞3成長型	0 1 0	%	16
One DC 国内リートインデックスファンド	0 1 7	%	17
One DC 先進国リートインデックスファンド	0 1 8	%	18
		%	19
		%	20
	合計	1 0 0 %	

【ご案内】
1. 配分割合は必ず指定してください。
2. 配分割合のご指定はインターネットサービスでも受付けております。
3. 当配分指定書をご提出された後にインターネットサービス等で配分割合をご変更される場合は、配分指定書の内容が反映された後に行ってください。

【ご記入要領】
1. 配分割合は1%単位で指定し、その合計が100%であることをご確認ください。
配分割合が0%の場合、配分割合の記入は不要です。
2. 記入内容を訂正される場合は、訂正箇所に二重取消線を引き、余白に訂正後の内容をご記入ください。訂正印（署名）は不要です。

【ご注意】
1. 配分指定書の管理は契約番号・基礎年金番号・生年月日・商品番号・配分割合で行いますので、ご提出の際にはお手数でも、記入された内容を再度ご確認ください。

【本書ご提出に関する法令に基づくご留意事項】
1. 加入者の方の利便性を考慮し、別途、配分指定が無い場合は、本書に記載の配分割合を掛金以外の他のご入金にも適用いたします。
2. 指定運用方法（ろうきん確定拠出年金定期預金(10年)）が提示されている「ろうきんiDeCo（個人型年金プラン）」において、配分割合の記載がない場合、初めての掛金入金後の一定期間（ろうきんが定める特定期間、および猶予期間をいいます）を基準として次の取扱いとなります。
i）一定期間経過前にご入金いただいた掛金等の資産（未指図資産といいます）
一定期間経過後、速やかに指定運用方法を購入いたします。ただし、一定期間経過前の当社が定める期限までにインターネットサービス等で配分割合をご指定いただいた場合は、その時点の未指図資産を元に速やかにご指定の配分割合で商品を購入（それ以降のご入金に対しても同様の取り扱い）いたします。
ii）一定期間経過後にご入金いただいた掛金等の資産
ご入金の都度、指定運用方法を購入いたします。ただし、ご入金毎の当社が定める期限までにインターネットサービス等で配分割合をご指定いただいた場合は、それ以降のご入金に対しご指定の配分割合で商品を購入いたします。
3. 指定運用方法の運用の結果（利益・損失）は、あなた様ご自身の判断で商品別配分変更を行った成果とみなされます。

【記入例】
商品001（40%）、商品002（0%）、商品003（60%）の場合

商品番号	配分割合

❶配分割合を記入した日にちを書きます。
❷年金手帳、基礎年金番号通知書、国民年金保険料の納付書・領収書、ねんきんネット、マイナポータルなどを参照して基礎年金番号を記入します。
❸氏名は自著が必須です。
❹配分割合は合計が100になるよう注意して記入します。

先輩の体験談

私はどのように配分すればよいかわからなかったので「バランス型ファンド」にしました。これは国内外の株式、債券、不動産といった複数の資産にまとめて投資できる投資信託で、１本買うだけで分散投資が可能。今のところ値動きも比較的安定しているので、ほったらかし投資に向いていると思います。（飲食業・35歳）

先生からのアドバイス

一般的なリスク許容度を診断してみよう

とはいえ、急に具体的な配分割合まで考えろといわれると、やはり皆さん悩むものです。そこでどうしても決められない人にピッタリの無料診断ツールが、金融機関のサイトで公開されています。簡単な質問に答えていくと、自動であなた向けの配分割合を円グラフなどで作ってくれます。商品のカテゴリーと割合まで出てくるので、参考になりますよ。

初心者におすすめはインデックスファンド

低コストの商品に注目しよう

ずっと支払い続ける信託報酬

投資信託を運用するうえで、必要になるのが信託報酬（P.60）。投資信託を管理・運用する経費＝〝手間ひま代〟としてファンドマネージャーに支払うお金です。これは**投資信託を保有している間、ずっと払い続けなくてはいけません**。金額は商品や金融機関ごとにさまざまですが、一般的には年0・1～2％ほど。たとえば投資信託の利回りが2％、信託報酬が1％とすると、運用収益は半分しか残らないことに。**運用期間が長いほど、信託報酬として支払う額は大きくなります**。したがって低コストでの運用を目指すなら、まず信託報酬の安い投資信託を選ばなくてはいけません。

インデックスファンドは低コスト

投資信託をコストで選ぶなら、インデックスファンド（P.98）がおすすめ。信託報酬が年0・1％台の商品も増えています。もっとも、指数に連動するインデックスファンドは、市場平均を超えた成果は見込めません。それに対してアクティブファンド（P.100）は、高い信託報酬に見合った大きなパフォーマンスを期待してしまいます。しかしたくさんあるなかから、有望なアクティブファンドを自分で見極めるのは大変。まず**インデックスファンドで低コストな運用に努めつつ、経験値が高まったらアクティブファンドに挑戦してみる**のもいいでしょう。

用語解説

市場平均

市場全体の値動きのこと。国内株式の場合は、「日経平均株価」や「TOPIX」（東証株価指数）といった代表的な株価指数が市場平均として使われることが一般的です。

低コストな投資信託の一例

国内株式

運用商品	信託報酬
◉DCニッセイ国内株式インデックス	0.1430%
◉たわらノーロード日経225	0.1430%
◉eMAXIS Slim国内株式（TOPIX）	0.1430%

国内債券

運用商品	信託報酬
◉DCニッセイ国内債券インデックス	0.1320%
◉野村国内債券インデックスファンド・NOMURA－BPI総合（確定拠出年金向け）	0.1320%
◉One DC国内債券インデックスファンド	0.1320%

外国株式（先進国）

運用商品	信託報酬
◉eMAXIS Slim全世界株式（除く日本）	0.0578%
◉eMAXIS Slim全世界株式（3地域均等型）	0.0578%
◉eMAXIS Slim全世界株式（オール・カントリー）	0.0578%

外国債券（先進国）

運用商品	信託報酬
◉野村外国債券インデックスファンド（確定拠出年金向け）	0.1540%
◉インデックスファンド海外債券ヘッジなし（DC専用）	0.1540%
◉野村DC外国債券インデックスファンド	0.1540%

（2023年10月時点）

先輩の体験談

私はインデックスファンドのうち、「ニッセイ・インデックスバランスファンド」というバランス型を選びました。バランス型のなかでもかなり信託報酬が安く、リスクをおさえた運用ができると聞いたからです。（印刷業・42歳）

先生からのアドバイス

似た商品で迷ったら信託報酬をチェック

同じような国・投資先に投資している商品で迷ったら、信託報酬が少しでも安いものを選ぶ方法も。商品には信託報酬が記載されているため、1つずつチェックしていき、低コストの商品に注目しましょう。

iDeCoの商品は見直し可能

「配分変更（運用割合変更）」と「スイッチング（運用商品預替）」

投資の基本方針を変えたくなったら

iDeCoは最初に商品を選びますが、手数料なしで自由に変えることもできます。**運用実績や市場の状況、自分の年齢や収入などから、投資の基本方針を見直したいときなどです**。その場合に行うのが、「配分変更（運用割合変更）」（以下、配分変更）と「スイッチング（運用商品預替）」（以下、スイッチング）です。

未来の掛金割合を変える＝配分変更

配分変更は、毎月購入している商品を変えたり、その割合を変更したりすること。**掛金引落日の数日前（金融機関により異なる）までに手続きすると、次の掛金で前と違う商品を購入できます**。手数料がかからず、回数の制限もありません。

解約して別の商品を購入＝スイッチング

スイッチングは、**それまで積み立ててきた商品の残高の一部または全部を解約して、その代金で別の商品を購入すること**。いわゆる預け替えです。

たとえば左図のように、現在A、B、Cの3商品を運用していたとします。投資信託のAとCの運用で利益が出ており、受け取り時期が迫っていたとします。もう増えなくても満足で、減ることは避けたいと考えました。そこでCを解約して新たにDを購入する…というのがスイッチング。回数制限はありません。

用語解説

お知らせ

記録管理業務を専門に行う「記録関連運営管理機関」が作成し、通知します。記録関連運営管理機関は金融機関が共同で設立した会社であり、加入者の口座の開設、残高・加入期間などの記録・管理、運用指図の取りまとめなどを行います。

配分変更（運用割合変更）の例

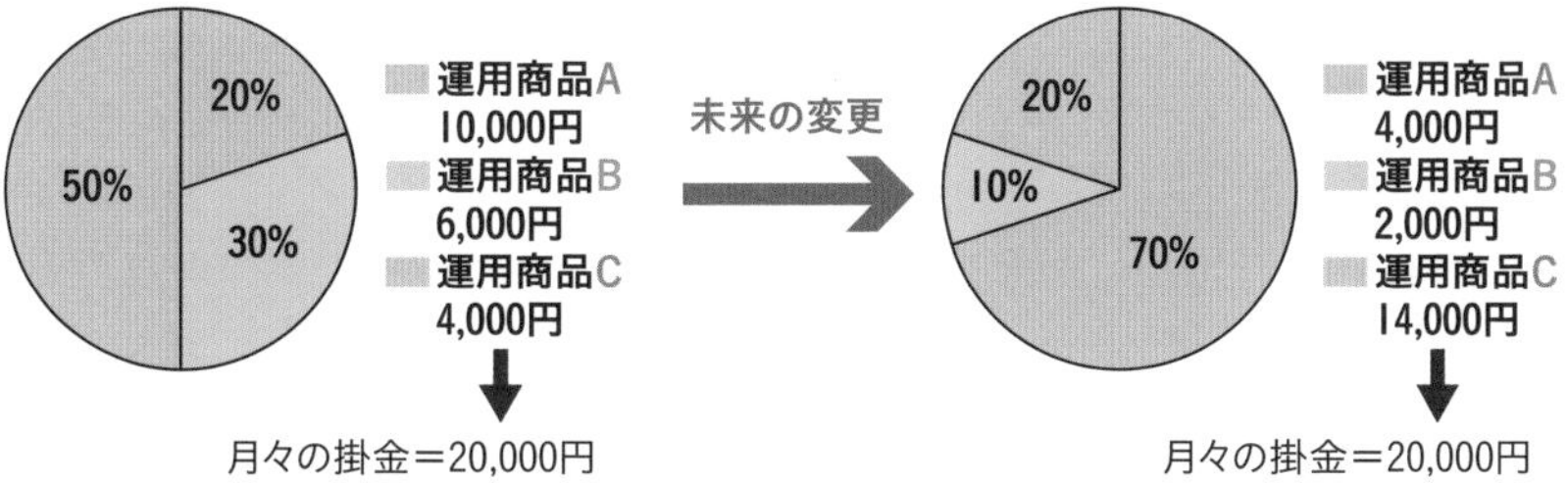

値動きの少ない運用商品AとBの割合を減らし、値動きが大きい運用商品Cの割合を増やした。月々の掛金は変わらない。

スイッチング（運用商品預替）の例

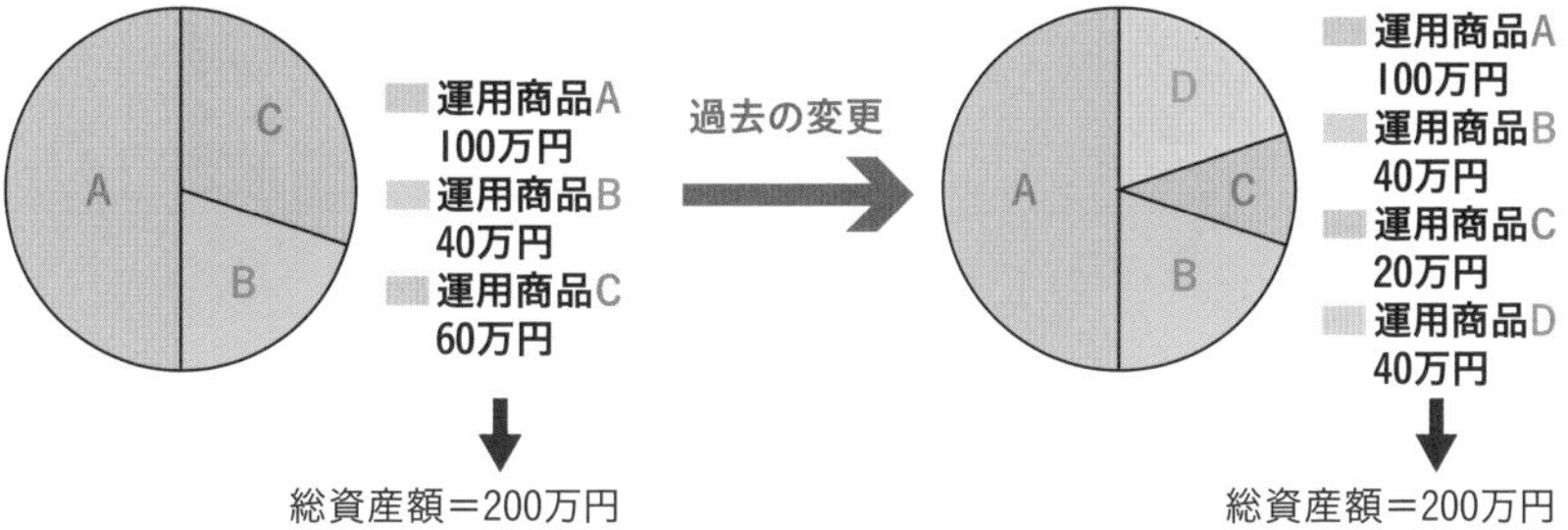

運用成績の悪い運用商品Cの一部を解約して、成長が見込まれている運用商品Dを新たに購入した。総資産額は変わらない。

※ただし、解約から購入に 10 日程度かかる場合もあります。

先輩の体験談

運用は初めてだったので、iDeCo に加入当初は元本確保型にしました。でも運用収益がほとんど増えないので、思い切ってそれまで持っていた商品を預け替えて株式中心の積極的な運用にスイッチングしました。（流通関係・37 歳）

先生からのアドバイス

一定期間ごとに見直しを

長期で運用する iDeCo は、資産や運用の状況を頻繁にチェックして一喜一憂するものではありません。ですが年に 1 ～ 2 回程度送られてくる「お知らせ」が届いたとき、あるいは誕生月など一定の日を決めてチェックし、必要に応じて資産配分の見直しを行うのがよいでしょう。スマホのホーム画面にウェブサイトやアプリを貼りつけておくのがおすすめです。

これをやらないと所得控除のメリットなし！
年末調整&確定申告の方法

必要な書類を大切に保管すること

所得税と住民税が安くなるのが、iDeCoの大きなメリットの1つ。ただしその恩恵を受けるには、**会社員であれば年末調整、自営業であれば確定申告で手続きしなくてはいけません**（P.122）。ここではその具体的な方法を見てみましょう。

iDeCoに加入していると、**国民年金基金連合会から「小規模企業共済等掛金払込証明書」というハガキが届きます**。届く時期は毎年10月頃、または10〜12月に最初の引き落としがあった人は翌年1月頃。この書類が年末調整または確定申告で必要になるので、なくさないようしっかり保管しておいてください。

書類に掛金の額を記入して提出

第2号被保険者＝会社員や公務員は、年末調整にあたって「給与所得者の保険料控除申告書」の提出を求められます。そこでその右下にある「小規模企業共済等掛金控除」の「確定拠出年金法に規定する個人型年金加入者掛金」の欄に、**1年間に払ったiDeCoの掛金の合計を記入。そして「小規模企業共済等掛金払込証明書」を添付して提出します。**

確定申告の場合は、**「確定申告書」の第一表と第二表の「小規模企業共済等掛金控除」に1年間の掛金の合計を記入。続いて控除額を計算し、「小規模企業共済等掛金払込証明書」を添付して税務署に提出します。**

用語解説

年末調整

会社が従業員の給与やボーナスから所得税を徴収するのが、源泉徴収。ただしその額は概算であり、正しい税額ではありません。そこでその年の所得額が確定した時点で徴収額と照合し、過不足を調整する必要があります。これが年末調整です。

年末調整
給与所得者の保険料控除申告書の記入例

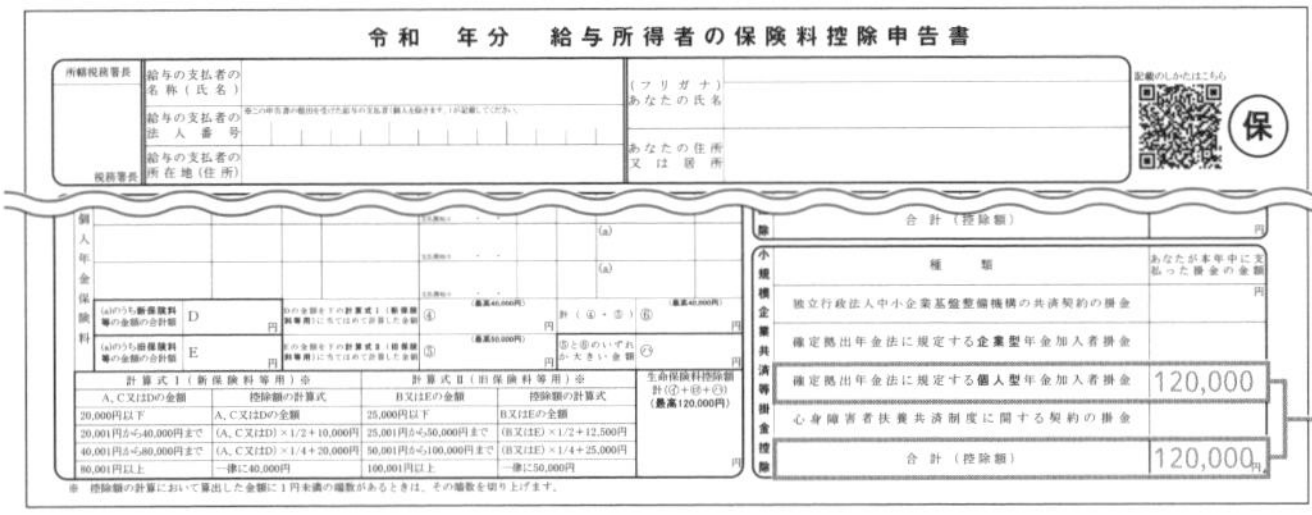

「確定拠出年金法に規定する個人型年金加入者掛金」の「あなたが本年中に支払った掛金の金額」欄に、1年間の掛金の合計を記入する。

確定申告
確定申告書の記入例

確定申告第一表

「所得から差し引かれる金額」の「小規模企業共済等掛金控除」欄に、1年間の掛金の合計を記入する。

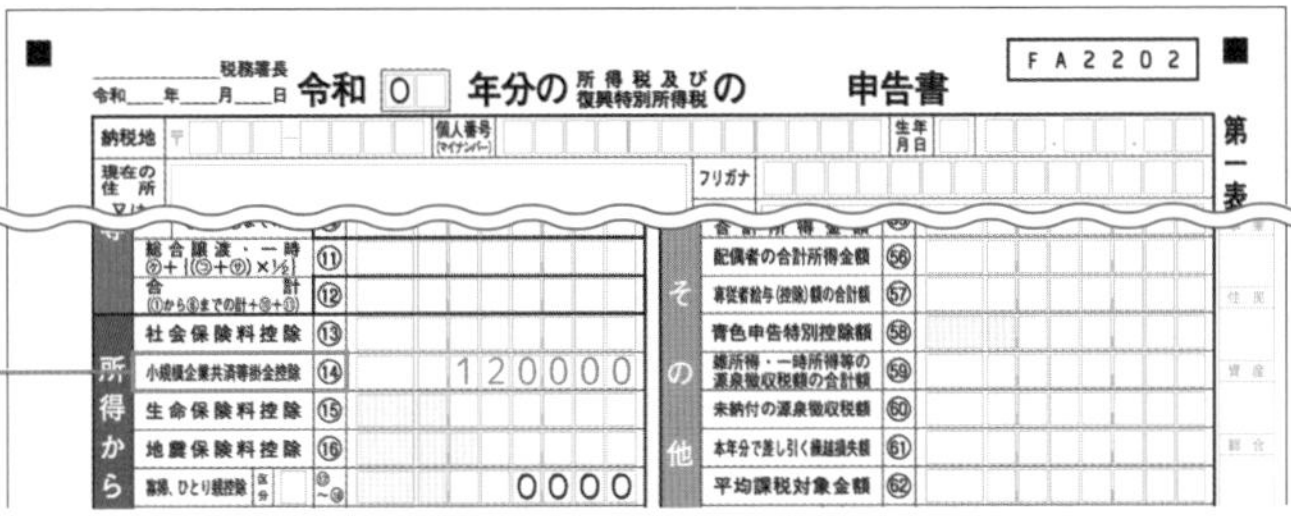

確定申告第二表

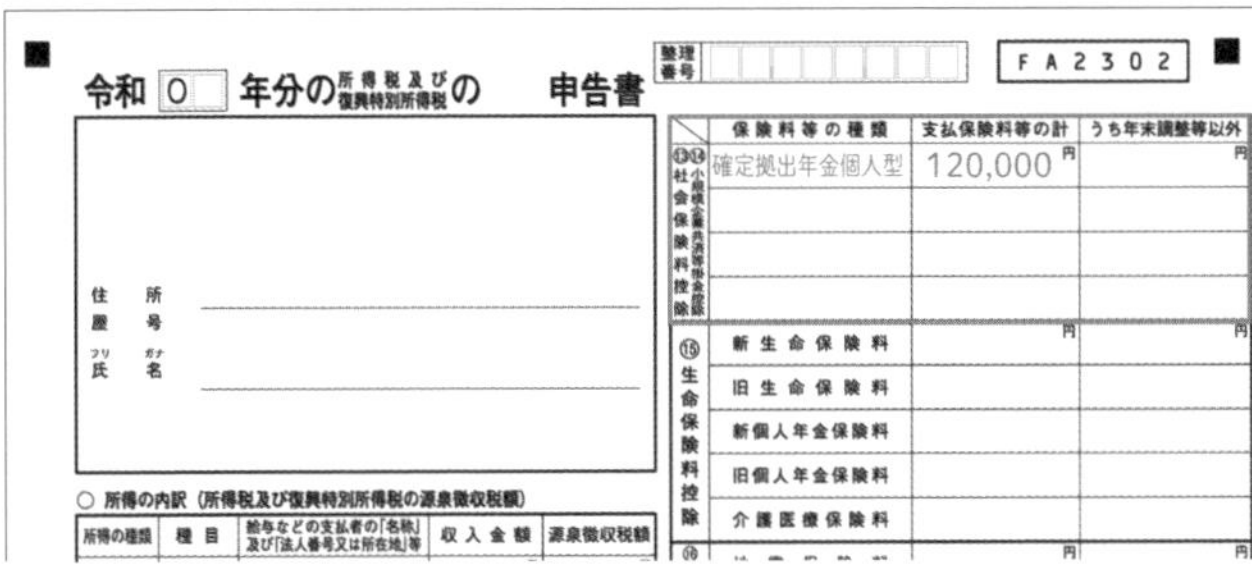

「⑭小規模企業共済等掛金控除」欄に、保険料等の種類と1年間の掛金の合計を記入する。

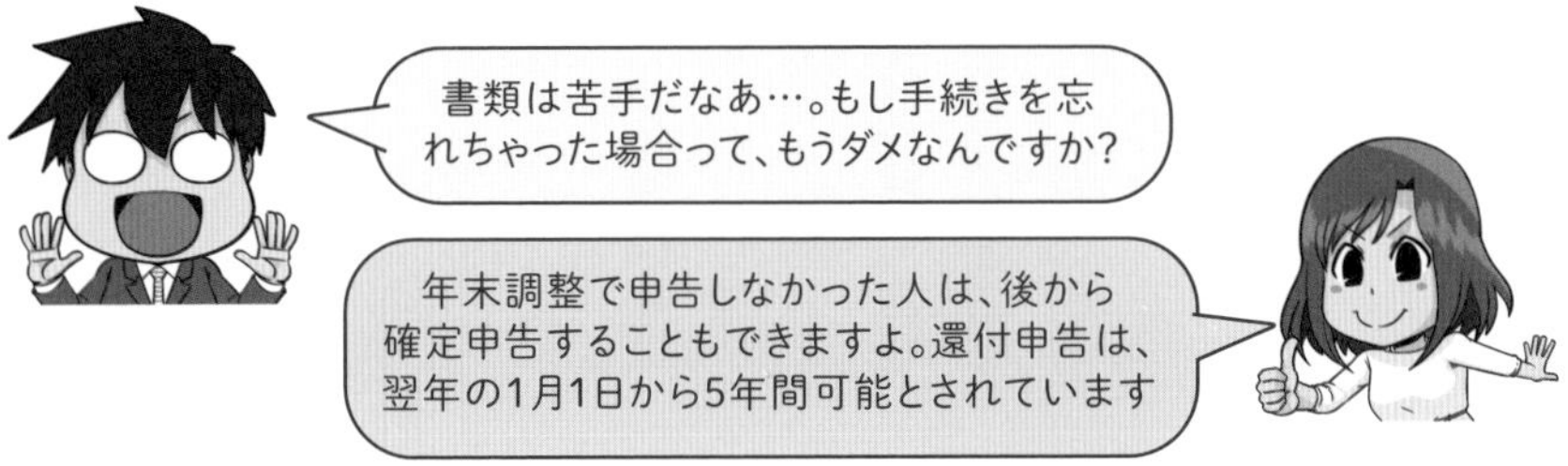

いろいろ選べるiDeCoの受け取り

iDeCoの受け取り方①
一時金で受け取る場合

iDeCoを受け取る年齢

iDeCoを受け取る年齢は加入期間によって異なり、早くて60歳から。受け取りの期限は、75歳までです。それまでは、たとえば60歳の時点で相場が下がっている場合、しばらく運用を続けて値上がりを待つといったことも可能。**積立ができるのは要件を満たせば65歳までですが、受け取りが終わるまで非課税での運用を続けることができます。**

P.126で説明した通り、受け取り方法は「一時金」（一括）、「年金」（分割）、そしてその併用の3通り。請求して受給するまでのおおまかな流れは、いずれも左図の通りです。

退職所得控除は手続きが必要

一時金受け取りの場合、iDeCoの**老齢給付金は「退職所得」として課税対象になります。**ただし退職所得は「退職所得控除」が適用され、税額を大きく減らすことが可能です。**その適用を受けるには、「退職所得の受給に関する申告書」を金融機関に提出するなど、所定の手続きが必要。**これを怠ると約20％の所得税を徴収されてしまうので、注意しましょう。

退職所得は「分離課税」として扱われ、ほかの所得と切り離して計算されます。退職所得控除の額の求め方は、左図の通り。一時金の額によっては税金がかからず、手元にまるまる残ることもあり得ます。

用語解説

分離課税

所得税はさまざまな所得の額を合計して総所得金額を求め、そこから税額を計算する「総合課税」が原則。ただし、なかには例外的にほかの所得と合算せず、単独で税額を計算する所得もあります。こうした計算方法を分離課税といいます。

iDeCo 受給までの流れ

❶受給できる年齢になる
▶受給権資格取得通知書が届く

▼

❷受給要件を確かめて請求時期を決める

▼

❸受け取りを希望する年齢になる
▶金融機関から必要書類を取り寄せる

▼

❹印鑑証明書、マイナンバーカードなど必要な書類等を用意

▼

❺書類に必要事項を記入して金融機関に提出

▼

❻給付裁定結果通知書を受け取る

▼

❼受　給

退職所得控除と課税額シミュレーション

退職所得控除と税額の計算

勤続年数	退職所得控除の額
20年以下	40万円×勤続年数 ※80万円未満なら80万円
20年超	800万円＋70万円 ×（勤続年数－20年）

○計算式
退職所得（課税額）
＝（収入金額ー退職所得控除）×1/2

課税額シミュレーション

例　35歳から60歳まで25年間加入／
一時金が1,000万円の場合

800万円＋70万円×（[勤続年数]25年－20年）
＝**1,150**万円　→　退職所得控除の額

退職所得控除を下回っているので税金0円

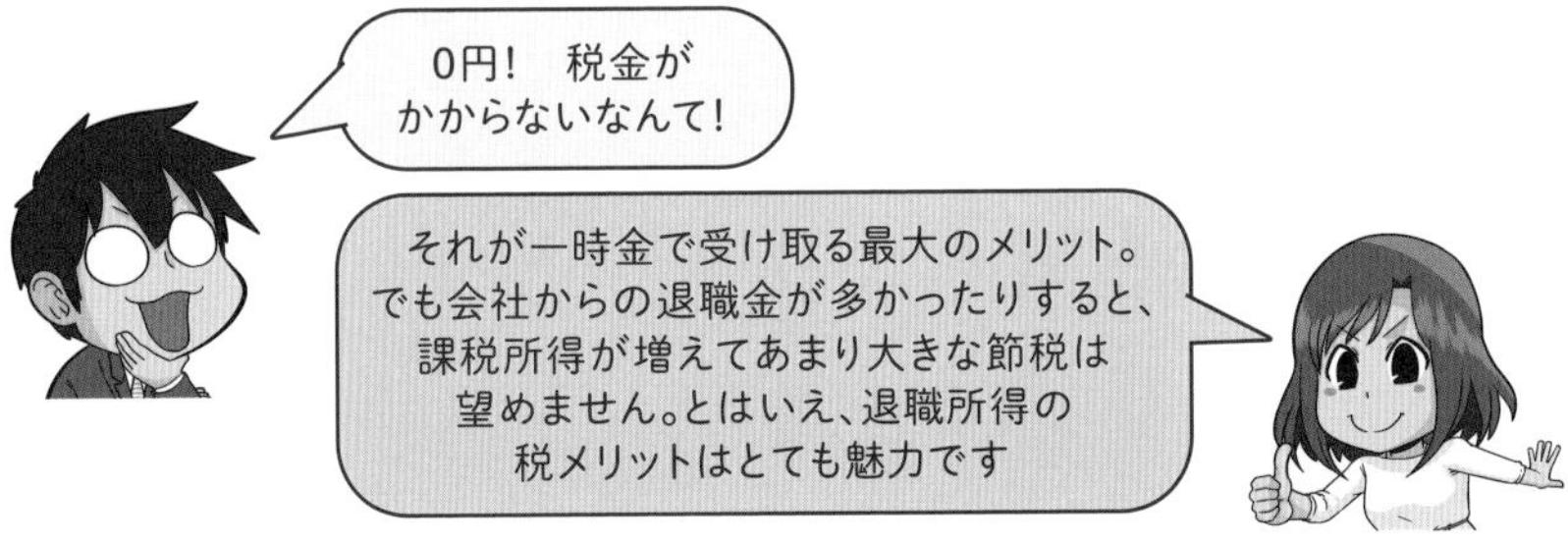
0円！　税金がかからないなんて！
それが一時金で受け取る最大のメリット。でも会社からの退職金が多かったりすると、課税所得が増えてあまり大きな節税は望めません。とはいえ、退職所得の税メリットはとても魅力です

公的年金との兼ね合いで受け取り方も変わる？

iDeCoの受け取り方②年金(分割)で受け取る場合

年金が雑所得として課税される仕組み

「年金」（分割）で受け取る場合、提示されたパターンから選びます。そのためiDeCoを受け取れる年齢になったら、75歳までに左図のように任意の支払い回数等を選んで、受給を始めます。

P.127の図で見たように、iDeCoを年金として受け取る場合は、「公的年金等の雑所得」としてそれ以外の公的年金や企業年金と合算され、「公的年金等控除」の対象になります。**この控除の枠を超えた部分が、「総合課税」によってそのほかの所得とともに課税の対象となる仕組みです。**

iDeCo以外の年金の額が大きいと、税額もかさみます。そのため**企業年金の受給とタイミングをずらすといったことも、考えてみるべきでしょう。**

手数料、源泉徴収にも注意！

ここまで見てきた**一時金と年金で受け取る方法を、組み合わせることも可能**。その場合も、それぞれ退職所得控除と公的年金等控除の適用が受けられます。

ただしiDeCoの受給は、**1回ごとに数百円程度の手数料を金融機関に支払います。**分割の場合は毎回この費用が発生することも覚えておきましょう。

またiDeCoを受給する場合、支払額の約8％が源泉徴収されます。払い過ぎた税金を確定申告で取り戻すことも忘れないでください。

用語解説

総合課税

対象となるすべての所得を合算し、その合計金額を課税所得として税額を計算する仕組みを指します。給与所得、不動産所得、配当所得、株式などの譲渡所得、雑所得など所得税の対象となる所得から、分離課税の対象を除いた額が合計されます。

分割で受給する場合の年間受け取り回数

どんなペースで受け取るかは、金融機関によって異なります。下に示した例は楽天証券の場合ですが、これより選択肢が少ない金融機関もあります。

希望受け取り回数は？	いつ受け取れる？
年1回	12月
年2回	6月 / 12月
年3回	4月 / 8月 / 12月
年4回	3月 / 6月 / 9月 / 12月
年6回	偶数月
年12回	毎月

※保険商品の終身受け取りもあります。

受給が終わるまでの間、
iDeCoの資産は
どうなってるんですか？

積立ができるのは65歳までですが、
その後も運用を続けることになります。
その間は投資信託であれば残高が変動します。
元本確保型にしておけば、値動きはしませんが、
口座管理手数料がずっと発生することも、
頭に入れておきましょう

公的年金等控除の額の求め方

受取時の合計所得が1,000万円以下の場合

iDeCoを含む年金収入＝A	公的年金等控除の額	
	65歳未満	65歳以上
60万円超～130万円未満	60万円	110万円
130万円以上～330万円未満	A×25%＋27.5万円	
330万円以上～410万円未満	A×25%＋27.5万円	
410万円以上～770万円未満	A×15%＋68.5万円	
770万円以上～1,000万円未満	A×5%＋145.5万円	
1,000万円以上	195.5万円	

※65歳未満の場合、公的年金等の収入金額の合計額が60万円以下は所得金額は0円。
※65歳以上の場合、公的年金等の収入金額の合計額が110万円以下は所得金額は0円。

先輩の体験談

退職所得控除の合算の対象は、iDeCo受け取りの前年から遡って19年以内に受け取った退職一時金も含まれるそうです。7年前に転職した私は、今の会社の退職一時金と合わせると退職所得控除の枠が厳しくなるので、iDeCoは一部を年金でもらうつもりでいます。

（研究開発・55歳）

教えて
カワベ先生!

iDeCoに関する疑問、何でも答えます

Q1 すでに50代半ばですが、iDeCoを始めるメリットはありますか?

A

2022年5月からiDeCoの加入年齢が60歳未満から65歳未満に変更されました。そのため要件を満たせば50代半ばの人も、掛金を拠出できる期間が10年ほどに延長されています。納税者であれば始めるメリットは十分です。たとえば会社員の上限である月額2万3,000円を10年積み立てた場合、運用利回りが2%とすると276万円+運用益28万9,726円の老後資産が得られます。

ただし65歳まで延長できるのは、60歳以後も働く第2号被保険者など「国民年金の被保険者」だけ。自営業者や専業主婦(夫)など第1号・第3号被保険者は、60歳になると国民年金の被保険者ではなくなります。その後も加入を続けられるのは、年金の受け取り額が満額に達していないなど「国民年金の任意加入被保険者」の場合になります。

Q2 iDeCoを途中でやめる方法はありませんか?

A

iDeCoは原則として、60歳になるまで中途引き出しや脱退はできません。ただし掛金の拠出を止めることは可能です。その場合はiDeCoの加入者資格を喪失する手続きを行った後、「運用指図者」として積立金の運用を続けることになります。

Q3 過去に国民年金の未納期間がありますが、iDeCoに加入できますか？

A

iDeCoは、公的年金を補完するために運営されている制度。その利用は、国民年金ないし厚生年金の保険料を支払っていることが前提です。したがって、国民年金の保険料納付を免除されている人や未納の人は、加入できません（障害基礎年金を受給されている人などは別）。

しかし、現在保険料を納めていれば、**過去に国民年金保険料の未納期間があっても加入は可能**です。ただしiDeCoの加入中に国民年金保険料の未納があった場合、その月は掛金を拠出できません。

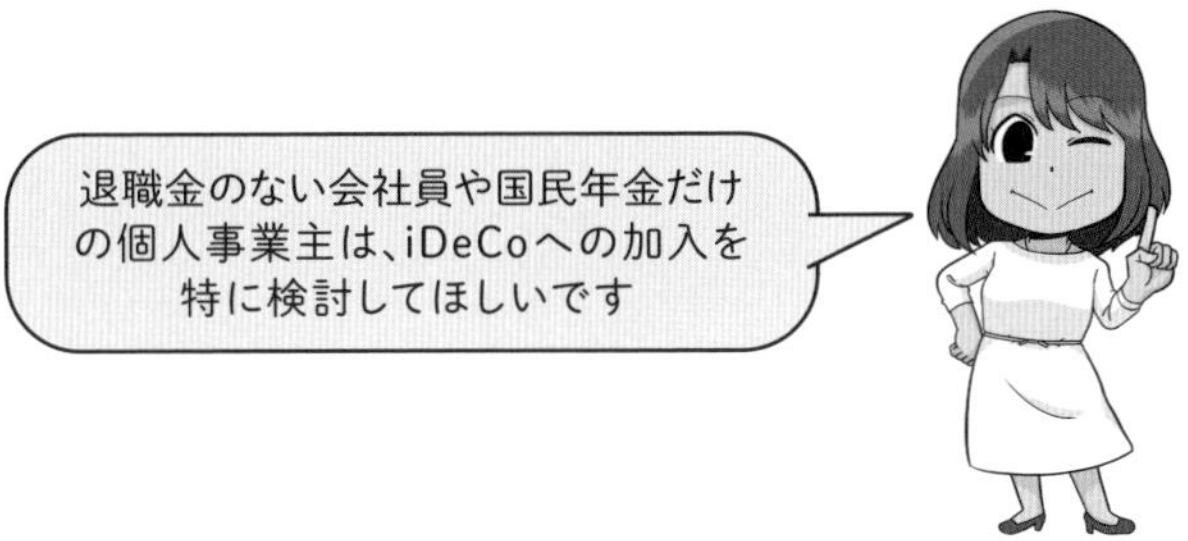
退職金のない会社員や国民年金だけの個人事業主は、iDeCoへの加入を特に検討してほしいです

Q4 60歳になったらすぐ受け取りを始めるべきですか？

A

iDeCoの「加入者等期間」が10年以上ある場合、60歳からiDeCoを受け取る申請手続きができます。これは60歳から受け取らなくてはいけないわけではなく、75歳までの間の好きなときに受け取りを始められるということ。満足のいく残高かどうか、そのときの収入や資産、健康状態、**その後の人生設計を踏まえて判断**しましょう。

60歳以降も手数料はかかりますが、運用益は非課税になるメリットも続きますので、じっくり検討してください。

EPILOGUE 01

老後への投資は自分への投資！

NISAとiDeCoを始めた感想は？

あれから2か月
NISAとiDeCoどう？
よかったり悪かったりしますけど人生もそんな感じだよなあと思ったらわりと落ち着いて見られてますね
夫に布教して2人で始めたら将来とか話し合うきっかけが増えましたね〜
そう！
お金も将来も自分で切り拓いていけるんだなってちょっと自信がついて
ついに転職？
それはもうちょっと長期的に考えて…
資格の勉強始めました！
いいね！
よきよき
「一番投資効率がいい商品は自分」なんていったりするもんねぇ…
わ 何ですかそのいい言葉
まともな大人みたい
びっくりしたー
まともな大人だよ!?
なんか悪いこと言った!?
とはいえ僕もこれまで全然興味なかった経済ニュース目で追うようになったもんな